오늘도,
카지노 ARS를
누른다.

오늘도, 카지노 ARS를 누른다.

초판 1쇄 발행 2023년 3월 22일

지은이 이겨울
펴낸이 김도윤
펴낸곳 이채 출판
출판등록 제2023-000001호
편집/인쇄 지식과 감성#

주소 경상남도 사천시 삼천포대교로 836. 102동 704호
전화 055 - 835 - 7421
이메일 haesol2004@hanmail.net

ISBN 979-11-982135-1-8(03690)
값 20,000원

• 이 책은 저작권법에 따라 보호받는 저작물이므로 무단전재와 무단복제를 금지하며,
  이 책 내용의 전부 또는 일부를 이용하려면 반드시 저작권자와 이채 출판의 동의를 받아야 합니다.
• 잘못된 책은 구입하신 곳에서 바꾸어 드립니다.
• 이겨울. 저작권자와 맺은 특약에 따라 검인을 생략합니다.

좌충우돌 카지노 에세이

오늘도, 카지노 ARS를 누른다.

이겨울 지음

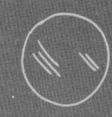

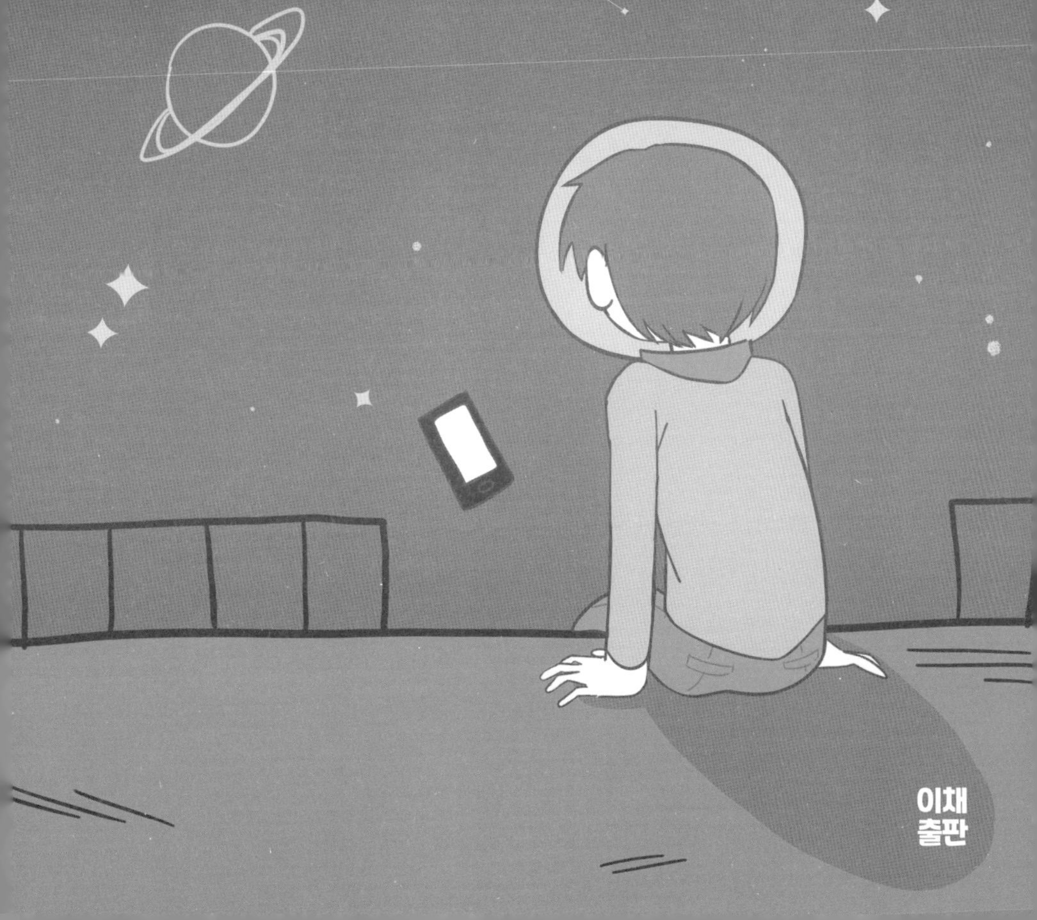

이채 출판

글을 쓰면서

카지노에 가는 것을 어떤 사람들은 도박장에 간다라고 표현하고 어떤 사람은 놀이터에 간다고 표현한다. 카지노에서 만난 사람을 도박장이라고 말하는 사람이 있는가하면, 겜블러라고 표현하는 사람이 있다.

부엌칼의 용도가 원래, 주방도구이다. 주방도구로 만들어진 부엌칼은 대다수의 사람들에게 맛있는 음식을 요리하기 위해 쓰이는 도구이다. 그러나 극소수의 몇몇 사람들에게 부엌칼은 누군가를 해치거나 위협할 때 쓰는 살인무기이며 폭력적이 도구이다. 같은 부엌칼인데 목적과 용도에 따라 그 쓰임새가 크게 달라진다.

카지노 게임은 현재까지 내가 알고 있는 취미와 레저 중 가장 재밌는 놀이다. 승부가 있고, 전략이 있고, 희로애락이 다 있다. 나는 그곳에서 다른 데서는 맛볼 수 없는 스릴과 환희 그리고 좌절과 패배를 느낀다. 이기면 이겨서 재밌고, 지면 진대로 안타까움이 있지만 재밌는 건 어쩔 수 없다.

나에게 카지노란, 언제라도 놀러가서 얼마간의 돈으로 재밌게 게임하는 놀이터다. 그래서 카지노에 놀러가기 위해 종종 ARS 번호를 누른다. 빠른 번호를 받아, 좋아하는 게임을 하기 위해서.

사람마다 좋아하는 취미가 있다. 그러나, 카지노 게임이 취미라고 누구에게, 어디에서나 자신 있게 말하진 못한다. 카지노는 도박이라는 인식 때문이다. 또 대부분이 도박으로 이용하고 있는 게 현실이다. 돈을 따기 위해 내 돈을 거는 게임, 그건 도박이니까.

도박으로 인해 많은 사람들이 패가망신하고 심지어 자살했던 이도 적지 않다. 또 불미스러운 사건과 사고가 끊이지 않는 것도 도박이다. 카지노 게임이 도박이 되지 않고, 즐기는 레저가 되면 좋겠다는 마음으로 이 글을 쓰기 시작했다.

돈 앞에서 욕심이 없을 리 없고, 욕심 갖지 않을 사람 없다. 나 역시 그러했다. 그 댓가는 말로 다 표현하기 힘들만큼 나락이었으며 패가망신이었다. 내가 잘못 걸어온 길, 잘못된 과정들이 이 책에 들어있다. 내가 걸어왔던 그 잘못된 길은 안타깝게도 오늘, 누군가가 또 걷고 있는 길이다.

다행스럽게 나는, 나를 반성하게 하고, 도박이 아닌 레저로 카지노를 대할 수 있게 일깨워준 다음카페 (강원랜드 이기는 방법,

2004년 개설, 회원수 23,800명, 약칭 BK 카페)가 있었다. 그 곳에서 보이지 않는 많은 스승과 여러 교과서를 만났다.

다양한 게임후기, 게임에 대한 지식과 요령, 즐거운 승리, 쓰라린 패배 후기, 그리고 각자가 살아왔던 인생 이야기 등. 모두 내게는 반면교사, 타산지석이 되었다.

이 책에는 여러 사람들이 기대했던 카지노에서 10억을 땄네, 100억을 잃었네 라는 식의 호화찬란한 명승부의 이야기는 없다. 암에 걸렸네, 시한부 생명이네 하는 짠한 이야기도 없다. 앵벌이가 되었다가 세계대회에서 챔피언이 됐다는 식의 롤러코스터 같은 인생도 없다. 어찌보면 너무나 평범한 한 사람의 20년 동안의 좌충우돌 카지노 경험담이다.

그런데 알게 됐다. 매일 ARS 번호를 누르고 카지노 입장번호를 기다리는 사람들, 아침 10시가 되어 가시노 객장으로 들어가는 수천 명의 사람들이 모두 나 같은 지극히 평범한 직장인, 주부, 사업자, 청년들이라는 것을.. 내 주변에서 흔하게 마주치는 내 이웃들이었다.

어떻게 하면 카지노를 이길 수 있는지 비법과 요령을 소개하는 책도 여럿 있고, 카지노로 패가망신하여 앵벌이가 되었거나 단도에 접어든 사람의 자전적 소설도 나와 있다.

그들은 한결같이 카지노 게임을 끊으라고 말한다. 도박으로 인한 폐해가 너무 크기 때문이며, 도박을 해서 부자가 되거나 평생 이기는 게임을 하는 승자는 없기 때문이다. 도박에서 돈을 따는 건 오로지 하우스뿐이다.

그럼에도 나는, 감히 말한다. 카지노를 즐겨라~ !!
좋아하는 것을 하지 못하고 죽는 것보다, 하고 싶은 것을 하지 못해서 나쁜 선택을 하는 것보다, 좋아하는 것을 열렬히 즐기며 사는 것이 좀 더 행복한 삶이라고 생각한다.
즐길 수 없다면, 즐길 수 없는 수준으로까지 위험한 범위에 들어섰다면, 물론 카지노 게임은 당장 끊어야 하고, 바로 멈춰야 한다. 카지노를 도박으로 대하는 자 망할 것이요, 카지노를 게임으로 즐기는 자, 흥할 것이다.

카지노 게임을 하면서 망가지고 밑바닥까지 주저앉으며 낭떠러지에 서 있는 사람들에게 특별한 동정과 연민을 갖고 있다. 나 역시, 그 상처와 아픔을 겪어왔던 고된 과정과 힘들었던 시간이 있었기 때문이다.

도박꾼, 도박장이라는 사회적 멸시와 힐난 때문에 그 고통의 무게가 더 무거웠을 사람들, 비난과 질타가 두려워 누구에게도 말하기 힘들어서 혼자만의 속앓이를 하며 보내왔던 고독과 외로움의 긴 시간들, 또 누구도 마음을 헤아리고 알아 주는 이가 없기에 갈수록 최악의 선택을 하게 되는 사람들.. 그들에게 적어도 나 한명쯤은, 이렇게 말해주고 싶다.

"힘들었지? 많이 힘들었을거야.. 나도 그랬거든.
그동안 견뎌오느라 수고했어. 대견해.
이제 걱정 하지마. 천천히 다른 길을 같이 가보자."

카지노를 입장하기 위해 오늘도 ARS 번호를 누르고 있는 사람들에게 전하는 나의 진심어린 위로의 말이다.

(2023년의 새봄이 오기 전, 겨울에)

글의
차례

글을 쓰면서　5

1부 ;
화투판의 낭만을 보고 자란 아이.

엄마와 아버지 ··· 17
한 지붕, 다섯 가족 ··· 24
화투판에서 엄마는 돈을 벌었다 ···························· 28
독산동 아저씨의 금반지 ····································· 39
엄마의 장례식 ··· 48
방송작가 때 배우게 된 포커게임 ··························· 53
도박판에는 구라가 있었다 ·································· 58

2부 ;
카지노라는 신세계.

낙원을 만나다 ··· 71
낙원의 폐인 ·· 77
죽기 살기로 다이사이만 했었다 ···························· 84
혼자만 남은 게임 ··· 91
전당포, 자동차와 결혼반지 ································· 96

카지노의 상황실 ··· 103
콤프 거래, 콤프 깡 ·· 111
생활도박을 꿈꾸며 사북에서의 일년 ······················ 115
그들이 살아 남는 법 ·· 122
잊지 못할 뒷전 ··· 130
사채 빚에 인생을 던진 가영이 ······························ 140
앞전과 뒷전의 품위 ·· 149

3부 ;
도박하지 않는 남자와 결혼을 한다.

그 남자와의 첫 만남 ·· 157
임신, 그리고 결혼 ·· 163
결혼자금을 들고 카지노로 ··································· 177
전쟁 같은 결혼생활 ·· 181
다시 찾은 카지노 ··· 200
독이 된 상금 ··· 205
더 커져버린 게임 ··· 209
소풍 같았던 휴가 ··· 213
가랑비에 옷은 젖고 ·· 217
시어머니의 치매 ·· 226
도박하는 자, 숨기지 마라 ···································· 233

4부 ;
카지노에서의 특별한 사연들.

운수좋은 날 ……………………………………………… 241
누가 잭팟의 주인공이었나? …………………………… 247
사기꾼을 만났다 ………………………………………… 257
어느 커플, 견우와 직녀 ………………………………… 280

5부 ;
슬기로운 카지노의 생활.

스키와 카지노 …………………………………………… 303
홀덤을 배우다 …………………………………………… 307
카지노 주식회사와 동패 ………………………………… 312
여행, 눈이 부시게 ………………………………………… 320
도박장의 약속도 약속 (뽀찌 뒷담화) ………………… 325
사촌이 땅 사면 박수를! ………………………………… 333
경비만 무려 2억 ………………………………………… 340
온라인 도박을 할 바에 차라리 카지노를! …………… 344
겜블을 시작하는 이에게 (리메이저님) ……………… 351
슬롯을 이기는 전략 (대두님) ………………………… 361
강원랜드 카지노의 20년, 나의 바램 ………………… 369

글을 마치면서　　374

이 책은 글의 차례대로 읽으실 필요가 없습니다.
읽고 싶은 소재부터 찾아서 읽어도 되며,
읽고 싶은 부분만 읽으셔도 책의 전체내용을 이해하는데
아무런 지장이 없습니다.

이 책은 장소를 가리지 않고 읽으셔도 됩니다.
집안에서 조용히 읽으셔도 되며
화장실 변기위에 앉아 읽으셔도 좋습니다.
카지노 객장 안에서 읽기를 더 권장합니다.

입장을 기다리는 로비에서
지루한 대기 시간을 기다리며 읽어도 좋고,
카지노 객장 안에서 테이블 예약을 해놓고
빈자리에 앉아 커피 한잔과 함께 읽어도 좋으며
보너스라고는 당체 나오지 않는 먹통인 슬롯머신 앞에서
분을 삭힐 목적으로
잠시잠깐 틈을 내 읽으시면 더욱 좋습니다.

이 책의 용도는,
카지노 안에서 무료한 시간을 보내고 있거나,
지루한 승부를 하고 있는 당신에게,
스트레스 해소, 마음의 안정, 치얼 업!
당신을 응원하기 위해 만들어졌습니다.

1부 ;

화투판의 낭만을 보고 자란 아이.

엄마와 아버지

우리 집은 가난하지 않았다. 그런데도 가난하다고 느꼈다. 왜냐하면 나의 아버지는 돈을 벌지 않고 늘 놀았다. 다른 아버지들처럼 회사를 다니거나 일을 하지 않았다. 일의 몫은 늘 엄마였고 돈도 항상 엄마가 벌었다.

그리고 우리 집은 9남매이다. 내 초등학교 어린 시절에 이미 나이 많은 오빠, 언니들은 결혼을 하였고 다섯째부터 아홉째까지는 고등학생 두 명, 중학생 두 명, 그리고 초등학생인 나까지 모두 다섯 명이 학교를 다니고 있었기 때문에 엄마의 아침은 늘 도시락 다섯 개를 싸는 일로 시작되었다.

우리 집은 전형적으로 농사꾼의 집이었는데 다행히 아버지쪽이 땅이 많은 부농이어서 시골마을 한 전체가 모두 아버지쪽 사람들의 땅이었다.

당시엔 그게 얼마큼의 부자였는지 어린 내가 알 수는 없었으나 한 마을이 통째 할아버지의 땅이었고 그 땅들이 모두 큰아버지, 작은 아버지 그리고 내 아버지의 땅이었다는 건 지금 생각하면 가슴 벅찬 일이었다.

그러나 내가 어릴 적 지금으로부터 40년 전에는 그 땅이란 것이 재산상의 가치나 부유의 척도는 아니었다. 시골에서 농사짓는 사람들이 대부분 그랬던 것처럼 땅이란 특히 농사짓는 땅이란 대대손손 자식들에게 물려줄 기반이며 일년 내내 식량걱정 안하고 살아도 되는 곡식창고 그 이상의 가치는 아니었다.

우리는 9남매에 아버지, 엄마까지 모두 11명의 식솔들이었고 온 식구가 다 같이 밥을 먹으려면 밥상 두개는 있어야 할 만큼 대식구였지만 내 기억에 한 번도 식량걱정이나 반찬걱정을 하며 살았던 것 같지는 않다. 그래서 그런지 아버지는 일을 하지 않았다. 식량걱정이 없었으므로.

아버지는 책과 신문을 좋아해서 무엇을 읽거나 조용히 계시는 걸 좋아했다. 그러나 엄마는 하루 24시간 내내 잠자는 시간을 빼고는 일을 했다.

땅이 많다는 것은, 그만큼 시골의 농사일이 많다는 뜻이기도 하다. 논을 메고 밭을 멘다. 밭에는 고추, 마늘, 양파, 깨, 콩.. 시골에서 볼 수 있는 작물이란 작물은 다 했다. 엄마의 손에는 흙이 마를 날이 없었고 한시도 쉬는 날이 없었다.

그러다가 어떤 계기가 되어, 우리는 시골에서 걸음으로 20분 거리인 읍내 버스정류장, 유동인구가 가장 많은 버스정류장의 슈퍼마켓을 인수하게 되었고 그 슈퍼를 20년 동안은 하게 되었다. 엄마가 10년 하셨고, 이후 결혼한 둘째언니가 그 뒤를 이어서 장사를 계속

했다.

그러면서 우리 집엔 현금이 많아졌고 어린 시절에도 내 수중엔 현금이 늘 있었으며 손만 뻗치면 먹을 것들이 천지였다.

우리 집엔 사람들이 항상 바글바글 문전성시였고 엄마가 상냥하고 인품이 좋으셔서 단골도 많고 장사도 잘되었다. 아버지는 고작 문을 열고 닫는 것에만 얼굴을 디밀었을 뿐, 그 슈퍼의 장사도 늘 엄마의 몫이었고 농사일도 엄마의 몫이었다.

다행이라면 자식들이 많아 모두 어른들 몫만큼 일을 해주어서, 낳아 키우기는 힘들어도 자식들이 모두 장성하고 나니 일꾼 서너 명은 부리고 있는 듯 든든하다고 하셨다.

다섯째부터는 공부도 시켜야 하고, 대학도 보내고 싶은 욕심에 시골에서 광주라는 도시로 이사를 하게 됐다.

고등학생에다 초등학생까지 줄줄이 다섯이나 되는 아이들을 학교 보내는 일은 학비도 학비지만 도시락 싸는 일부터 전쟁이었다.

지금이야 주 5일만 학교를 가고 점심도 학교에서 급식으로 다 주지만, 그때 오빠들은 도시락 두개, 언니들과 나는 도시락 한 개씩 하루에 도시락 7개를 싸야 했다.

그럼에도 엄마는 살림만 하는 전업주부가 될 수 없었다. 왜냐하면 아버지가 돈을 벌지 않았기 때문이다.

엄마는 광주에 이사 와서도 시골에서 농사짓는 고춧가루와 마늘, 콩들을 시장에다 내다 팔고, 동네 사람들에게는 직거래를 하며 밤낮으로 돈을 벌었다.

그때 아버지는 바람을 피웠다. 잠시의 바람이 아니라 아예 딴살림을 차리셨다. 얼마못가 들통이 났지만, 뻔뻔하게도 그 일은 너무 공개적이었다.

우리나라가 일부다처제 국가는 아니었지만 남자들이 두 집 살림을 하는 것이 그렇게 보기 드문 일도 아니었던 시대였다. 여자가 바람나서 다른 남자랑 사는 것은 쳐 죽일 일이고, 남자가 바람나서 다른 여자랑 사는 것은 '능력'으로 평가되는 시대였다.

아버지의 딴 살림은 동네에서 모를 사람이 없을 정도로 다 아는 사실이었고 누구 하나, 아버지를 비난하지 않았다. 엄마가 땅이며 밭이며 집의 물건 한 개라도 일체 손대지 않는다는 조건으로 딴살림을 허락하셨다고 한다.

이혼까지는 안하신거 보면 재산분할도 걱정이었지만, 자식들에게 아버지 없는 가정이란 흠집은 주고 싶지 않아서..라는 이유였던 것 같다.

엄마는 '자식들을 위한 경제적 안정'을 위한 댓가로 돌아가실 때까지 평생 외로웠을 것이라고 짐작한다.

아버지는 딴 살림 중에 아들 하나를 낳으셨다. (법적으론 내게 이복동생 남자아이가 하나 있는 셈)

그때부터 아버지의 발걸음이 드물어지더니, 일 년에 딱 두 번만 집에 오신다. 설과 추석 명절 때. 십년 넘도록, 항상 그래왔으니 아마도 그 딴살림 중인 여자분이랑 어떤 원칙을 정해 놓으셨나보다.

우리 아버지는 돌아가셨어요.. 라고 아버지를 없는 존재로 살아가도 되는데, 명절 때만 되면 집에 오시니 그리 말할 수도 없게 됐다. 친구들이 가끔 물었다. "너희 아버지는 왜, 집에 없어?"

난 마땅하게 좋은 대답을 찾지 못해서 늘 입을 다물었다. 명절 때만큼은 집에 계셨으니까. 왜 명절 때만 오시는지 알 수가 없었다. 아예 안 오셔도 우리 자식들에게는 아무렇지 않는데.. (같이 사셔도 존재감이 없었으므로)

아버지는 누가 오라고 한 적도 없는데 어김없이 명절 때는 꼭 집에 오셨다. 그리고 세뱃돈도 빠짐없이 주곤 하셨다. 명절 때라도 아버지 노릇을 해야 자식들에게 내가 니 아버지다! 라는 존재감을 남기고 싶으셨나보다.

반대로, 그 집에서는, 그 아이의 시각에서는 명절 때만 되면 본가로 사라지는 아버지가 될 것인데 어린나이에도 나는, 일 년에 두 번만 와서 두 번만 보게 되는 아버지보다 '명절 때만 되면 없어지는 아버지'가 될 그 집 아이가 느끼는 '아버지의 부재'에 대해 가끔 걱정을 했다.

어느 때 보다 명절이면 가족들이 오순도순 즐겁게 보내야 할 그 시간에, 정작 가장 중요한 때에, 아버지가 사라지는 그 집의 남자아이는 마음이 어떨까.. 그 걱정부터 하게 되었다.

  그 남자아이가 불쌍하다고 생각했다. 본인의 선택으로 태어난 것도 아닌데.. 아버지는 무책임한 분이라고 생각했다.

  나는 아버지의 바람과 두 집 살이 생활 때문에 어린 나이에 안 해도 될 고민을 하게 되었고, 그 때문에 다른 친구들에 비해 철이 일찍 든 것 같다.

  나는 초등학생 때부터, 엄마도 아버지처럼 다른 누군가와 다시 사랑을 해서 재혼을 했으면 좋겠다는 생각을 했었다. 엄마의 외로움이 많이 느껴졌기 때문이다.

  남들이 다 아는, 대단히 공개적인 아버지의 바람으로 인해 그 인간 없어도 산다는 식의 태연함을 보였지만 항상 엄마의 곁에서 같이 잠을 잤던 나는.. 그 한숨과 괴로움을 엄마의 숨결에서 느낄 수 있었다.

  차라리 아버지가 남몰래 딴살림을 차렸다면 엄마는 속앓이만 있었을 것인데 그 딴살림이 대단히 공개적이었기 때문에, 엄마가 받고 살았던 버림받은 여자, 여우같은 여자랑은 살아도 곰같은 여자하고는 살수가 없지..라는 손가락질은 가슴에 꽤 깊은 상처로 남았을 것이다.

  엄마는 술을 즐겨 하시지는 않았지만 동네 분들과 어울릴 때는 곧 잘 한 병씩 드셨다. 술 취해 비틀거리며 이부자리에 누우시면서 자주 부르시던 노래가 있었다. 윤수일의 사랑만은 않겠어요. 이렇게도 사랑이 괴로운 줄 알았다면 차라리 당신만은 사랑하지 않겠어요...

　엄마가 돌아가시고 나서부터는 난, 이 노래를 듣지도 않을뿐더러 부르지도 않는다. 엄마가 매일 밤 토해내는 그 쓸쓸함과 애달픔이 떠올라서.

한 지붕, 다섯 가족

 광주의 우리 집은 꽤 크고 넓었다. 원래 그 집은 엄마의 동생, 즉 외삼촌의 집이었는데 외삼촌이 직장 때문에 다른 곳으로 이사를 가게 되자 집이 터가 좋고, 넓다는 이유로 엄마가 그 집을 샀다.

 엄마는 그 집을 어떻게 샀을까? 시골의 땅을 하나도 팔지 않았다. 아마도 새벽녘부터 저녁밥상을 차려줄 때까지 쉼 없이 일하고, 또 일해서 모아 둔 돈일 것이다.

 40년 전에 그 집은 5천만 원 정도였고, 나중 우리가 경기도로 이사를 하게 될 때 30년 전에는 1억에 팔았다. 10년 동안 집값이 두 배로 올랐으니 우리 엄마는 부동산 투자에도 제법 안목이 있으시다. 우리 엄마는 초등학교도 못 다닌 분이다.

 그 집은 내 인생에서 가장 행복한 추억이 많은 곳이다. 대문을 열고 들어서면 아주 넓직한 마당이 있었고 방은 9개나 되었다. 담벼락 밑에는 큰 꽃밭이 있었으며 나무가 10 그루나 되고 이름 모를 꽃들도 많이 자랐다.

 또 담장 밑에는 넓은 장독대가 있었는데 눈이 많이 오는 광주에서는 겨울철이면, 장독대에 있는 수십 개의 항아리 위에 밤사이 내린 눈이 하얗게 소복하게 쌓여 있다. 이른 아침에 잠에서 일어나, 문을 열고 쳐다보는 풍경은 새해 연하장의 그림과 같이 아름다웠다.

그리고 지붕 밑에 얼린 고드름 하나 딱 꺾어서 입에 베어물면 그 시원함이란 더위사냥이란 아이스크림과는 비교도 안 되는 절대미각 자연의 맛이다.

또 겨울철의 마루에는 난로를 놓으셨다. 엄마는 그 난로위의 주전자에 항상 생강차를 끓이셨다. 겨울철 내내 엄마의 수제 생강차를 마셨던 탓인지, 내가 담배를 피운지도 30년이 넘어가는데 아직 폐와 호흡기 질환은 없다. 어릴 적 즐겨 마셨던 생강차의 효능 때문이라고 믿고 산다.

3개의 방은 우리가 쓰고, 다른 3개는 네 식구가 사는 가족에게 전세로 세를 주었으며, 대문가에 나란히 붙어있는 코딱지만한 작은방 3개는 각각 월세를 주어 엄마는 매달 방세를 받아 생활비로 썼다.

방 하나는 뻥튀기 장사를 하는 노부부가, 방 하나는 술집에 다니는 아가씨 혼자서, 또 방 하나는 젊은 신혼부부가 살았다.

뻥튀기장사를 하는 할아버지가 장사하다 남은 조각난 뻥튀기를 자주 주곤 하셨는데 그 당시 나의 간식은 늘 깨지고 뽀개진 뻥튀기 조각들이었다. 간혹 장사가 잘돼 기분이 좋은 날에는 안 깨지고 멀쩡한 뻥튀기 몇 개를 주실 때도 있었는데, 그때는 반드시 할머니의 허락을 받으셨다.

또 술집 다니는 영미언니는 종종 내게 담배와 맥주 심부름을 시켰다. 주인집 막둥이라는 이유로 많이 귀여워해줬다.

영미언니에게는 남자친구인지 기둥서방인지 모를 한 남자가 있었는데 그 남자가 올 때는 꼭 나를 불러 담배와 맥주를 사오라고 심부름 시키고는 잔돈 100원, 500원을 용돈으로 주었다. 엄마가 주는 용돈보다 영미언니가 주는 심부름 값이 더 많았다.

영미언니가 술집에서 받아온 팁이 많을 때는 나 역시 심부름 값이 넉넉해진다. 그래서 나는 알게 됐다. 오늘은 영미언니가 돈을 잘 벌었는지, 별 볼일 없이 공을 치고 들어왔는지..

술집여자라고 해서 모두 헤픈 것은 아니다. 영미언니는 우리 집에서 살았던 3년 동안 한 번도 다른 남자를 부른 적이 없었으며 3년 내내 그 방에 온 남자는 오로지 그 남자 한사람뿐이었다.

결혼하면 우리 엄마에게 부모님석에 앉아달라고 부탁까지 했는데 둘이 결혼식은 못한 것 같다. 몇 년 살다가 이사를 가서 그 후 소식은 모른다.

나머지 방 한 칸은, 신혼부부가 살았는데 사는 동안 아들도 한명 낳았다. 둘이 살기에도 좁은 방이었는데, 거기다 새로 태어난 아기까지.. 하지만, 부부는 참 행복해 보였다.

사랑하는 사람이 같이 살면, 없이 살아도 저렇게 좋은가.. 싶을 정도로 아끼고 사랑하며 살았던 것 같다.

그 아기 덕분에 우리 집 마당의 빨래 줄에는 하얀 천 기저귀와 아기 옷이 늘 널어져 있었다. 엄마와 나는 종종 빨래 걷는 일을 거들어줬다. 같은 빨래라도 아기 옷은 너무 귀엽고 이쁘다.

이렇게 광주 집에는 한 지붕 아래, 다섯이나 되는 가족이 살았다.

광주에서 살면서, 아버지가 딴살림을 차려 나간 후, 그리고 오빠 둘이 차례로 군대에 입대하게 되면서 우리 집에는 엄마와 언니 둘, 그리고 나까지 넷만 남게 되었다.

언제부터인가 우리 집엔 동네 분들의 발걸음이 잦아졌고 오빠들이 함께 쓰던 방 하나는, 동네 분들의 사랑방이 되어가더니 서서히 화투판이 벌어졌다.

처음엔 놀러 오신 어른들께서 심심풀이로 삼봉이나 고스톱을 치는 줄 알았는데, 그 횟수가 매일이 되고, 매달이 되었을 때 나는 비로소 알았다. 오빠들이 썼던 방 하나가 이른바, 우리 동네의 하우스가 되있다는 것을!

화투판에서 엄마는 돈을 벌었다

아버지가 딴살림을 내서 나가셨기 때문에 아이들 뒷바라지와 생활비는 늘 엄마가 벌어야했다. 내 기억으로 아버지가 돈을 주고 간 적은 한 번도 없었다. 돈을 빌려간 적은 있어도.

언제부터인가 시작된 화투판에서 엄마는 빨간 색의 화투통에 고리를 떼었다. 당시 내 기억으론 50원짜리, 100원짜리가 주로 들어갔고 그 돈이 천원이 넘으면 엄마는 화투통을 비운다. 그러면 또 새로이 동전들이 고리로 넣어진다. 그렇게 해서 하루 종일 3,000원 내지 4,000원 정도를 버신 것 같다.

하루 삼천 원씩, 한 달이면 9만원의 수입은 방 하나를 놀려서 버는 돈 치곤 적지 않은 금액이었다. 그때 세를 받고 있는 작은 방 하나의 월세가 5만원 - 7만원이었던 것으로 기억한다.

엄마가 화투를 치는 일은 많지 않았다. 네 사람, 다섯 사람이 모여서 치는 판에 사람이 모자라거나 빠질 때에 깍두기처럼 머릿수 채워 줄 때나 간혹 치는 경우를 봤다.

그러나 실제 엄마보다 수입이 좋은 건 나였다. 나는 사람들의 심부름꾼이었다. 막둥아, 콜라 한병 사와라~ 막둥아, 담배 한갑 사와라~ 막둥아, 소주 한병~ 막둥아, 막둥아~~

내 수입은 꽤 짭짤했다. 나는 우리 집에서 제일 용돈이 많은 아이가 됐다. 학교 파하고 집에 올 땐 학교 앞 문방구에서 파는 떡볶이며 군것질을 여유 있게 할 수 있었다. 내 친구들은 내 덕에 덩달아 군것질을 많이 하게 됐다.

화투판에 모이는 사람들은 대부분 동네 아줌마, 아저씨들이었다. 누가 오기로 했는데 참석하지 않을 때에는 내가 직접 그 집에 가서 모셔오는 심부름도 여러 번이었다.

10원짜리, 50원짜리 화투판이면 따면 얼마나 따고 잃으면 또 얼마나 잃겠는가? 따고 이긴 돈들은 그날 술값, 밥값으로 쓰이거나 개평으로 잃은 사람들에게 나눠 줬던 것 같다.
유일하게 꾸준히 돈을 버는 사람은 주인인, 엄마 뿐이었다.

나는 엄마가 화투판의 하우스장(주인)인 것이 좋았다. 엄마가 시골에서 가져 온 고추며 마늘이며 양파, 콩, 깨.. 이런 것들을 몇날며칠 빻고 까고 다듬고 또 그것들을 머리에 이고서, 시장 가서 내다 파는 일보다 훨씬 수월한 일이었으며, 그 만큼의 돈벌이도 충분히 됐기 때문이다.

무엇보다 좋았던 것은, 우리 집에 매일같이 사람들이 모여앉아 화투를 치고 음식을 해먹고, 이야기를 나누면서 엄마가 웃는 날이 많아졌다. 아버지 때문에 맨날 근심과 슬픔을 안고 사셨던 엄마가 화투판 이후 매우 밝아지셨다.

몇몇 사람들은 화투판이 끝나도 바로 집에 가지 않고 엄마와 마주앉아 자식걱정을 하거나, 남편 흉을 보거나, 앞으로 어떻게 살아가야 할지 인생 상담을 나누기도 했다.

사람들은 저마다 하소연과 고민을 털어놓았고 엄마는 항상 듣는 입장이었다. 엄마는 남의 이야기를 들어주며 고개를 끄덕여주거나 토닥여주거나 때론 같이 울어주거나 하셨지만 엄마가 누구에게든 자신의 속사정을 시원하게 털어놓는 걸 본 적이 없다. 그럼에도 엄마는 사람들과 이야기를 하고, 사람들과 만나는 시간을 즐거워 하셨다.

몇 달 동안 계속되는 화투판이었지만 우리 집에서 사람들이 멱살을 잡고 싸우거나, 서로 죽이네 살리네 하는 험담은 없었던 것으로 기억한다. 한두 번 싸움이 일어날 뻔한 일도 있었으나 엄마가 나서든, 나이가 제일 많으신 어른이 나서든 막걸리 한잔, 소주 한잔 서로 마셔가며 무마되었던 것으로 기억한다.

내 기억속의 그 화투판에는 싸움질, 욕질, 도끼로 손가락을 자르는 등의 살벌한 도박판의 모습이 아닌 동네 사람들과의 정담이 있고 웃음이 있으며 음식과 술을 나누는 낭만이 있었다. 그래서인지 난, 그 화투판이 도박이라는 생각보다 정겨운 이웃들과의 친목을 위한 놀이의 장이라고 여겼다.

화투판을 여는 엄마가 항상 철저하게 지키는 원칙이 하나 있었다. 아이들이 학교에 등교한 다음부터 화투판을 벌이되, 아이들이 학교에서 파하고 집에 오는 저녁 무렵의 전에는 반드시 파장을 냈다.

때문에 나는 화투를 치느라 밤을 새거나 잠을 못자 골골하고 피곤에 찌든 사람들의 모습은 볼 수 가 없었다.

동네 분들은 하나같이 출퇴근 하듯 아침 식사를 하고 우리집에 모인다. 그리고 또 어김없이 저녁식사를 하기 전에는 모두 집으로 돌아갔다. 그 일은 매우 규칙적이었으며 누구하나 더 하고 싶어도, 마치 강원랜드 카지노의 폐장시간처럼 어김없이 예정된 시간에 파장이 되었다.

나는 그때 화투치러 놀러오는 남자 분들 중 혼자인 사람이 있다면, 엄마가 맘 맞는 사람을 만나 재혼하기를 바라기도 했다. 자식들을 위해 뼈 부스러지는 뒷바라지 말고, 엄마 자신이 누군가를 좋아하고 사랑하며, 남들처럼 부부간의 정을 느끼며 살기를 바랬다.

어린 내 눈에, 딱 맘에 드는 아저씨 한 분이 계셨는데 부인이 있다고 해서 이내 포기하고 말았다. 만약 그 아저씨가 혼자이셨다면 난 아마도 열심히 중매쟁이 역할을 했을 것이다.

그러길 몇 달.. 언젠가부터 판이 점점 커져갔고 판에 모인 사람들도 동네 아줌마, 아저씨들에서 차츰 모르는 낯선 사람들이 합류하게 된다. 판돈도 100원, 200원까지 올라가면서 놀이판이 도박판으로 되어간다. 하루 판돈이 3만원, 5만원이면 지금으로 치면 50 - 100만원 단위일 것이다.

판돈이 커지고 하루 돌아가는 돈이 커질수록 돈버는 것은 엄마였다. 화투통에는 100원, 500원 그리고 천원짜리 지폐까지 쌓여가면서 하루 삼, 사천 원씩이던 고리는 1만원, 2만원까지도 늘어난다.
그리고 엄마는 더 바빠졌다. 라면을 끓이거나 비빔밥을 하거나 부엌에서 전을 부치거나 국수를 삶거나 하는 일이 잦아졌다. 나도 바빠졌다. 박카스도 사오고, 담배도 사고, 소주도 사 와야 할 일이 더 많아졌다. 물론 심부름 값 수입도 늘어났다.
그렇다고, 화투판이 저녁 이후까지 연장되거나 밤을 새거나 하는 일은 일체 없었으니 우리 엄마의 화투판 운영은 꽤나 노련했던 것 같다.

알음알음 소문이 나서인지, 더 많은 사람들이 우리 집에 왔고 이젠 화투판에 대기자도 늘어났다. 두 명 혹은 세 명이 화투판에 인원이 차서 끼질 못하고 누군가 돈 떨어져라 빠지길 기다릴 때도 있었다. 그 대기자가 세 명이 넘을 때는 자기네들끼리 또 한판의 무리를 만든다.

화투판이 두 군데서 펼쳐지는 것이니, 고리 떼는 화투통도 두 개였고, 수입도 두 배로 많아진다.

그러다가, 일이 한번 터진다. 누군가 도박으로 경찰서에 신고를 한 모양이다. 사복형사 세 명이 집에 쳐 들어온다. 신고 받고 왔다는 것이다. 사람들은 허둥지둥 자리를 피해 도망을 갔으나 나이 많으신 할머니는 미처 도망가질 못하고 잡히고 만다.

엄마는 도박판을 벌였다는 죄목으로 경찰서에 연행된다. 나는 눈앞에서 엄마가 형사한테 붙잡혀 가는 걸 봤다. 다행히 손에 수갑을 채우지는 않았다.

나는 이 사실을 외삼촌에게 바로 알렸다. 우리 외삼촌은 경찰이었고, 심지어 형사 과장이었다. 외삼촌에게 엄마를 구해줘야 한다고 SOS를 한 것이다.

저녁때가 되어 엄마가 돌아왔다. 유치장에 갇히거나 감옥을 가지 않아서 너무 다행이라고 생각했다.

외삼촌에 의하면, 친누나가 도박죄로 연행되었다는 소식을 듣고 달려갔고, 초범인데다 단순한 동네사람들과의 오락으로 치부하여 가볍게 처리했다고 한다.

그렇지만, 외삼촌의 불호령은 대단하였다. 외삼촌이 엄마에게 소리치는 걸 처음 봤다. 두 번 다시 도박죄로 끌려가는 일이 없도록

하라고 단단히 쐐기를 박았다.

외삼촌은 자기 하나 대학 보내느라 엄마를 비롯해 이모들이 학교 문턱에도 가지 못한 것을 내내 미안해하며 죄스러워 했던 터라, 여지껏 한번도 엄마에게 싫은 소리를 하거나 큰소리를 내는 법이 없었는데, 그날은 무척 화가 나셨던 것은 분명하다.

엄마는 동생에게 고개 숙여 미안해 했다. 엄마가 외삼촌에게 고개 숙인 것은 그날 처음 보았다.

또 하나의 사건이 더 있었다. 그렇게 처음으로 경찰서에 다녀온 엄마는 한동안 집에서 화투판을 열진 않았지만 한 달이나 있다가 다시 또 우리 집에서 화투판이 시작되었다. 화투를 치고 싶어 하는 사람은 많고 화투판을 열자는 성화가 컸다.

화투판을 벌일 다른 집도 있었을 텐데, 이집은 이래서 불편하고.. 저 집은 저래서 싫다.. 는 식으로 엄마에게 계속 판을 벌려 줄 것을 종용했다.

나는 엄마가 외삼촌을 생각해서 화투판을 열지 않을 거라고 생각했지만 엄마는 며칠 뒤 화투판을 열었다. 그리고 전에 봤던 사람들 혹은 새롭게 온 사람들까지 포함해서 7, 8명의 사람들이 또 우리 집에 왔고 그들은 화투를 쳤다. 더불어 나도 다시 바빠졌다. 학교 마치면 곧장 집으로 달려왔다.

어이 막둥아, 담배 한갑 사와라~ 막둥아, 약국 가서 박카스 좀 사 올래? 막둥아, 맥주 두병 사오니라~ 막둥아, 막둥아~~

막둥이는 신났다. 또 필통갑에 돈이 쌓이기 시작했다.

그러던 어느 날, 둘째오빠가 군대에서 휴가를 나왔다. 자기 방에서 사람들이 모여 화투를 치고 있는 걸 본다.

집에서 가끔 화투판이 벌어지고 있다는 걸 알고 있었기에, 엄마에게 절대 화투판 벌리지 말라고 신신당부를 했는데, 왜 또 화투판이냐며 소리를 질러댄다. 그리고 사람들을 다 쫓아낸다.

동네 창피하게 왜 또 화투판이냐, 아들이 대학까지 다니는데 동네 소문나면 뭐가 되느냐, 이런 돈으로 어디 공부나 제대로 할 수 있겠느냐 등등.

배운 거 하나없이 할 일도 마땅치 않고, 하루 종일 고춧가루 빻고 마늘 까는 거 보다는 수입이 몇 배 낫다는 엄마. 이런 거라도 해서 생활비 몇 푼 버는 게 얼마나 큰 도움이 되는지 모른다며 자식의 이해를 구한다.

둘째 오빠는 그러면 땅을 팔던가 집을 팔던가 하면 될 것을 쪽팔리게 이런 짓해서 살아야 되느냐는 둥, 급기야는 이놈의 집구석을 불로 다 태워버리겠다며 부엌에서 석유통을 들고 나온다. 그러더니 제 흥분에 못 이겨 마당에다, 마루 바닥에다 석유를 마구 뿌려댄다.

그때는 부엌에서 석유곤로로 요리를 하던 시절이라 집에 늘 석유가 있었다.

그냥 협박정도로 멈출 줄 알았는데 불 질러 버리겠다고 성냥갑을 찾는다. 자칫하면 우리 집이 불에 타게 생겼다. 어린 나는, 어디서 그런 힘이 나왔는지 오빠를 뒤에서 세게 밀치면서 넘어뜨렸다. 그리고 석유통을 뺏어서 가로챘다.

"오빠 너는 진짜 웃긴다. 엄마가 벌어놓은 돈으로 대학을 가고, 그 돈으로 공부하고, 그 돈으로 옷 사 입고 그 돈으로 여자 친구 만나면서 왜 그 돈이 부끄럽다고 생각 하냐? 화투판 벌여서 벌은 돈이라 부끄럽고 창피하다 생각하면 안 써야 하고, 대학가서 공부할게 아니라 엄마대신 시장에 나가서 감자를 팔던지 고구마를 팔든지 돈 벌어야 되는 거 아니냐?
엄마보고 욕할게 아니라 엄마가 왜 이렇게까지 해서 돈을 버는지, 누구 때문에 돈을 버는지 생각 좀 해보라고!
맘에 안들면 니가 가서 벌어오던가, 아니면 돈을 쓰지를 말던가!!
한번만 더 엄마한테 대들기만 해봐, 내가 오빠 너 죽여 버린다, 당장 니 책들 다 태워 버릴랑께 알아서 해!"

난 그때 겨우 초등학생 3학년이었다. 당시에 웅변학원을 다녔던 탓인지 꽤나 조리있게 내 주장을 잘 이야기한 것 같다.

어린 내가 보기에 우리 둘째 오빠는 염치가 없다. 제대하고 나서 복학을 한 이후에도 자기 손으로 용돈 한번 벌겠다고 아르바이트라는 걸 해 본적이 없다. 그렇다고 공부를 잘해서 장학금을 받은 것도 아니다.

심지어 대학교 4학년 때 돈 한 푼 벌 지도 못하면서 결혼을 했다. 학생 때라 신혼집도 엄마가 사줬고, 학생 때라 신혼살림의 생활비도 엄마가 몇 년씩 뒷바라지를 다 해줬다.

썩어빠질 놈~ 평생 엄마 돈만 뜯어먹고 사는 놈~ 그러면서, 결혼 후 올케언니와 함께 매주 일요일이면 교회를 간다. 이웃을 사랑하라고 기도를 한다.

나는 둘째오빠에게 이웃을 사랑하기 전에 엄마부터 사랑하라고 말해 줬고, 엄마를 사랑한다면 결혼해서까지 엄마에게 돈 달라는 말 좀 하지 말라고 했다.

그 뒷바라지를 위해 엄미는, 새벽4시년 산에 올라가 고들빼기며 약초들을 캐다가 시장 바닥에 쭈그리고 앉아 팔았으며 자식들 아침밥을 차려주고 학교 보낸 다음에는 또 고추를 팔고 마늘을 팔았다. 저녁에는 하루 종일 쌓인 설거지를 해야 했고, 다음날 도시락을 싸주기 위해 또 한참동안 반찬을 만드신다.

둘째오빠가 군에서 제대한 후부터는 더 이상 우리 집에서 화투판은 열수가 없었기 때문에 엄마는 또, 잠자는 시간을 빼고는 한시도 쉬질 않고 일을 하셔야 했다.

그 당시 엄마의 팔다리는, 내 종아리보다 더 가늘고 마르셨다. 그리고 매일 새벽, '사리돈'이라는 진통제를 드셨다. 처음엔 한 개씩 먹던 진통제를 두 개씩 먹어야 했고, 그마저 낫지 않으면 한 번에 세 개씩 드셨다.
   그땐 몰랐다. 왜 저렇게 약을 드셔야 했는지..

   시골 본가에서 엄마가 하지 못한 농사를 지으며 스무 마리 넘는 소를 키우고 있는 큰오빠는 다행히, 엄마에겐 가장 큰 버팀목이자 기둥이었다. 매사 함께 의논하고, 남편의 빈자리를 큰오빠가 많이 채워주었다.
   큰오빠는 엄마의 화투판이 탐탁치는 않았으나 엄마의 하는 일에 염려와 걱정은 갖지만, 반대는 하지 않았다.
   큰오빠는 남들이 대부분 다녔다는 중학교는 다니질 못했고 열세 살 때부터 일하기 싫어하는 아버지를 대신해 늘 엄마 곁에서 궂은 농사일과 힘을 써야 하는 집안 일을 다 했다고 한다. 행복은 성적순이 아니 듯 사람의 인성도 학력 순이 아니다.

독산동 아저씨의 금반지

엄마의 화투판 하우스는 둘째오빠 때문에 2년밖에 못했다. 나는 둘째오빠가 군대에서 한 10년 정도는 있다 왔으면 했지만 내 바램뿐이었다.

대신 화투판의 하우스는 우리 집이 아닌 '진이 할머니'라는 한 동네의 다른 집에서 열렸다. 엄마는 종종 그 집에 놀러갔다.

엄마는 화투판을 하면서 고리로 떼는 자릿세로만 돈을 벌었던 것은 아니었고 또 하나의 수입은 돈놀이였다. 하우스와 꽁지는 뗄레야 뗄 수 없는 관계인 것인지..

엄마는 돈을 잃고 돈이 다 떨어진 사람들에게 얼마간의 돈을 빌려주었다. 돈을 다 잃은 사람들은 어김없이 엄마의 손목을 끌고 몰래 부엌이나 담벼락 쪽으로 데려 가 10만 원, 20만 원의 돈을 빌려 달라 속닥거렸고 엄마는 열의 아홉 정도는 돈을 빌려줬다. 그 사람들에게 얼마의 이자를 받았는지는 모른다.

나는 고등학교 1학년 때 경기도로 전학을 갔다. 예고로 전학을 해서 나만 따로, 가족과 떨어져 경기도에 있는 학교 옆에서 자취를 했고 나머지 식구들은 여전히 광주에서 살았다.

어느 날, 엄마가 자취방에 오셔서 서울의 독산동에 찾아가 보자고 한다. 누구에게 돈을 받아낼 사람이 있단다.

역시나 광주집의 그 화투판에서 엄마에게 100만원을 빌려간 사람이 있는데 물론 한번에 100만원을 빌려간 것은 아니고 10만원, 20만원, 50만원 이렇게 여러 번 나눠서 빌려간 돈이 100만원이 되었고 30만원은 갚았는데 나머지 70만원은 못 받았단다. 당시에, 한 학기의 대학 등록금이 50만원 정도였으니 큰돈이긴 했다.

돈을 받아낼 서씨 아저씨는 엄마와 같은 종씨로 누님, 동생하면서 살가웠던 사이다. 내 기억으로도 서씨 아저씨는 화투판에서 드물게 말도 없고 조용하고 성질 한번 크게 낸 적이 없는 착한 심성의 아저씨였다. 그런데 화투 실력은 뛰어나질 못했는지 번번이 잃기만 하셨던 분이다.

그분이 서울로 이사 가면서 돈을 갚는 게 드물어지고 엄마에게 매달 10만원씩 나눠서 갚기로 했는데 몇 달은 통 갚질 않는다고 한다. 또 서씨 아저씨의 부인과도 엄마는 아는 사이였는데 서울에서 채소 장사를 시작해서 어렵게 살림살이는 꾸려가고 있는데 요사이 서씨 아저씨가 서울에서 또 노름을 해서 걱정이란 소리를 들었나보다.

서울지리를 모르는 엄마는 나를 앞세워 독산동의 어느 시장골목에 갔다. 너무 비좁고 깨끗하지 못한 골목 여기저기를 헤맨 후 겨우 찾아낸 서씨 아저씨의 채소가게.

아저씨 부부는 가게와 함께 붙어있는 한 칸짜리 좁은 살림방에서 생활하셨고, 예고 없이 찾아 온 방문이라 딱히 손님상으로 내놓는 다과도 없었다.

엄마는 간단하게 안부만 물어보고서는 돈을 갚으라며 본론을 꺼냈다. 아저씨는 이차저차해서 사정이 너무 어렵고 안 좋다고, 당장 갚을 수 없다면서 조금만 더 기다려 달라 했다.

엄마는 서씨 아저씨가 끼고 있는 금반지를 보고는, 그 반지를 빼서 달라고 했다. 깜짝 놀란 아저씨는 이건 얼마 전에 결혼 한 큰딸이 예물로 해 준거라 곤란하다고 말한다.

엄마는 남의 빚도 못 갚으면서 무슨 금반지를 끼고 살 자격이 있냐면서 당상 빼라고 한다. 나는 소스라치게 놀랐다. 엄마가 남에게 그렇게 악덕 사채업자처럼 냉정하고 야멸차게 말하는 걸 본 적이 없기 때문이다.

그런데 당장 손가락에 끼고 있는 반지를 빼서 달라니.. 그것도 얼마 전에 결혼한 딸과 사위가 결혼예물로 해준 반지라는데..

이것만은 안 된다고, 아직 낀지 한 달도 안됐다고 난처해하며 사정사정하는 아저씨를, 엄마는 다소 앙칼진 목소리로 당장 반지 빼라, 그 반지 값 다섯 돈은 15만원도 안 된다. 내게 갚을 돈의 반의 반도 안 되는 돈이다. 나도 여기까지 왔을 때는 빈손으로 돌아갈 맘이라면 오지도 않았다. 배추나 무시라도 몽땅 싸 갈 작정으로 찾아온 거다.. 이렇게 얘기 하셨다. (당시 금반지 1돈은 27,000원이었다.)

아무리 자식이라도 사람 속은 모른다고, 난 우리 엄마가 그리 냉정하고 차가운 사람인 줄 몰랐다. 일말의 양보나 배려 없이 당장 그 반지 빼지 않으면 쳐 죽일 것처럼 이야기하는 엄마를 보고, 도저히 옆에 앉아 있을 수 없었다. 엄마라는 사람이 그동안 내가 알았던 사람이 아닌, 전혀 딴 사람처럼 느껴졌다.

난 방을 나왔다. 더 험한 말이 엄마 입에서 나올 것 같았다. 차마 그 이야기를 듣고 싶지 않았다. 나에게 엄마는, 세상에서 가장 좋은 사람이었으므로 그 환상을 깨고 싶지 않았다.

한참 후에야 엄마는 그 집을 나오셨고, 서씨 아저씨가 풀이 죽어 따라 나왔다. 엄마는 뒤돌아 아저씨의 얼굴에 대고 다시 한번 쐐기를 박는다.

"오늘은 이 반지만 가져가지만, 다음번에 올 때는 얼마간의 돈을 준비해 놔라, 아니면 여기 있는 배추랑 무시 다 가져 갈란다!"

아.. 우리 엄마, 돈 앞에서 부처님은 없다고 했지만, 어찌 저리 야 멸차나.. 아저씨는 연신 고개만 숙이고 있다. 딱하게 보였다.
 돈을 빌렸으면 갚는 것이야 당연하지만, 그것도 사정이 이러한데.. 우리는 그 돈 없어도 살 수 있는 형편이지만 이건 뭐 거지 똥구멍에서 콩나물이라도 억지로 빼 내는 꼴이라니..!

 "그리고 자네, 노름하지마라, 어디서 노름한다는 소리 다시 들리면 내 당장 달려와서 느그 집의 밥그릇까지도 내가 다 가져 가불랑께~ 알겄제?"

 네.. 힘없이 들릴 듯 말 듯한 서씨 아저씨의 목소리를 뒤로 하고 엄마는 앞장서서 시장 골목을 휙휙 걸어 나가신다. 나도 부리나케 쫓아 따라갔다.
 시장을 빠져 나갈 때까지 그 시장 안 골목이 왜 그리 길게만 느껴졌던지.. 차마, 엄마와 나란히 걷지 못하고 질질 끌려가듯 뒤따라 걸어 간 기억이 난다.
 그런데 시장 밖을 빠져 나오니, 저만치서 서씨 아저씨의 부인이 기다리고 있었다.

 "식사라도 하고 가시제 형님?"

 "아니여, 없는 살림에 불편하게 무슨.."

"그래도 서울까지 오셨는디, 고기라도.."

"됐고, 자 이거 받아~"

엄마가 서씨 부인에게 건넨 것은 반지였다.

"절대, 절대로 서씨한테는 얘기도 하지 마, 내가 반지 다시 줬다는 걸 알면 또 어느 놈의 노름판에서 그 반지 맡기고 노름할지도 모르니까."

"아이고, 제가 받아도 되나 몰라요?"

"딸이 결혼할 때 한복대신 해 준거라며? 잘 간수하고 있다가 죽을 만큼 아파서 병원이나 가야 할 때 그때 팔아서 쓰게나. 왠만하면 그런 일 없이 잘 갖고 있으면 좋제.
내가 서씨를 잘 알아. 맘이 약해서 모질지 못해. 내가 이렇게라도 해야 오늘 나한테 당한 게 서러워서라도 좀 열심히 살지.
지 마누라는 생판 첨사는 서울서 배추라도 팔면서 살아보겠다고 이리 아둥바둥 사는디 지깟 놈이 무슨 노름이야 노름은.."

"이 은혜를 어찌 갚아요 형님~"

"잘 살면 됐제. 난 또 조만간 돈 받으러 온다고 기별할텐게 서씨한 테는 오늘 일은 절대 말하지 말어. 맘 약해지지 말고. 알았제?"

"네, 형님~"

나중 엄마에게 물어보니 사연인 즉슨 이랬다. 서씨 아저씨네는 엄마 돈을 갚을 여력은 한 개도 없었으나 당장 서울에서 채소장사라도 해서 하루하루 살림을 꾸려가고 있는데 서씨 아저씨가 시장판 어디선가 다시 노름판에 기웃거리며 하루 버는 돈을 종종 화투판에 가서 몽땅 잃고 오니, 엄마 돈을 갚기는 커녕 빚만 더 지게 될 판이라고 서씨 부인에게 귀띔을 들은 모양이다.
이에 엄마는 가만히 있을 수 없어서 서씨 아저씨에게 독하고 매정한 채권자의 모습을 보여줘야겠다고 생각했단다.

노름빚이 무서운 줄 알아야 하고, 열심히 살면서도 못 갚는 일이 생긴다면야 어쩔 수 없지만 버는 족족 빚을 갚기는커녕 또 노름을 하는 행위를 두고 볼 수는 없었단다.
특히 서씨 부인이 어떻게든 살아보려고 광주에서 낯선 서울까지 올라와서 시장바닥에 앉아 채소장사를 하고 있는데 엄마 생각에는 서씨가 아주 괘씸하더란다.
서씨 아저씨의 반지를 챙겨서 돈으로 바꾸겠다던가, 빚의 일부로 받겠다는 생각 따윈 없었지만 서씨에게 그렇게 행동을 보여줘야 노름빛 무서운 줄 알거라는 뜻이었다.

 난 잠시나마 우리 엄마를 나쁜 채권자로 의심했던 게 부끄러웠고 역시 우리 엄마는, 우리 엄마다! 멋진 분이라고 생각했다.

 내가 이제는 우리 엄마의 나이가 되어서 내일모레면 나도 곧 60세, 환갑의 나이가 될 것이지만 이제까지 우리 엄마처럼 지혜롭고 멋진 분은 못 봤다.
 우리 엄마는 초등학교도 못 다녀서 글자 읽기는 물론 글자 쓰기도 못하신다. 은행에는 혼자 갈 엄두가 안 나서 볼 일을 봐야 할 때는 항상 나나 언니를 데리고 가야 했다.

 엄마는 나중에야 자식들 이름을 하나하나 써보면서 한글공부를 시작했고, 숫자공부도 하셨다. 그 일은 역시, 막둥이인 나의 몫이었다.
 하지만 한글 공부를 시작하게 된지 얼마 되지 않은 엄마 나이 59세에, 미처 환갑을 넘기지 못하고 엄마는 돌아가셨다.
 설을 하루 앞두고 설날 음식을 준비하시다가 갑작스런 뇌출혈이 와서 쓰러지셨다. 수술 한번 해보지 못하고 삼일을 넘기지 못하신 채 돌아가셨다.

 엄마가 매일 밥 먹듯이 진통제를 세알, 네알 나중에는 다섯 알까지 입에 털어 넣으면서 꾹꾹 참았던 두통을 심각하게 생각하지 못했던 것을 두고두고 후회했다.

　진작, 병원에라도 한번 모시고 갔더라면 얼마나 좋았을까..

　되돌아보니, 우리 엄마는 살아 생전에 단 한 번도 병원을 가신 적이 없었다. 그때는 건강보험도 없었던 시절이었고, 병원비가 무척이나 비쌌던 옛날이었다.

엄마의 장례식

　엄마의 죽음은 갑작스런 일이었다. 평소 지병을 앓고 계시거나 병 앓이를 했던 분이 아니었기에, 황망스런 죽음은 일가친척 모두에게 청천벽력같은 소식이었으나 막둥이인 나에게는, 아직 학생이었던 내게는, 누구보다 더, 감당할 수 없는 슬픔이었다.
　그래도 장례는 치러졌고, 설 전에 돌아가신거라 5일장으로 치러졌다. 37년 전의 일이라, 꽃상여에 태우고 시골집 본가 앞에 있는 산에다 관을 묻었다.

　엄마를 땅에 묻은 날은 눈이 내리고 있었고, 산으로 올라가는 그 길은 발목의 복숭아뼈까지 푹푹 빠질 만큼 눈이 쌓여 있었다.
　엄마와 마지막 작별을 하던 그 날에 산과 들이 온통 하얗게 눈으로 수놓아져 있어서, 마치 힘들고 고되었던 엄마의 짧은 생을 하얀 눈으로 그윽하게 품어주는 듯 했다.
　내게 겨울은, 차갑고 시린 추운 날이 아니라 엄마의 품이 느껴지는 따뜻한 계절이다.

　늘 계셨던 그 집에, 늘 있어야 하는 그 자리에 엄마가 이제 없다.

엄마의 반가운 쓰다듬도.. 엄마가 썼던 베개와 이불도.. 엄마가 해놓았지만 미처 먹지 못해 남겨진 반찬들도.. 모두 그리움으로 눈물나게 한다. 갑작스런 그 빈자리에 대한 허무함은 어린 나에게 하루하루의 괴로움이었다.

 엄마는 예고 없이 갑작스런 사망을 하셨기에, 미처 자식들에게 말하지 못했던 사연도 있었고 실제 여기저기에 사놓았던 땅도 몇 개 있었다.
 공부시키고 키워야 할 자식들이 많으니, 한 푼이라도 버는 족족 꼭 필요한 생활비 외에는 아낌없이 저금을 하거나 그 저금한 돈이 모아지면 땅을 사시곤 했나보다. 정작 당신의 약값이나 병원비로는 쓰지 않으시면서.

 원망스러웠다. 엄마가 우리 자식들에게 남겨줘야 할 유산은 돈이 아니라, 엄마가 오래오래 건강히게 사시는 거였는데..
 이리 빨리 가실 거면서 돈이라도 쓰고 가시고, 여행도 다니시고 맛난 음식도 먹고 그러시지... 처음으로 엄마가 바보스럽다고 원망했다.

 엄마가 이제 막 한글을 배워서 작성한 공책에는 엄마에게 돈을 빌린 사람들 이름과 금액이 적혀 있었고, 엄마가 몇 군데 사놓은 땅도 적혀 있었다.

땅은 큰오빠, 광주언니와 서로 상의하며 산 것들이라 비밀이랄 수 없지만 사람들에게 빌려준 돈의 출처도 다섯 곳이나 있었다.

20만원, 30만원, 50만원, 70만원, 100만원.. 각자의 금액이 크진 않았지만 합치면 꽤 많은 돈이었다. 그 다섯 명의 빚진 채무자들은 장례식때 모두 조문을 왔었다. 독산동의 서씨 아저씨도 부인과 같이 오셔서 한참이나 내 손을 부여잡고 우셨다.

장례식이 끝나고 며칠 뒤, 큰 오빠는 따로 그분들에게 일일이 연락하여 채무를 갚을 수 있으면 고마운 마음으로 받겠지만, 형편이 안 된다면 굳이 받지 않겠다는 뜻을 전했다. 그랬더니 전부 그 돈을 갚지 않았다고 한다.

돈을 갚은 사람은 한 명도 없었지만 그때, 그 은덕을 베풀어서인지 큰오빠는 칠순을 넘기고 이제 곧 팔순을 앞두고 있는데 여전히 건강하시고 평생 지역유지로 살아올 만큼 하는 일마다 잘 되었으며 소 장사, 과수원 등을 해오면서 돈도 잘 버셨다.

내가 태어난 본가에서 지금도 살고 계신다. 밑으로 아들 셋을 두었는데 자식들 역시 다 무탈하게 가족이 대체로 평안하시다.

나는 엄마의 화투판에서 심부름꾼 역할을 하면서 엄마에게 보고 들은 게 많았다. 특히 화투판에서 돈놀이도 하셨던 엄마는 종종 내게 교훈처럼 이런 말씀을 자주 하셨다.

"결혼할 남자가 있거나 동업을 할 사람이 있으면 반드시 화투를 같이 쳐 봐라. 화투판에 앉으면 진짜 그 사람의 모습이 다 나온다. 되지도 않는 성질을 부리거나, 남 잘되는 것을 못 보거나, 자기가 잃을 때 인정하지 않고 떼를 쓰거나 그런 사람과는 절대 무슨 일을 해도 같이 해서는 안 된다. 화투판에 앉아 있는 모습이 곧 그 사람의 본 모습이다."

"돈이라는 것도 마음이 있다. 빌려주고 싶은 사람에겐 없는 돈도 구해서 주고 싶지만, 미운 놈한테는 주머니에 들어있는 돈도 안주게 된다. 없는 돈도 구해서라도 빌려주고 싶게끔 그런 사람이 되어야 한다. 돈이 재산이 아니라, 사람의 신용과 믿음이 재산이다."

"돈을 빌리는 걸 부끄러워 하지 말고, 약속한 돈을 갚지 못하는 걸 부끄러워 해야 한다. 돈을 못 갚을 피치 못할 사정이 있을 땐 핑계 대지 말고, 변명하지 말고 솔직하게 모두 말해라. 돈에도 거울이 달려있어 다 보인다. 사정을 털어놓고 양해를 구하면 차가운 마음도 녹는다. 그리고 반드시, 다음 약속은 무슨 일이 있어도 꼭 지켜라."

"돈이 원수지, 사람이 무슨 죄냐는 말을 하지만 그건 틀린 말이다. 돈을 쓰는 건 사람이다. 결국은 사람이 문제다. 돈을 잘 갚아도 하는 행실이 얄미워서 다시는 돈 거래를 안 하고 싶은 놈이 있고, 생활이 어려워서 참 받기도 힘든 돈인데 하는 짓이 성실하고 착해서 못 받을 걸 알면서도 없는 돈이라도 주고 싶은 놈이 또 있다. 돈에도 다 마음이 있단다."

  카지노를 다니게 되고, 가진 돈이 다 떨어져서 아쉬운 마음에 주변에 돈을 빌리는 일이 여러 번 있었다. 그럴 때마다 엄마가 하셨던 말씀을 종종 떠올리며 돈을 빌리고 갚은 것에 실수하지 않으려고 애쓴다.
  그럼에도 만약, 우리 엄마가 살아계셨다면 이런 지경의 막둥이 딸을 보고는 뭐라고 하셨을지..
  아마도 주저앉아 땅을 치시며 대성통곡을 하셨을 것이다.

방송작가 때 배우게 된 포커게임

대학을 졸업하던 해에, 공중파 방송 3사 (KBS, MBC, SBS)만 있다가 케이블 TV 시대가 막 시작되었다. 30개가 넘는 채널이 생겨났고 그로 인해 방송 인력들이 대거 필요해져서 경험도 부족한 졸업생들, 일본으로 방송 공부를 하러 간 유학파까지 여기저기 차출되어 프로그램 제작에 투입되어야 했다.

급작스런 환경이었지만 당시 졸업을 앞두고 있거나 취업을 준비하고 있던 사람들에게는 황금기였다. 취준생이란 건 당시에는, 생각도 할 수 없을 만큼 일자리는 넘쳤고 갈 곳은 널리고 널렸던 시기였다.

나 역시도 학교 졸업하자마자 보조를 거치지 않고 바로 메인작가로 교육방송, SBS 방송까지 프로그램 3개를 동시에 하고 있었으며 삼성코닝이란 회사의 사내방송 제작까지 하게 되었다.
교육방송은 재미는 없었지만 비교적 쉬운 작업과 짧은 방송이었기 때문에 2, 3개 프로그램을 동시에 썼다.
지방 취재와 촬영이 있는 SBS는 취재, 촬영, 편집, 원고쓰기 등 노가다 같은 작업이 너무 많았으나 전국을 여행처럼 돌아 다닌다는 재미가 있었을 뿐만 아니라 공중파 방송에 이름 석자가 나가는 것이 좋은 일이었다. (특히 우리 집에서 무척 자랑스러워 했다)

아는 선배의 부탁으로 삼성코닝의 사내방송 작가를 해야 했었는데 (하던 분이 유학 간다고 갑자기 내게 넘겨주고 갔다) 이건 페이가 좋아서 안할 수가 없었다.

당시 삼성코닝은 사내방송에 공을 많이 들였는데 일주일에 두 번씩 15분짜리 사내방송을 출근 때 방영한다. 직원들의 성공신화, 프로젝트 경험담을 미니 다큐멘터리처럼 꾸미거나 사장님과 임직원의 주요 행사들을 영상으로 만드는 것이다.

본사는 서울에 있었지만 공장이 수원과 구미에 있어서 일주일에 한번은 항상 지방에 갔어야 했다. 제작팀은 삼성코닝 직원이 아니라 외주 제작업체에서 했다. 나는 그 외주 제작업체의 구성작가로 합류했다.

제작팀의 기본 인원은 피디, 구성작가, 촬영스텝 2인 포함해서 총 4명이었고 리포터가 있는 프로그램의 경우는 5명이 간다. 촬영이 지방이다보니 1박을 하게 되는 경우가 필수였는데 남자들 셋이 한 방을 쓰고 여자인 나는 혼자 방을 쓴다.

구성작가는 미리 콘티를 짜고 멘트를 써야하므로 지방 촬영지에 가서도 밤새 혼자 방구석에 처박혀 원고를 쓸 때가 대부분이지만 남자들은 술을 마시거나 자기네들끼리 밖에 나가 당구를 치러 가거나 아니면 고스톱, 포커게임을 하면서 논다.

　20대 초반부터 혼자 장거리 운전하기, 혼자 모텔가서 잠자기 등이 익숙해진 프리랜서 작가시절을 오래 한 탓에 카지노를 다니는 그 숱한 세월동안 혼자 장거리 운전과 혼자 모텔에 방 잡고 자는 것은 내게 너무 익숙하고 편한 일이다.

　어느 날에는, 남자 스텝들이 모여서 포커 게임을 하는데 사람이 한명 더 있으면 재미있을 거라며 내게 가르쳐 줄테니 같이 하자고 한다. 그때 포커의 룰을 처음 알았으며 돈내기 게임이란 것도 처음으로 해봤다.
　함께 일하는 스텝들이라 판돈이라고 해봤자 2만원, 3만원 안쪽이었으며 딴 사람이 맥주며 치킨 등을 사서 먹는 것으로 항상 끝났으니, 말 그대로 심심풀이용 오락이었다.

　그때 훌라라는 게임도 처음 배웠는데 난 개인적으로 세븐 포커, 훌라보다 하이로우 게임을 더 좋아했다. 좋은 패로 승부를 가려 이기는 승자 독식보다, 절대 낮은 패로도 이길 수 있는 게임 그리고 한 사람만이 이기는 것이 아니라, 너는 너대로, 나는 나대로, 높고 낮음에 따라 같이 이기거나 혹은 운 좋게 스윙을 해서 전부 독차지 할 수도 있는 의외의 변수가 있는 그런 승부였기에 더 좋아했다.

스텝들과 저녁때 모여 포커게임을 하게 된 이후부터 지방 촬영이 지루하거나 힘들지 않고 오히려 기다려질 때도 있었다. 그때는 돈을 딴다는 욕심보다 그냥 그런 게임들이 너무 재미있었고, 게임을 통해 사람들과 더 친해지고 허물없어졌으며 가까워졌다는 그 친숙함이 좋았다.

함께 작업을 하면서 불편했던 촬영담당의 메인 기사가 있었다. 이 남자는 나보다 열 살 정도 위였는데 정말 까다로운 성격인데다 편집 작업을 할 때는 구성작가인 나와 빈번하게 의견 충돌을 하였다.

그 남자는 카메라 기술맨답게 전형적으로 잘 찍히고 안정적인 구도를 좋아했고, 나는 구성작가라서 현장에서의 생생함과 역동성을 더 선호했다. 오케이 컷을 정하고 나레이션을 쓰는 것은 결국 구성작가의 몫이므로 내 결정에 불만을 가질 때가 많았다.

둘 사이의 갈등은 서로 정서적으로 안 맞다, 진짜 생각 하는 게 너무 다르다, 작업 스타일이 틀려 같이 일하기 힘들다.. 식으로 귀결되었고 그렇게 여겨지다 보니, 평상시에도 말 나누고 대화하기가 영 불편스러웠다.

그런데, 같이 한방에 앉아 조그만한 담요를 사이에 두고 그 위에서 카드를 함께 쪼고, 배팅을 하고, 저 사람이 이기나, 내가 이기나.. 알 수 없는 기대감과 스릴, 승부 등으로 웃고 떠들다 보면 서로의 불편함은 차츰 줄어 들었다.

때론 상대방의 뻥카나 올인 배팅에 감탄해하면서 대단하다는 엄지척을 해주면 어제까지 있었던 껄끄러움은 눈 녹듯이 사라져 버린다. 그리고 다음날, 촬영장에서 만나면 마치 하룻밤에 만리장성이라도 쌓았던 것처럼 각별한 친밀감이 느껴진다. 그런 감정들은 함께 일하면서 더 돈독해지는 의리나 우정으로 발전하기도 한다.

우리가 포커 게임을 했던 것은 지루한 출장에서의 오락거리였으며, 누가 따든, 딴 돈은 모두 술과 간식을 먹는데 썼기 때문에 따로 승자가 있다거나, 또 잃었다 해도 크게 손해랄 것도 없는 순수한 놀이 즉, 친선 게임이었다.
그러나, 한번 맛을 본 포커게임의 그 재미는 이후 진짜 도박을 하게 된 계기가 되어버렸다.

도박판에는 구라가 있었다

나중에 청소년 잡지의 편집장으로 스카웃이 되었다. 호기심과 도전 의욕이 많았던 나였기에 당시에, 신촌 기차역 앞에서 인디 밴드와 청소년 뮤지션들의 길거리 공연을 정기적으로 기획하여 공연을 열었다. 지금의 버스킹 같은 개념인데, 당시에 사람들이 들어보지 못했던 길거리 공연, 버스킹 들을 25년 전에 나는 시도했다.

그 새로운 시도에 대한 반응이 좋아서 여러 매체에서 인터뷰 요청을 받기도 하였으며, 동아일보의 지면 하나가 통째로 나의 인터뷰 기사가 실리는 가문의 영광을 기록하기도 했다.

열정적으로 일하고, 일한 댓가만큼 명성도 얻었고 수입도 뒤따랐다. 하루 24시간이 모자랄 정도로 바빠진 생활이다 보니 자연스레 포카 게임은 잊게 되고, 생각할 틈도 없었다.

그러던 어느 날, 예전에 같이 일했던 촬영 스텝의 막내 카메라맨이 연락을 해 온다. 같이 포커를 쳤던 그 때 정말 재미가 있었고 언제 기회가 되면 또 같이 해보자고 한다.

나도 인사차, 더불어 그러고 싶다고 했더니 혹시 포커 게임을 하고 싶으면 서울역 근처 실내포차 집에 종종 모여 게임을 하고 있으니 오란다.

　불법 하우스나 도박장인가 싶었으나, 아는 사람들끼리 아는 형님이 운영하는 실내 포차집에서 영업이 끝난 후 모여서 서너시간 게임하며 논다는 것이다. 그때 나는 북아현동에 살고 있었기 때문에 차로 10분 거리의 가까운 곳이었다.

　어느 날, 일을 마치고 다소 한가해진 틈이 나서 서울역 근처의 그 실내 포차 집에 가게 됐다. 사람들 얼굴이나 보고 오자는 핑계였는데 아마도 속으로는 오랜만에 포커 게임을 하고 싶었던 모양이다.

　평소 장사가 잘 안 되는 가게였는지 밤 열시면 한창 피크타임이어야 할 시간인데 손님이라곤 포커하기 위해 모인 멤버들이 전부였다.
　하긴 인테리어나 메뉴를 보니 장사가 잘 될리도 없었고, 특히나 라사 의상학원이 있었던 1층의 그 실내 포차집은 지은 지 30년도 넘은 낡고 허름한 건물이어서 지나가는 누군가가 쉽게 문 열고 들어가고 싶지 않을 외관이었다.

　그날 모인 멤버는, 막내 촬영기사였던 재국이, 그 재국이의 아는 형님이라는 가게 사장 동철이, 그 동철이의 여동생이자 가게에서 음식을 맡아하는 순영이, 그리고 나.. 넷 뿐이었다.
　가게 사장인 동철이는 나보다 세 살 위였지만 허물없이 대하는 편한 성격이다 보니 두 번째 만날 때부터는 친구 먹기로 했던 사람이다. 또 나보다 두 살 아래인 동철이의 여동생 순영이도 가끔 오빠한테만 버럭버럭 성질내며 대들 뿐, 남에겐 너그럽고 배려심 많은 귀여운 여자였다.

그날, 넷이서 하이로우 게임을 하며 새벽 2시까지 서너시간을 놀았다. 동철이는 그렇게 웃길 수가 없었다. 죽는 시늉, 엄살, 뻥카 등 등 게임하는 동안 내내 쉬지 않고 떠들며 사람을 웃겨댄다.
우리 넷이서 큰 불편함 없이 그 후로도 몇 번은 심심풀이용 포커를 즐겼는데, 나중 진짜 돈내기 게임이 펼쳐지게 되었다.

동철이의 아는 친구가 서울역 앞의 그 높은 빌딩, 대기업에서 근무하고 있었는데 그 친구가 워낙 포커를 좋아해서 회사 직원들끼리 종종 여관방 잡아 포커게임을 하곤 하는데 우리 팀에 (어느새 팀이 되어버렸는지 모르겠지만) 껴서 같이 놀고 싶어 한단다. 뭐, 한명쯤이야 더 있으면 좋지.. 라는 식으로 가볍게 넘겼다.

조대리와 박과장이란 사람이 포커판에 끼었다. 둘은 같은 회사의 직원이었고, 조대리와 박과장은 같은 나이, 같은 입사 동기지만 박과장이 먼저 승진했다고 한다. 조대리는 동철이와 친구사이였다.
포커판에는 재국이, 동철이, 동철이 동생 순영이, 그리고 나까지 넷이었던 멤버가 조대리와 박과장이 합류하면서 6명이 되었다.

하이로우 게임을 하기에 더없이 좋을 딱 맞춤 멤버였고 회사원인 두 사람이 합류하게 되면서 이상하게 판돈도 커졌다.

평상시 5만원이면 갖고 놀기에 충분했던 돈은 30,40만원을 잃은 적도 있었고 어느 날인가는 딱 한번, 50만원을 넘게 잃은 적이 있었다. 따는 날은 5만원, 10만원, 잃은 날은 30, 40, 50만원씩이 되었다.

당시 내 수입은 240만원의 벌이는 됐었다. 그때 직장인들의 월급이 150 - 200만원 수준이었으니 적게 버는 돈도 아니었지만 포커 게임에 수입의 반 이상을 쓰고 있는 것 같았다. 심심풀이 오락을 넘어, 내가 진짜 도박을 하는 게 아닌가 실감될 정도로 부담스러워지기 시작했다.

그 두 사람이 합류하면서부터는 담날 출근해야 되어서 빨리 가야 한다, 밥 한그릇 같이 먹을 시간이 안돼 미안하다.. 등등의 핑계로 포커에서 딴 돈은 고스란히 승자가 가져가버리는 식의 진짜 돈 따기 게임이 되어 버렸다.

그러던 어느 날, 다음날에 포커 게임의 약속이 잡혀 있었는데 동철이가 전화를 해 와서는 아무래도 조대리와 박과장이 서로 수신호를 하며 서로의 패를 알려주면서 유리하게 게임을 하는 것 같으니, 우리 둘이도 같이 편을 먹고 서로 수신호를 해주자고 한다.

"그건 사기 도박 아니야? 그런 게 어딨어? 우리가 도박꾼들도 아니고.."

"아니야, 자꾸 지는 거 보니 그런 게 있는 것 같다. 내가 낌새를 조금 느꼈어. 그렇지 않고서야 어떻게 맨날 지네들이 따냐구?"

"야, 그렇게 못 믿고 게임 할 정도면 같이 하지를 말아야지. 난 안 할래."

"한번 해보자니까. 그리고 걔네들은 워낙 도박에 잔뼈가 굵은 애들이라 우리 둘이 같이 편먹지 않으면 못 이겨."

"그래도 싫어, 그러다 들키면 무슨 개쪽이야?"

"티 안 나게 하면 돼지, 내가 하이 패면 머리를 쓸어내리고 로우 패면 턱을 만지작 거릴테니까 그 정도 신호만 보내서 판을 서로 키워주던가 아니면 일부러 죽어주던가 그러자고. 그 정도는 쟤네들도 하는 것 같아서 그래. 나중에 신경 써서 잘 봐봐."

도박판의 구라는 거액의 돈이 걸린 꾼들의 판에서나 있는거고, 우리같이 서로 안면을 트고 알고 지내는 사람들끼리 몇몇 모여서 치는 판에 있을 거라고는 상상도 못했다.

만화에서처럼, 영화에서처럼 우리가 현금을 잔뜩 쌓아놓고 노름을 하거나, 거액의 판돈이 걸린 도박판도 아니지 않은가?

나는 동철이가 하도 잃으니 괜한 의심을 하는 가 보다 생각했다. 타짜들이라고 보기에 조대리, 박과장은 너무 평범한 직장인이었다. 그저 도박을 좋아하고, 도박만이 유일한 취미인 여느 직장인들과 같이.
하지만 동철이가 어찌 허구헌날 조대리와 박과장만 따고 나머지 네 명은 따는 사람 하나없이 잃기만 할 수 있냐며 의심을 하였고, 그 의심은 어느새 확신이 되어 믿음이 되어 있었다.
동철이의 그런 성화에 못 이겨 말대로 한번 해보기로 했다. 실은 나도 몹시 궁금해졌으니까.

드디어, 약속한 저녁시간이 되어 6명이 모였고, 항상 그랬듯 제일 포커 실력이 안 되는 순영이가 오링 직전이었다. 순영이는 내놓은 시드 10만원을 다 잃더니, 안주나 만들겠다며 빠지고 이제 다섯 명이 남아서 한다.
흐름은 계속 조대리와 박과장이 이기는 쪽이었고 항상 그렇듯 큰 판의 돈은 대부분 박과장이 이겼다.

그동안에 박과장이 항상 땄던 것은, 실력이 제일 좋아서라고 생각했다. 동철이의 말을 듣고, 신경을 잔뜩 곤두세워 유심하게 박과장을 살펴보니 예전에는 몰랐던 심상치 않은 동작과 행동들이 있음을 알게 됐다.

박과장의 어떤 손짓, 몸짓에 따라 조대리가 특별하게 판을 키우거나, 일부러 죽거나.. 의심을 해서인지 이상한 낌새는 더욱 강하게 느껴졌다.

아니라고 믿고 싶었지만, 사실인 게 맞는 것 같다. 심한 배신감이 느껴졌다. 하지만 카드 밑장을 빼는 것도 아니고, 체크가 된 사기 트럼프를 쓴 것도 아니므로 물증이 있는 게 아니라서, 심증만 갖고 따지기는 아주 애매한 일이었다.

나쁜 새끼들.. 구라를 칠거면 더 큰판에 가서 큰돈 따먹기를 해야지, 동네 아그들 코 묻는 돈에 별 짓을.. 게임에 흥미가 뚝 떨어져버렸다.

그러더니 동철이가 어느 판에서 심하게 판을 키운다. 동철이는 워낙 뻥카를 잘 치는 편이라 조대리와 박과장이 콜을 부르며 따라 온다.

나는 동철이의 수신호에 따라 그가 좋은 하이패를 가졌음을 알게 된다. 나도 6탑의 막강한 로우패를 갖고 있었다. 동철이가 레이스에, 또 레이스를 하며 판을 키운다. 내가 이길 판이라는 걸 확신하고 판을 키우고 있는 것이다.

중간에 재석이가 다이~를 외치고 죽어 버리자, 판이 조대리, 박과장과 동철이와 나, 그렇게 2대 2 싸움이 되는 긴장이 감돌았다.

동철이가 내게 몰래 보낸 수신호에 따르면 동철이는 스트레이트 이상의 좋은 패다. 나는 마치 동철이와 대결할 것처럼 레이스를 건다. 조대리와 박과장도 좋은 패인지 막판까지 따라왔다. 이미 그 한 판의 판돈이 30만원을 넘었다.
　조대리는 10 트리플, 박과장은 K 투페어, 동철이는 플러쉬에 7로우. 나는 6 로우였다.
　바닥 오픈 카드로만 볼 때는 동철이는 거의 로우카드였지만 의외로 속에 숨겨진 카드까지 합해 플러쉬 하이패였다.
　동철이의 스윙으로 내가 그 판을 독식하였다. 동철이는 내가 더 낮을 줄 몰랐다며 억울한 척, 안타까운 척 헐리우드 액션을 하며 분하다는 시늉을 과하게 표시한다. 이런 액션은 그전에도 동철이가 자주 보였던 개그맨같은 행동들이라 별다른 의심을 사지 않는다.
　나는 동철이가 둘이 같이 이기는 게임을 하면 의심받을까봐 자기는 억울하게 잃고 나만 따게 하는 작전을 했다는 것을 알고 있었기에 승리의 기쁨도, 돈 따는 즐거움도 느낄 수가 없었다. 단지 이젠 조대리와 박과장한테 잃지 않는다는 것일 뿐.

　새벽 4시의 늦은 시간까지 포커판은 이어졌고 이기는 판이 있고 지는 판도 있었지만 동철이의 전략적인 판돈 올리기, 큰 판의 경우, 내게 몰아주기 식의 작전으로 최종적으로는 그날 내가 가장 많이 땄다. 동철이도 조금 따고, 박과장과 조대리는 잃었다.

동철이는 자기 전략이 제대로 먹혀서 우리 둘이 돈을 땄다며 크게 좋아했고 기뻐했다. 그러면서 앞으로도 계속 둘이 한편을 먹자고 말한다.

나는 싫다고 했다. 이렇게 짜고 치는 게임은 하고 싶지 않았다. 이번엔 내가 이기는 승자가 됐을지 몰라도, 누구든 나를 상대로 그렇게 뒤통수치거나 엿먹일지도 모른다는 생각이 들었다.

그 일로 비록, 돈을 따긴 했지만 나는 거기에 있는 사람들을 이제 믿을 수 없다. 심지어 내게 도움을 줬던 동철이마저도.

어릴 적 이현세, 박봉성의 만화를 많이 봤었다. 그 만화 속에서 많은 도박꾼들은 서로 속이고 배신하고 필요에 따라 어제의 적이 오늘의 동지가 되고, 오늘의 동지가 또 내일의 적이 되기도 한다. 하물며 동네 친구들끼리 노는 소소한 판에서 이런 치사한 구라를 치다니!

구라가 있는 게임에서는 돈을 따고 싶지도 않고, 돈을 잃는 호구는 더욱 되고 싶지 않다. 그 일을 계기로 나는, 일이 바쁘다는 핑계로 동철이의 가게에 가지 않았다.

2부 ;

카지노라는 신세계.

낙원을 만나다

  10년 동안은 모르는 이와 어울려 포커 게임을 하거나, 화투를 치거나 그런 일은 없었다. 인생의 가장 젊은 청춘인 30대 중반까지 좋아하는 일을 하며 돈을 벌고, 뜨거운 열정으로 하루하루를 살았다. 연애도 하였고, 이별도 하였으며, 또 다른 이와 다시 연애를 하고, 또 이별을 하기도 하였다.

  2002년에 영상 콘텐츠를 만드는 회사를 창업하고 일할 때쯤, 그해 열렸던 한일 월드컵의 4강 신화에 도취되어 친구와 둘이 여행 삼아 우연하게 들린 강원도 정선, 나는 그곳에서 강원랜드 카지노라는 신세계를 만난다.

  강원도 동해바다를 보고 돌아오는 길에 들렀던 강원랜드의 카지노. 영화 속에서나 보았던 라스베이가스의 거대 도시와 현란한 쇼, 화려한 퍼포먼스를 떠올렸던 우리는 작디작은 그 탄광촌 마을에 만들어진 카지노를 보면서 이내 실망하고 말았다. 좁은 도시, 작은 도로가에 빼곡하게 들어서 있는 모텔과 숱한 전당포들만이 시야의 전부였기에.

카지노 객장 안은 많은 사람들로 빼곡했다. 북새통속에 게임도 하지 못한 채 서성이며 게임하는 사람들을 구경하고 그 사람들의 이기고 지는 희비가 교차하는 모습들을 보며 무척 흥미로왔다.

어디서 무엇을 해야 할지, 게임하는 방법과 요령도 모른 채로 도떼기 시장판보다 더 혼잡한 객장 안을 돌아다니고 있을 때에 마침, 돈을 다 잃고 욕을 뱉어내며 자리에 일어서는 사람이 한 명 있었고, 나는 무엇에 홀린 듯 그 자리에 앉았다.

주사위 게임이라 하는 다이사이 게임. 대 아니면 소. 두 곳 중에 한곳에 돈을 거는 게임이었다. 앉아있는 사람들은 저마다 무슨 종이에 앞에 나왔던 결과를 열심히 적어가며 흐름을 분석하고 배팅하는 모습들이었지만 그렇다고 전부 따는 것 같지 않았다. 나는 게임의 방식과 룰도 모른 채 그냥 느낌대로 돈을 걸었다.

'대'라는 곳에 만원을 걸었는데 운 좋게 맞았다. 다음 판에도 또 '대'에 2만원을 걸었더니 또 맞았다. 신기하고 기분 좋은 경험이었다.

사람들끼리 서로 돈을 따먹는 포커판이나 화투판이 아니라, 카지노라는 하우스와 대결하는 게임이어서.. 사람들은 한 패가 되고, 딜러만 대결해야 할 적이었다.

그것은 이상한 신비로움과 연대감을 자아냈다. 다만, 내가 대를 걸었을 때 소를 걸었던 사람들은 탄식을 뱉어냈고 같이 대를 걸었던 사람들은 서로 하이파이브를 하며 환호한다. 이런 도박장이 있다니?

뭔가 다음 판은 꼭 맞출 것 같은 예감에 몇 판 땄던 돈이 모아진 '10만원'을 배팅해보았다. 또 맞혔다!
노란색 황금빛깔의 칩을 준다. 딜러가 선물을 나눠주러 썰매타고 날아오신 산타클로스 할아버지처럼 보였다.

몇 번을 이기고 또 몇 번은 지면서 오르락내리락 두 시간 정도를 보내고 나니, 어느새 내 앞에는 칩이 색색깔로 수북하게 쌓여있다.
내 본전이었던 20만원의 칩이 80만원으로 되어있다. 4배가 넘는 돈이었다. 이건 분명 횡재였다.
예전에도 포커 게임을 잘하는 편이라고 칭찬받았는데, 혹시 내게 카지노 게임에 탁월한 재능이 있는 건 아닐까? 내 스스로가 무척 기특했다. 그리고 그런 행운은 계속 이어질 줄 알았다.

딴 돈으로, 기분 좋은 저녁을 먹은 후, 늦은 밤에 다시 카지노에 입장했다. 오천원짜리 입장권을 썩혀두기 아깝다는 핑계였지만 역시, 카지노 게임을 짧게 그만두기엔 많이 아쉬웠다. 더구나, 60만원이나 땄지 않았는가?

다이사이를 포함해 블랙잭, 바카라, 포커 그리고 이름도 알 수 없는 현란한 슬롯머신 기계들이 정말 많았다. 새벽 1시가 가까워서인지 카지노 객장 안은 아까 초저녁과는 달리 한산했다.

　친구는 단순해서 하기 쉽다는 슬롯머신 자리에 앉았다. 나는 친구를 벗어나 초저녁에 돈을 땄던 다이사이 테이블로 갔다. 두 번을 배팅했는데 두 번 다 틀렸다. 세 번째도 틀렸다. 네 번째는 맞췄지만 잃은 금액이 있었기에 계속 했다.

　다섯 번, 여섯 번, 일곱 번.. 계속 판판이 돈을 걸었다. 이길 것 같아서 많은 금액을 가면 지고, 질 것 같아서 적은 금액을 가면 이긴다. 제기랄.

　아까 땄던 돈이 점점 줄어들고 있다. 따 놓았던 돈은 물론이고 내 본전이었던 20만원 마저 다 잃을까봐 겁이 났다.

　그때였다. 스티플이다!!!~~~ 라는 환호성과 함께 한 테이블에서 손님들이 웅성웅성 시끄럽다. 나도 호기심에 얼른 가보았다. 캐러비안 포커. 카지노에 있는 게임 중 손님이 직접 카드를 만지며 자신의 패를 볼 수 있다는 포커게임중의 하나다.

　한 남자가 스트레이트 플러쉬라는 패를 잡아서 2등에 해당되는 잭팟 금액을 땄다고 한다. 1200만원? 놀라웠다.

　단 한번의 패로 천만원이 넘는 돈을 손에 거머쥘 수 있다니. 이 남자는 아깝게도 두 번째 잭팟 금액을 타게 되어서 1200만원이었지만 1등인 로얄 스트레이트 플러쉬였다면 1억 2천만원의 잭팟 금액도 탈수 있었다고 한다.

눈이 휘둥그레졌다. 복권에나 당첨되어야 탈수 있는 거액의 당첨금. 믿기지 않았지만 실제 내 눈앞에서 방금 일어 난 실제 상황이다.

그때 테이블에 앉아있던 어느 한 남자가 잠시 바람 좀 쐬겠다며 자기 자리에서 한 시간 동안 앉아서 게임해보라고 한다. 이건 또 왠 횡재?

선뜻 좋다며 앉았다. 처음해보는 게임에 룰도 모른 채 테이블에 앉았다. 옆자리 손님이 친절하게 알려준 덕에 게임 룰도 익히고 재미를 붙이며 본전정도의 게임을 하고 있을 때, 내게 같은 숫자 4장인 포커패가 들어왔다.

"이거 포카드 맞죠?"

하고 스스로도 믿기지 않은 듯 옆 사람에게 패를 보여줬다.

"와~ 포커네~ Q포커!!!"

같은 테이블의 사람들이 전부 자기 일처럼 축하해주고 좋아했다. 하루 종일 게임해도 한번 잡을까 말까한 포커를 처음 해본 내가, 그것도 한시간만에 잡았다며 대단한 행운이라고 말한다.

땡값까지 해서 모두 110만원어치의 칩을 딜러가 줬다. 무어라 표현하지 못할 정도로 기쁘고 황홀했다.

한시간만에 100만원의 돈을 딸 수도 있고, 하루 종일 내내 잃다가도 단 한방으로 본전을 찾을 수 있는 곳, 그리고 단돈 만원이 천만원 까지도 만들어질 수 있는 곳. 바로 그곳이 카지노였다.

이건 분명 꿈이 아닌 현실이었기에, 나는 카지노라는 곳이 신기루 같은 낙원이라 생각되었다. 풍성한 열매와 안락으로 즐거움과 환희가 넘치고 슬픔과 절망이 아닌 희망과 기쁨이 넘쳐 흐르는 곳. 그래, 난 그곳을 낙원이라 믿었다.

낙원의 폐인

첫날에 행운을 안겨 준 캐러비안 포커게임은 그 이후 할 때마다 잃었다. 첫날을 빼고는 계속 잃기만 한다. 왜지? 아직 실력이 부족해서 그런가보다 했다.

첫날 잡아 본 포커 패는 그 이후 잡아보질 못한다. 100만원 잃으면 또 100만원을 인출해서 추가 게임을 했고, 그것도 잃으면 또 돈을 찾아오고.. 또.. 또.. 폐장시간까지 계속 게임을 한다.

통장의 잔고가 비면 카드의 현금서비스로, 그마저 한도가 다 차면, 카드깡도 하여서 계속 하였다.

포커 게임이 너무 지루하다 싶을 때는, 잭팟 금액이 고액으로 높아져서 금새 터질 것 같은 슬롯머신에 앉아 돈을 마구마구 집어 넣고 매달렸다. 오늘해서 잃으면 내일 다시 찾아갔고 돈이 떨어져 오링되면 어떻게든 돈을 빌려서라도 돈을 만들어 다시 갔다.

달콤한 꿀맛을 맛보았던 나는 더 큰 욕망을 위해 불나방처럼 매달리고 쫓아다녔다. 불과 한달 만에 천만원이 넘는 돈을 잃었다.

중간에 소액의 돈을 따기도 했었다. 한시간만에 30만원도 따보고 하루에 100만원도 따 본적도 몇 차례 된다. 하지만 그 돈을 따기 위해서 정작 내가 쏟아 부은 돈은 두 배, 세배로 많았다. 30만원을 딴들 100만원을 딴들 만족스러울리 없고 양에 찰 리가 없다.

한판에 돈 만원을 걸면서 손이 떨리고 심장이 쿵쾅거렸던 내가, 불과 한두 달 만에 이제는 10만원, 30만원의 큰돈을 한판에 불쑥불쑥 배팅하고 있다. 그것도 모자라 돈을 많이 잃은 날은 이곳에도 30만원, 저곳에도 30만원씩 마구잡이로 걸어놓기도 한다. 하루가 아닌 한판에 돈 백만 원이 눈 앞에서 사라지기가 일쑤다.

카지노에 다닐수록 잃은 돈이 눈덩어리처럼 불어났다. 회사는 안중에도 없었고 법인통장으로 들어오는 회사 매출액을 들어오는 족족, 내가 빼먹고 있다는 사실은 나중에 심각한 문제가 되었다.
또한 친구들에게도 여기저기 돈을 빌리게 된다. 친구들은 누구 하나 거절하는 사람 없이 크면 큰대로 작으면 작은 금액대로 돈을 빌려줬다.
하지만 친구들의 돈도 약속을 여러 번 어겨가면서까지 갚지 못했다. 수중에 돈이 조금이라도 생기면 모두 게임하는데 쓰고 말았기 때문이다.
연락처가 있는 왠만한 친구들에게는 돈을 대부분 빌려 쓴 상태였고 그것도 모자라 사촌, 팔촌까지도 돈을 안 빌려 쓴 사람이 없을 정도가 되고 말았다.

나는 왜, 이토록 카지노 게임에 환장하고 덤벼들었는가?

개인적으로 매우 좋아했던 슬롯머신이 있었다. 지금은 로얄티 문제로 17년간 있었던 기계가 2020년을 끝으로 객장에서 사라졌지만 해외 카지노에서도 엄청나게 인기가 높았던 비디오 포커 머신.

난 이게임을 무려 7년 동안이나 즐겨 했었다. 카지노에 입장하는 아침 10시부터 폐장 새벽 6시까지 화장실가고, 식사하는 시간 빼고는 주구장창 무려 20시간을 이 게임만 했었다. 너무 재밌어서 좋아했는데 코로나 이후 객장에서 사라져 버린 탓에 눈물이 날 정도로 섭섭했다.

이 기계가 너무 좋아서, 진짜 어디서 구할 수만 있다면, 기계를 한 대사서 집에다 갖다 놓고 싶었다. 혼자 맘껏 연습도 하고 실컷 놀고 싶어서. 그렇게 된다면 굳이 이 멀리 있는 강원도까지 안와도 되지 않을까 싶었다.

그래서 객장 안에서 만난 게 된, 예전에 오락실을 직접 운영했다는 어느 남자분께 물어봤다. 이런 기계 어디서 구할 수 없냐고. 그랬더니 청계천이나 오락실 기계 파는 도매상 같은데 가면 구할 수 있단다. 2백만원에서 3백만원이면 살 수 있다고 해서 귀가 솔깃해졌다.

카지노에서 하루 3백만원 정도를 쓰고 있던 터라, 하루 게임비용이라 생각하고 한 대 사고 싶다고 의향을 비쳤다. 그랬더니 그 남자분이 하는 말,

"이 기계를 좋아하는 건 돈이 나오기 때문이야. 만약, 이 기계에서 이겼을 때 돈이 나오지 않는다면 과연 며칠이나 갖고 놀겠어요? 일주일도 안돼 지루해서 갖다 버릴걸. 우리가 이 기계를 좋아하는 건, 이겼을 때 바로 돈이 나오기 때문이지."

맞는 말이었다. 아무리 내가 좋아하는 게임이라도, 이겼을 때 돈이 나오지 않는다면 이겨도 승리감이 없을 뿐더러, 그 승리에 따른 댓가도 없으니 금방 지루해질 것이다.
그렇다면, 우리가 카지노 게임에 환장하는 건? 이겼을 때 바로 돈을 주기 때문이다. 즉, 돈을 딸 수 있는 곳!

사람들이 합법적인 카지노 외에도 사설 불법 도박장을 찾거나, 온라인 도박을 하는 이유는 모두 돈을 따기 위해서다. 심지어 골프도, 볼링도, 당구도 모두 돈을 걸어야 재미가 있고, 승부욕이 커지며, 그 승패에 따른 기쁨도 슬픔도 커진다.
돈이 걸리지 않는 순수한 놀이였다면, 우리가 몇 달 혹은 일 년의 연봉에 가까운 금액을 카지노에서 쓸 일은 없을 것이다.

사람들이 도박을 좋아하는 데는 이유가 더 있다. 이길 때에만 도박을 하는 것이 아니라, 더 많이 지고 더 많이 잃어 본 경험을 해도 도박을 계속 하는 이유는?
도박이 너무 즐겁고 짜릿하다는 것이다. 인간이 느끼는 성취감의

쾌락지수는 섹스가 40, 도박이 130, 마약이 150이라고 한다. 남자들의 성욕보다 앞서는 쾌락이라고 한다.

여자들에게도 마찬가지이다. 남자들만 성욕이 있는 게 아니니까. 카지노에 입장하는 사람들을 보면 여자와 남자의 성비 비율은 크게 차이나지 않는 것만 봐도 그렇다.

또 이상하게 카지노에 가면 본인의 실력이나 능력이상으로, 잘될 것 같은 기대감이 있다. 이것은 따본 경험이 있기 때문에 잠재되어 있는 긍정 기운이다.

나 역시 열 번을 해서 아홉 번을 잃어도, 그 땄던 한 번의 기억이 다음에 가면 또 딸 수 있다는 잠재적 긍정성을 갖게 만든다.

결과는 질 때가 많지만, 시작부터 내가 다 잃을 것이라고 생각하는 사람은 드물다. 오늘은 딸 거야, 이번에는 이길거야~ 들뜨고 부푼 마음이 몇 시간후, 처참한 결과로 돌아 온다 해도, 시작은 누구나 꿈과 기대로 넘친다.

도박에는 이기는 사람이 있다. 내 옆의 누군가는 잭팟을 맞고 오백만원을 따고 1000만원을 딴다. 그것을 눈으로 보고 실감한다. 그래서 나 역시도 이길 수 있다는 자신감을 갖게 되고, 그 자신감은 또 확신이 되기도 한다.

지금 내가 슬롯을 하지 않으면, 지금 내가 이 판에 배팅을 하지 않으면 남의 것이 될 것 같고, 돈을 따지 못하는 손해가 되는 것처럼 느껴진다.

주변에 널리고 널린 게 돈이고, 깔리고 깔린 게 칩이라.. 카지노 안에 있으면 돈을 걸고 싶은 마음의 유혹은 저절로 생겨난다.

카지노에서는 쉽게 돈을 벌수 있다는 착각을 한다. 식당에서 서빙을 하거나, 공사현장에 나가 고된 노동을 하는데 버는 돈이 일당 10만원, 15만원이라면.. 우리는 그 돈을 벌기 위해 꼬박 8시간이고 10시간을 일해야 한다.

하지만 카지노는 단 1분 만에, 또 5분 만에 10만원이 벌리고 30만원을 따기도 하다. 시간대비 노동의 댓가로는 굉장히 비싼 돈이다. 크게 노력하지 않고도 쉽게 돈을 벌수 있기에 도박의 중독은 더 강하다.

게임에서 져서 돈을 잃었을 때를 꼼꼼히 계산하고 준비하는 사람은 많지 않다. 우선, 따서 이기는 것부터 생각하기에 많은 사람들이 5분만에 하루 일당을 벌수 있는, 돈을 벌기 쉬운 곳이라고 생각한다.

일년 내내 벌었던 돈을, 또는 한평생 저축한 돈을 하루만에, 혹은 불과 몇달 만에 날릴 수 있는 것이 도박이며, 카지노라는 것을 두려워 하는 사람은 많지 않다.

끊기 힘든 중독 중에 섹스, 술, 담배, 도박, 마약이 있다. 그중에 가장 으뜸이 마약이고 두 번째가 도박이라고 한다. 중국인들은 가족

중에 도박에 빠진 사람이 있으면 마약을 하게 한단다. 집안을 말아먹지 말고 혼자 죽으라는 뜻이다.

또, 가장 죽이고 싶은 원수가 있다면 도박장이나 카지노에 데려가라고 한다. 카지노에 데려가 도박에 빠지게 되면, 내가 죽이지 않더라도 스스로 파멸에 빠져 돈을 탕진하고 자살하고 말테니 정말 원수가 있다면 카지노에 데려가라는 웃지 못할 괴담이 있을 정도다.

죽기 살기로 다이사이만 했었다

카지노에 처음 다녔을 때는 지금처럼 ARS 예약제도가 없었다. 2002년 때는 일찍 줄서서 차례대로 입장했기 때문에, 먼저 줄을 서는 사람이 장땡이었다. 그러다보니 폐장시각인 새벽 6시가 되기도 전에 카지노 로비에는 새벽 4시부터 줄의 행렬이 시작되었다.

그들은 표를 발권하는 아침까지 그렇게 로비에서 몇시간 씩이나 줄을 서서 기다리고 있었다. 신문지를 깔고 앉아 꾸벅꾸벅 조는 사람, 핸드폰으로 만화를 보는 사람, 게임을 하며 하품을 하는 사람 등등.. 정말 가관도 그런 가관이 없었다.

마치 유명가수의 대형콘서트를 보기 위해 하루전날부터 표를 구하기 위해 밤새 줄 서있는 청소년들처럼. 그런 풍경들이 매일 새벽, 카지노 로비 앞에서 벌어지고 있었다.

이들은 자기들이 게임을 하기 위해 줄을 서 있는 경우도 있었지만, 대부분 좋은 자리를 확보해, 고액배팅을 하는 손님에게 자리를 파는 앵벌이들이 더 많았다. 당시에 자리값은 평일에는 30만원, 주말에는 50만원까지 거래되었다. 배팅 금액이 적은 10만원 테이블도 자리값을 주지 않고는 앉기 힘든 때였다.

이것의 병폐를 막기 위해, 자신의 신분증을 원하는 ABCD 봉투함에 넣고, 어느 조가 먼저 입장할 것인지 랜덤으로 즉석 추첨하는 식의 입장 방법도 운영되었다가, 천명이 넘는 사람들이 한꺼번에 모여 로비에서 북적거리는 혼잡함을 없애기 위해, 그 이후 전화를 걸어 입장번호를 예약하는 ARS 당첨제도로 변경되었다.

하여튼, 초창기에는 나 같은 초보들은 객장에 들어가도 테이블 게임에는 앉을 수가 없었다. 블랙잭이나 바카라 테이블은 자리를 샀거나 또는 앞번호를 배당받아 운 좋게 앉았거나.. 항상 만석이었고 뒷전들이 두겹, 세겹으로 꽉꽉 차 있었던 때였다.

입장을 위해 새벽부터 몇시간씩 줄을 설 자신이 도저히 없었던 나 같은 사람, 또는 자리값 30, 50만원을 줄 수 있을 만큼 경제적 여력이 없는 또 나같은 사람들이 할 수 있는 게임이란 빈자리의 슬롯이거나 다이사이, 빅휠, 룰렛 뿐이었다.

다이사이는 너무 쉬워보여서 주사위 세 개를 돌린 다음 그 숫자의 총합이 (4-17까지 숫자) 높으냐(대), 낮으냐(소), 홀이냐 짝이냐, 어느 숫자이냐를 맞추는 게임인데 이 얼마나 단순한가? 카지노에 오는 초보자들의 대다수가 이 다이사이나 빅휠, 룰렛 같은 게임들에 먼저 빠진다.

제일 쉽게 할 수 있는 것이 대,소의 배팅이었다. 동전을 던져 앞면

이냐 뒷면이냐를 맞추듯 높으냐 낮으냐를 맞추는 것은 요령을 몰라도 해볼 수 있는 게임이었다.

운 좋게 몇 판을 계속 맞춰서 적지 않는 돈을 따기도 하고, 혹시나 하는 마음에 놓았던 트리플에서 24배의 배당을 주니 진짜로 이보다 더 재밌는 일이 어디 있을까 싶었다.

무엇보다 다이사이는 푹 자고 늦게 일어나 객장에 들어가도, 언제든 자리가 있다는 것이 맘에 들었다. 4층, 담배 가게 근처에 있는 다이사이 테이블이 20년 전에 내가 주구장창 코 파고 앉아있던 그 테이블이다.

입장을 해서 게임을 할 때는 오링되지 않고 칩이 남아 있는 한, 폐장시간까지 게임을 했다. 오늘도, 내일도, 모레도.. 일주일이면 일주일 내내 그 테이블에서 게임을 했다.

하루종일 게임하다보면 콤프도 25-30만원정도 적립이 된다. 그 돈은 또 하루 메인호텔의 방값으로 썼다. (예전에는 콤프적립도 많이 해줬으나 지금은 그 절반밖에 안 된다)

그러다보니 딜러들도 내 얼굴을 기억했다. 오죽했으면 딜러가 제발 식사 좀 하면서 게임하시라, 하루종일 피곤할텐데 그만 하시고 내일 다시 오라는 걱정까지 들었을 정도다. (그때 그 딜러들이 지금은 과장 뱃지를 달고 핏보스의 자리에 있더라)

당시에는 카지노 다닌 지 얼마 안 될 때라 돈의 여유도 있고 오링

되어 돈이 다 떨어져도 다음날이면 어김없이 어디선가 돈이 마구마구 융통이 잘되었다.

　가져간 현금이 떨어지면 현금서비스가 있고, 카드론이 있었고, 회사통장에도 영업 매출이 일주일에 한번씩은 들어와 있었고, 그 돈마저 없을 때는 친구들에게 전화 한통이면 2백, 3백 만원을 어렵지 않게 빌릴 수 있던 때였다.

　30테이블이었지만 10만, 15만, 20만원씩의 배팅을 하며 제일 많이 따 본 것은 200만원뿐이었다. 더 딸려고 할 때는 어김없이 꼬꾸라져 내리막을 타기 시작해서 그다지 큰돈을 따본 적은 없지만 잃을 때는 500만원도 넘게 잃어봤다.

　여러 번 줄을 타서 먹을 때는 다음 판은 꺽일까봐 금액을 줄여서 배팅을 했고, 잃을 때는 다음 판은 먹겠지, 다음 판은 맞겠지.. 해서 잃을수록 배팅액은 더 커졌다. 그러니 딸 때는 조금 따고 잃을 때는 크게 잃었다.

　대소, 반반의 확률은 내가 이길 수 있다가 50% 라는 말은 아니었다. 또 홀짝이 나올 확률이 반반이라고 이판에 홀이 나왔다 해서 다음 판은 반드시 짝이 나온다는 뜻도 아니었다. 열 판중 대가 9판 나왔다 해서 다음 열판 째가 반드시 소가 나온다는 보장도 없다.

　확률대로 나온다면, 보장이 있는 게임이라면 그건 도박이 아닐 것이며, 세상에 큰돈 갖고 게임해서 지는 사람도 없을 것이며, 확률과 통계를 전공한 사람이라면 돈을 잃을 수 없을 것이다.

카지노는 절대 확률과 통계로 게임이 진행되지 않는다. 그 속성을 모른 채, 계속 대가 나왔다면 다음 판에 소가 나올 것이다..에 돈을 걸고, 그 판에 틀리면 돈을 더 올려 또 걸고, 또 지면.. 오기가 나서 더 돈을 올려 다시 걸고, 그 판이 또 틀리면, 이젠 독기를 품고 죽을 때까지 배팅을 한다. 아... 참 무모했던 게임들이었다.

나는 다이사이에서 너무 많은 돈을 잃어서, 돈이 없어 게임을 못 하고 있을 때에 삼일동안 집에서 주사위 세 개를 사놓고 혼자 다이사이 놀이를 해봤다.

1500 판을 해봤는데, 그것을 다 기록해가며 게임을 해보니 내가 던지고 내가 딜러가 되어서 벌이는 이 게임에서조차 나는 따질 못했다.

내가 직접 내손으로 던지는 주사위 게임이었으니, 조작이니 뭐니 따질 수도 없었고 이상하게 계속 짝만 나오기도 하고, 다음 판에 분명 소가 나와야 맞는데 내 손에서 던져지는 주사위의 결과는 대가 나온다.

그러나 생각보다 트리플이 나오는 경우는 별루 없었는데 카지노에서는 의외로 트리플이 자주 나오기도 하고 심지어 트리플이 연속 세 번씩이나 나오는 진풍경도 있었으니, 그건 이해하기가 좀 어려웠다.

11, 12, 13, 14, 15 가 나와.. 50판중에 한번은 16, 17이 나와

야 하는데.. 나오질 않는다. 16, 17이 나와야 하는 확률은 50판중에 한판이지만 100판을 던져도 나오지 않는걸 보면 확률은 확률일 뿐이고 참고사항뿐이다.

  그럼에도 실제 객장에서 게임을 할 때는, 50판중에 16, 17 이 한판도 나오지 않았다고 해서, 이번에는 나오겠지.. 다음판은 꼭 나와야지.. 하면서, 판판히 4나 5 또는 16과 17에 돈을 걸었다.

  오히려 한판 겨우 나왔을 때는 이미 거기에 배팅했던 금액이 너무 많아져서 결과적으로는 차라리 숫자 배팅 자체를 안했더라면, 금액적으로 더 이득임을 깨달았다.

  반반의 확률인데도 맞추기 힘든 게임. 어쩌다 한 두번 맞아서 당장 얼마간의 돈이 들어왔지만 그것을 열판, 스무판, 백판, 심지어 10시간, 20시간씩 게임을 하면.. 결국 이기는 것보다는 지는 것이 더 많다는 걸 알게 되었고 그 후 나는, 다이사이 게임을 포기했다.

  객장 안을 지나가다가 우연히, 줄이 쫙 내려지는 그림판을 봤을 때, 한 두판 배팅해 볼 때는 간혹 있지만 그 후부터는 다이사이 테이블에 앉아서 게임을 하는 일은 없었다.

  다이사이 게임이 이러하니, 나는 바카라, 룰렛 게임도 하지 않는다. 게임요령이나 배팅법이 엄연히 다르지만, 플레이어냐 뱅커냐, 하이냐 로우이냐, 검은색이냐 하얀색이냐, 대냐 소냐.. 하는 반반 확률이란 보기 좋은 그림일 뿐 세상에서 가장 맞추기 힘들고 어려운 게임이란 걸 알게 됐다.

그래서 비교적 하우스 에지가 낮고 내 카드를 21에 가깝게 맞추는 게임, 딜러가 21을 넘으면 버스트가 되어 내 패와 상관없이 이기는 게임인 블랙잭에 관심을 두었다.

블랙잭은 실상 너무 재밌는 게임이었기에 그 후 20년 동안 카지노에서 즐기는 나의 최애 게임이 되었다.

혼자만 남은 게임

블랙잭 삼매경에 한창 빠졌을 때, 그때가 가장 중독성이 심할 때였다. 블랙잭 게임의 재미를 막 알아가고, 졌지만 이길 것 같고, 이기면 더 이길 것 같은 대책 없는 기대감, 희망, 열정들로 가득 찼다.

잠을 자려고 누워있어도 천정 위에 블랙잭 카드가 그려지고 더불어 눈앞에 아른거린다.

몸은 집이나 회사에 있어도 카지노에 가고 싶어 안달이 나고 좀이 쑤실 때, 친구 두 명에게 카지노에 함께 구경 가자고 꼬드겼다.

당시에는 ARS 번호를 받아 자리에 앉아도, 지금처럼 두시간 휴식 종량제가 없었던 때이고 자리매매도 성행했던 때이다 우리 세 명중 두 사람만 좋은 번호를 받았기에 한 테이블에 같이 앉기로 하고 나머지 자리는 사기로 했다.

3구와 랜드, 두 자리에 앉고 보니 내 옆으로 어떤 분이 천원짜리 뱃으로 놀고 계시는 상주인이었다. (카지노에서 늘 살다시피 하는 사람)

그분께 10만원을 드릴테니 자리 좀 양보해달라고 했다. 일행인데 나란히 앉고 싶고 친구가 초보라 룰을 몰라서 같이 게임을 해야 한다고 하니 이해를 하셨다.
　친구들과 셋이 3구, 랜드, 5구에 전기 줄 위에 앉아있는 참새들 마냥 쪼르륵 ~ 나란히 앉게 됐다.
　아, 드디어 우리가 그토록 바라던 카지노에서의 블랙잭 게임을 다 같이 해보는 구나! 너무 신나는 일이었다.

　블랙잭 게임을 하면서 힛, 스테이, 더블, 스플릿~ 등등 일일이 수신호를 알려주며 게임을 했다. 블랙잭이 나오면 환호하고, 더블이 성공하면 신나서 하이파이브를 하고, 죽을 것 같았던 판이 딜러 버스트가 되어 이기면 좋아서 죽을 지경이었다. 돈을 따고 잃고를 떠나 정말 오랜만에 만끽하는 신나는 재미와 웃음이 있었다.

　딜러 로우바닥에 3, 3은 스플릿해도 되는 카드인데.. 친구가 스플릿을 해서 딜러카드가 버스트 될 것이 메이드 카드로 확 꽂히자, 말구아저씨에게 핀잔을 들었다.
　게임 시작한지 한시간 동안은 스플릿을 하지 말아야 하루종일 카드 배열이 흐트러지지 않는다는 것이 그 이유였는데 이른바 강랜 룰의 신봉자였다. 그것이 빌미가 되어 그후 부터는 16을 받지마라, 딜러 로우바닥에 A6는 더블치지 말고 스테이 해라, 카드를 받으면 받았다고 뭐라 하고, 보내면 보냈다고 매판 투덜거림과 잔소리를 하신다.
　급기야는 여자들 셋이 앉은 테이블이라 재수가 없다느니, 만원 이만원가서 시끄럽게 떠드네 어쩌네.. 노골적인 비난까지 하신다. 정작 본인은 오천원 배팅을 하면서..

내 친구 중 한명은 청담동의 50평 빌라에 살고 있는 부자였는데, 테이블에서 만원을 배팅하면 우습게 보이고, 십만원을 배팅하면 없는 사람도 때깔나는 부자처럼 보이는 걸까?

테이블에서 배팅하는 금액에 따라 사람을 쳐다보는 시선이 달라진다는 걸 느낀다. 그 때문인지, 가진 게 없어 보이고, 행색은 초라하면서도 테이블 슈 상태와 상관없이 으시대듯 풀배팅을 계속 하는 사람들을 본다. 그들은 또 자신이 과거에는 무엇을 했던 사람이다, 재산이 수십억 원이었다.. 등의 자기 과시와 자랑이 빠지지 않는다.

하지만 진짜 부자는 스스로 부자라고 자랑하거나 티내는 법이 없다.

그 말구아저씨 때문에 즐거운 게임이 점점 스트레스를 받는 게임이 되어버려서 친구들이 그만 하자고 한다. 함께 모여서 즐거운 게임으로 놀려고 하는데, 여러 간섭과 잔소리를 받아가면서 게임하기는 싫다는 것이다.

그 부자라는 친구는 20만원 정도를 잃었고 다른 친구는 본전, 그리고 나는 10만원을 잃었을 때였다. 나는 본전을 찾고 싶어서 좀 더 하자고 했으나, 두 친구는 재밌게 경험했으면 됐다고 그만 하자고 한다.

같이 한 테이블에서 블랙잭 게임을 했지만 두 친구한테는 그 게임이 레저였고, 나에게는 어떻게든 돈을 따고 싶다며 덤비는 도박이었다. 특히나 본전을 못하고 잃고 있는 게임이라, 더욱 그만두기 싫었다.

일행들을 먼저 보내고 혼자 남아서 게임을 더할까 고민도 했지만 오랫만에 단체로 잡은 일정이라 그럴 수가 없었다. 두 사람은 잘 놀았다며 손을 털었지만 나는 돈 잃은 것이 분해서 다음에 보자, 담날 또 와서 반드시 복수하리라 오기가 생겼다.

그리고 역시나, 그 다음날, 혼자서 다시 왔다. 다음날도 왔고 그 다음날도 또 왔다. 친구들이 열심히 일상에서 일하는 동안에, 나는 사장이라는 이유로 이핑계 저핑계를 대며 출근하지 않았고 영업을 핑계로 지방에 출장 와 있다며 거짓말을 하며 또 출근하지 않았다.

왜 친구 세 명중, 나 혼자만 유독 게임에 몰입되었던가?
친구들에게 카지노 게임은 몇 시간, 며칠의 노력을 기울여 자신의 시간을 투자할 대상은 아니었다. 그저 몇 시간 재미나게 놀았던 레저, 오락일 뿐 그 이상의 가치는 없었다.
하지만 나는, 여기가 마치 내가 돈을 벌수 있는 유일한 곳인 것처럼 여기서 돈을 따려 했고, 여기 아니면 어디에서고 돈을 벌 기회가 없는 사람처럼 매달렸다. 그것이 달랐다. 카지노를 대하는 마음가짐과 자세가 달랐기 때문에 앞으로의 미래도 확연히 다른 길을 걷게 된다. 나 혼자만이 도박의 늪에 빠져 헤어 나올 수 없는 패자가 된 것이다.

난, 왜 카지노에서 잃은 돈을 꼭 찾아야 한다고 생각했을까? 지나고 보면 그때 잃었던 그 10만원은 큰돈도 아니었는데..

설사, 그때 내가 10만원을 잃지 않고 10만원을 땄다면 다음날 카지노에 가지 않았을까? 아니었을 것이다. 땄으니 좋아서, 또 딸 것이라 생각하고 다시 갔을 것은 자명한 일이다. 첫날의 그 행운처럼.

당시에는 하는 일이 어렵고, 일이 잘 안 풀려서 스트레스 해소 차원으로 카지노 게임에 푹 빠져든 줄 알았다. 그래서 한때, 잠시 가져본 취미라고 생각했다.

하지만 그 이후 백 만원, 천만 원의 돈을 갖고 카지노에 다시 오는 일이 많아졌으니 어쩌면 내 안에는 도박을 좋아하는 남다른 DNA가 있는 것 같다.

전당포, 자동차와 결혼반지

지금이야 윈컷, 로스컷을 고민하면서 다니지만 카지노를 처음 다닐 때는 무조건 개장 아침10시부터 폐장 새벽6시까지 따면 더 딸려고.. 잃으면 본전 찾으려고.. 객장 안에 있을 수 있는 하루 20시간은 꽉 채우면서 놀았었다.

가져간 돈을 다 잃어서 통장잔고 바닥나고, 카드까지 다 써 버렸을 때 제일 쉽게 돈을 마련했던 방법은 자동차를 전당포에 맡기는 것이었다.

2003년 그러니까 20년 전의 어느 날.. 생애 처음 전당포라는 곳을 갔을 때, 아니 내가 전당포로 간 것이 아니라 그때는 카지노 객장 밖 주변에 전당포 삐끼들이 많아서 '대출해줍니다~'하면서 카지노 밖으로 나온 사람들에게 다가와 많이들 속삭였다.

주차장에 있는 내 차안에서 자동차 등록증을 확인하고, 신분 확인을 하고, 업자가 가져 온 차용증 같은 서류 한장에 싸인하면 끝. 10분도 채 걸리지 않았고, 그 자리에서 바로 현금을 주었던 시절이었다.

바꾼 지 일 년도 채 안된, 아직 1만키로도 안된, SM5 자동차를

10일에 10% 라는 엄청난 이자임에도 불구하고 그저 당장, 지금 바로, 500만원을 준다는 말에 솔깃해가지고 전당포에 맡겼다. 선이자 50만원을 떼고 받은 금액은 450만원이었다.

450만원을 갖고 몇 시간 게임을 해서 100-200만원만 복구하면 그까짓 열흘 이자 별거 아니라고 생각했다. 열흘씩 필요해~ ? 오늘 안에 차 찾아가지고 간다~~!!

호기롭게 의기양양 다시 게임하러 객장 안으로 들어간 나는.. 빌린 450만원에서 150만원만 남기고 나왔다.

그것도 새벽6시의 마감시간이 되어서 나올 수밖에 없었을 뿐, 시간이 더 남았다면 아마도 눈에 불을 켜고 마지막 오링 때까지 배팅을 했을 것이다.

역시, 그 다음날 아침 10시에 영업시작 종이 땡~ 울리자마자 나는 객장으로 들어가 남은 150만 원 마저도 두 시간을 버티지 못하고 다 잃었다.

빨리 잃고 천천히 잃느냐의 차이일 뿐, 카지노 안에서는 그렇게 잃는 날이 많았고 혹여, 남아있는 돈이 있다손 쳐도 그 다음날이면 어김없이 몽땅 다 잃고 만다.

차를 전당포에 맡긴 신세다 보니, 올 때는 자가용 이었지만 갈 때는 버스나 기차를 타고 서울로 돌아가야 했다.

그때 나는 처음으로 사북의 기차역을 가봤다. 기차 여행은 참 낭만적일거라고 생각했지만 새벽 6시 즈음의 사북역 풍경은, 모두 지쳐서 피곤한 사람들의 표정뿐 기차역의 낭만이나 멋진 풍경은 하나도 찾을 수가 없었다.

돈을 다 잃고, 전당포에 맡긴 차를 못 찾은 채 집으로 돌아가는 길은 진짜 서글프고 암담하기도 했지만, 치욕적인 마음이 더 컸다.

이게 대체 뭐하는 짓인지 자괴감이 몰려왔다. 나란 인간이 너무 한심하다는 생각으로 내내 우울했다.

그날 나는, 몇 번이고 다짐을 했는지 모른다. 아무리 돈을 잃어도 전당포에 차를 맡기는 바보 같은 짓은 두 번 다시 하지 않으리라..

하지만, 도박하는 사람은 하루에도 몇 번씩 말이 바뀌고 마음이 달라지듯 나 역시도, 그 후로도 가져간 돈이 오링 되는 날이면, 200 - 300 사이의 돈을 빌리느라 또 차를 맡겼다 찾았다를 반복했다.

나중 일 년 뒤쯤엔, 이자에 이자가 보태져 돈이 눈덩이처럼 불어나 너무 커져버린 탓에 차를 아예 찾지 못하는 불상사를 겪고야 만다.

주인을 잘못만나 시원하게 달려보지도 못하고 전당포에 담보로 맡겨진 시간이 더 많았던, 기껏해야 1만키로밖에 안됐던 그 SM5..

못 갚은 원금에 쌓이고 쌓인 이자까지, 결국 통값으로 전당포에 넘겨졌다. 나는 아직도 SM5 하얀색만 보면 그 때의 기억이 자꾸 되살아난다.

그로부터 몇 년 후의 일이지만, 전당포와의 인연은 또 한번 더 있었다.

결혼 후의 일이었는데, 나는 결혼반지와 목걸이를 전당포에 맡긴 적이 있다. 당시에 금 한돈이 70,000원 하던 때였다. 결혼반지는 5돈이었고, 목걸이는 20돈이었다.

게임하다 오링직전이었고 새벽시간 돈을 융통하기에 또 전당포만큼 빠르고 신속한 곳은 없었다. 금이라는 것이 바로 현금화할 수 있고 시세라는 게 있어서 전당포에서 가장 선호하는 물건이다.

아무리 푼돈밖에 없는 노름장이라도 품고 있는 희망이란 게 있다. 오늘 안에 본전 찾으면 그 까짓거!

불행하게도 나는 금반지, 금목걸이를 맡기고 한 게임에서도 돈을 다 잃었다. 하지만 다른 반지도 아니고 결혼반지였으므로, 가격 이상의 특별한 의미가 있다.

돈은 다 잃고 갔지만 다시 찾아야 할 물건이었고 또 못 찾을 만큼 부담스러운 큰 돈도 아니었기에 돈을 마련한 다음, 2주 뒤에 사북으로 다시 갔다.

우선 반지부터 찾고 그 다음에, 수중에 남을 금액 30, 40만원만 갖고 게임 좀 하다 가야지 했던 맘이.. 막상 전당포 앞에 가자 망설여진다.

30, 40만원 갖고 게임을 하기엔 총알로서 너무 부족하다. 이왕 사북까지 온 거, 넉넉한 시드로 게임부터 한 다음에 돈을 따서 반지

를 찾기로 한다.

　카지노가 마치 잃어주기로 약속이나 한 것처럼 나는 돈을 딸 것으로 백프로 믿고, 카지노로 들어갔다. 행여라도, 돈을 다 잃고 반지를 못 찾게 되면 어떡하지? 라는 염려 따위는 하지 않았다. 아니, 그런 상상은 애써 하고 싶지 않았다는 게 맞다.

　전설적인 미국의 복싱선수 타이슨이 그랬지.. 링 위에 올라가기 전까지 누구나 꿈은 있다고.. 내가 그때 그랬다. 카지노 객장 안에 들어가기 전까지는 다 꿈이 있고 계획이 있었다.

　결과는 반지를 못 찾았다. 다 잃고 나서야 큰 후회를 했지만 이미 봉투안의 200만원은 한 푼도 없이 사라진 뒤였다.
　반지를 찾으러 들리겠노라고 전화를 미리 해놓았던 전당포 사장님은, 왜 안오냐는 전화 따위 없었다.
　아마도 내가, 혹은 나 같은 사람이, 이미 숱하게 귀금속을 찾으러 왔다가 찾기는커녕 곧바로 게임장부터 들어간다는 것을 알아서인지.. 왜 안오냐, 왜 이렇게 늦느냐는 전화는 한통도 없었다.
　씨부럴놈, 빨리 오라고 보챘으면 못 이기고 전당포부터 들렸을걸.. 돈을 다 잃고 나자, 애꿎은 전당포 사장을 원망했다.

　그리고 일주일 뒤, 진짜로 반지를 찾으러 갔다. 이번에는 지난번의 실수가 있었기에 정말로 전당포로 바로 직행했다. 실수는 한번이면 됐지 두 번을 반복할 수가 있겠는가?

 그러나, 이게 왠 일인가? 기일이 지나서 반지와 목걸이는 이미 처분했단다. 한 달 밖에 지나지 않았는데 기일이 지나나니?

 보통 전당포에 맡기면 한 달이 지나도, 두 달이 지나도, 이자만 더 불어날 뿐 내 허락없이 막 처분될 것이라고는 미처 생각하지 못한 일이었다.
 그런데 영수증 날자에 그렇게 적혀있었다. 한 달 안에 찾아가지 않으면 처분한다고..
 난 그걸 허투루 지나쳐서 안 봤다. 그때는 돈을 빌려 빨리 게임하고 싶은 마음이 컸기 때문에 그 작은 종이에 적혀있는 깨알 같은 글씨에 관심을 두지 않았었다.

 "아니, 그러면 처분할거라고 미리 연락이라도 주지 그랬어요? 날자 맞춰서 바로 왔을건데.."

 상심해서 울먹이듯 따졌다. 전당포 사장은 이런 일이 하루에도 수십 개라 일일이 전화하거나 연락을 해주는 일은 없단다.

 "안 되는데, 그거 결혼예물인데.. 어디다 처분했는지 혹시 찾을 방법이 없을까요?"

이미 서울 쪽의 금은방으로 넘어 갔을거라 자기도 모른다고 한다. 여러 차례 사장과 실갱이를 했지만 도리가 없었다. 그렇다고 조폭같이 생긴 험상궂은 그 젊은 사장에게 행패부릴 베짱도 없었다.

맥이 풀려 빈손으로 전당포를 나왔다. 그리고 나는 또 어김없이 카지노로 들어갔다. 그리고 이번에도 또다시 그 봉투안의 돈은 연기처럼 사라져버렸다. 카지노안의 칩박스 통으로..

카지노의 상황실

카지노 객장 안에 있는 상황실은 보안요원들이 근무하는 사무실이다. 객장 안에서 사람들끼리 시비가 붙어서 싸우거나 손님들의 부정한 행위가 의심될 때 조용히 끌려가는 곳이다. 이른바, 파출소와 같은 역할을 한다.

그 안이 언제나 궁금했지만 가 볼 기회가 없었던 곳. 그런 내가, 카지노를 다닌 지 10년 만에 그 상황실에 들어가 본적이 있었다.

블랙잭을 하고 있었고 돈을 따지도 잃지도 않았던 날.

게임 중간에 담배를 피우러 흡연실 쪽으로 걸어가고 있었다. 가는 중에 카페트 바다에 노란새 칩(10만원권) 하나가 떨어져있는 것이 보였다. 나도 모르게 본능적으로 일단 주웠다.

그리고 주인 누구에요? 라는 시선으로 주변을 둘러보는데 앞에도, 뒤에도, 옆에도, 뚤레뚤레 다 돌아봐도 제다 게임하느라 내가 칩을 주운 것 따윈 보는 사람이 없었다. 또 근처에서 칩을 찾고 있는 시선도 없었다.

왠 횡재..? 일단 흡연실로 들어가서 담배를 피웠고 다시 그 자리로 가봤지만 칩을 찾는 이는, 아무도 없었다.

누가 흘렸군~ 왠 재수! 10만원을 득템하여 테이블 자리로 가서 블랙잭 게임을 계속했다.

나중 20, 30분이 흘렀을까.. 게임을 하고 있는데 이상하게 등 뒤에서 무언가 나를 뚫어져라 주시하고 있는 듯한 날카로운 시선이 느껴진다.

고개를 돌려 보니, 건장하게 생긴, 키가 큰 보안요원이 내 뒤에 서 있고 나를 뚫어져라 계속 쳐다보고 있는 것이 아닌가! 그는 나와 눈이 마주치자,

"고객님.. 잠깐 상황실로 가실까요?"

짐작되는 바가 있었으나 나도 모르게 방어적으로

"왜요..?"

보안요원은 흰 이빨을 드러내며 살짝 웃더니 아주 친절한 미소로,

"잠깐이면 됩니다~"

같이 가자는 손짓을 보낸다. 순간, 아까 바닥에서 주운 칩 때문이라고 짐작했고, 그 잠깐이면 된다는 말이.. 왠지 영구적으로 정지를

시키는 건 아닌지 불안하기까지 했다.

　수십대, 수백대의 모니터가 정면에 쫙~~ 수십 명의 보디가드들이 의자에 쭉~~~ 앉아 있었던 호화찬란한 드라마 '올인'에서의 그 상황실과는 완전 대조적으로, 정말 평범한 사무실.
　문 열고 들어가자 책상 하나에 의자 몇 개뿐인 단촐한 사무실이었다. 의자에 앉으니 보안요원이 아까 칩 하나 주우셨죠? 라고 묻는다.

"네.. 10만원짜리 칩 하나 주웠어요."

"그런데 왜 직원에게 돌려주지 않고 가져가셨어요?"

"아, 그거 돌려주는 거에요? 찾는 사람이 없길래 그냥 가졌죠."

　카지노 안에서 주운 건 돈이든, 칩이든, 물건이든 무조건 직원에게 줘야한다고 한다. 그래야 되지~ 만, 귀찮아서..
　어떤 남자가 블랙잭 테이블에서 게임을 하다 손에 들고 있던 칩을 몽땅 떨어뜨렸는데, 그 근처에서 다 찾았지만 한개는 못 찾았고.. 아무리 찾아봐도 없어서 상황실로 찾아와 칩 한 개가 어디 있는지를 찾아달라고 했단다.
　CCTV를 돌려 확인해보니 나머지 칩 한 개가 떼구르~ 떼구르~ 굴러 두 테이블의 바닥까지 굴러 갔고, 그 바닥에 떨어진 칩을 주워서 흡연실로 들어 간 내가 화면상 포착이 되었다고..

"칩 돌려줄 수 있어요?"

"당연히 드려야죠!"

나는 얼굴이 빨갛게 달아오른 채, 얼른 노란칩 한 개를 꺼내 놓았다. 보안요원은 종이 한 장을 내밀며 읽어보고 싸인 해달라고 한다.
분실물 어쩌구 저쩌구.. 하는 내용이었는데 그냥 쪽팔려서 읽지도 않고 이름과 주민등록번호, 전화번호 등을 재빨리 적고 싸인 했다. 분실물을 돌려줬다는 확인과 다시는 안 그러겠다는 그런 내용 이었다.

내가 상황실가서 싸인 할 일은 1억, 5억, 10억~ 이런 식의 거액 슬롯 잭팟을 터뜨렸거나 혹은 캐러비안 포커에서 로얄 스티풀을 잡아 잭팟 상금을 받거나.. 평소에 이런 상상은 몇 번 해봤지만 바닥에 떨어진 칩 하나 주워서, 다시는 안 그러겠다는.. 이런 반성문 같은 것에 싸인하게 될 줄이야 !

그 후 객장 안에서 바닥에 노란색, 검정색, 분홍색, 초록색.. 떨어져 있는 칩을 몇 번은 더 봤지만 이젠, 남의 일인 양 쳐다보지 않는다. 일부러 주워 직원에게 갖다 주지도 않는다. 전지전능한 카지노 객장안의 CCTV 가 다 알아서 찾아 줄 것이므로!

그렇게 십년 전에 상황실에 한번 들어간 게 처음이었는데 작년에는, 이틀에 무려 두 번씩이나 또 상황실에 들어가는 일이 있었다.

첫날이었다. 14번이라는 빠른 번호를 받고 아는 동생이 하고 싶어 했던 슬롯머신을 하나 잡았다. 기계에 오만원을 넣고 버튼 몇 번 누르고.. 재빨리 5층으로 뛰어가 블랙잭 30다이 테이블에 자리 in ~
기계 몇 번을 따닥따닥 누른 뒤 아는 동생이 왔길래, 바우처를 뽑고 자리를 넘겨주었다. 그 바우처를 내가 들고 왔어야 했는데 잔액이 만원뿐인 적은 금액이라, 같이 넣어서 쓰라고 주고 왔다.

블랙잭 테이블에서 게임을 한참 하고 있는데 나중 보안요원이 와서 자리 매점매석이라며 상황실에 함께 가자고 한다. 일단, 게임을 중단하고 상황실로 같이 갔다.
자리 매매가 아니고 평소 잘 아는 동생이고.. 아는 사이니까 잔돈 바우처를 그냥 쓰라고 준거라며 말을 했고.. 같이 놀러 온 일행이라고 핸드폰 사진에 있는 여행가서 함께 찍은 사진까지 보여주며 주장했는데.. CCTV 확인해보고 판단할 테니 게임하던 테이블의 자리에 가 있으란다.

게임을 하고 있는데 상황실에서 잠깐 오라며 전화가 온다. CCTV 화면상으로는 자리매매처럼 보일 수 있는 오해의 소지가 있긴 하나, 앞뒤 정황이 자리매매의 성격은 아닌 것 같아서 아는 사람끼리 단순한 자리 양도로 정리할테니 다음부터는 자기 바우처는 꼭 챙겨서 가져가라고 얘기한다. 그리고 또 무슨 각서에 싸인 하나 하라고 해서 내용도 안 읽어보고 그냥 싸인만 하고 나왔다.

이때 처음 알았다. 자리매매로 의심되어 신고된 경우에, 상황실에서 CCTV로 나의 입장 전의 모습과 입장 후, 어떤 테이블에서 얼마정도를 게임하는지 다 일일이 체크해본다는 것을..

슬롯머신은 특히, 인기 머신들은 자리 경쟁이 심해서 돈을 주고 자리를 사고 파는지, 카지노의 보안요원보다 더 날카롭고, 더 예리하게 주시하고 있는 사람들이 있다. 그 머신을 하려고 자리를 탐내는 사람들이 바로 그들이다. 신고는 주로 그런 사람들이 한다.
 호시탐탐 매의 눈으로 항상 지켜보고 있는 눈이 많으니 오해를 살 만한 행동은 조심해야 한다.

바로 다음 날이었다. 쓰리카드 옆의 벽면에 있는 늑대 따르릉 기계를 하고 있었는데.. 담배 한대 피고 오니, 그리 많은 시간이 지난 것도 아닌데 불과 5분, 7분정도의 시간.. 잔액이 사라지고 초록불로 게임가능이라고 켜져 있다!
 어, 방금 전까지 내가 했던 기계인데.. 잔액까지 남아 있었는데??
이게 어찌 된 건지 호출을 불러 직원에게 확인한 결과, 누가 내 기계에 (잔액은 33,000원 있었음) 만원 짜리 하나 넣고, 한 두번 따닥

따닥 누르고서는 잔액을 뽑아 갔다고 한다.

의도적이라 하기엔 금액이 작아서 분명 이건 실수로 그래겠다 싶어 잔액만 찾으면 되겠지 싶었는데.. 잔액을 찾으려면 CCTV를 돌려 누가, 언제 가져갔는지 확인해야 하므로 상황실에 가서 '사고 접수'를 해야 한단다. 할 수 없이 어제에 이어 또 상황실에 가게 됐다.

나중 상황실의 전화를 받고 가보니, 어떤 60대의 남자가 돈 없는 기계인줄 알고 만원짜리 한 장 넣고 버튼 한 두번 누르고는 바우처를 뽑아갔고 상황실의 호출을 받고 온 남자는 그 자리에서 바로, 돈을 돌려주고 갔단다.

그래도 약간 미심 쩍은건.. 빈 기계인 줄 알고 돈을 넣고 기계에 앉았으면 기계를 얼마간은 돌리고 있어야지 왜 한 두번만 누르다 말고 냉큼 바우처를 뽑아 가버렸는지.. 그 부분은 납득 불가.
그나마 잔액이 몇 만원뿐이어서 있을 수 있는 해프닝으로 끝났지만, 잔액 크레딧이 몇십만원 혹은 백만원 단위가 넘게 있는 경우는, 자칫 의도적인 절도나 절취로 오해당해 긴 시간의 해명과 경위를 밝히는 절차 또한 복잡해지니.. 아무리 빈자리라 해도, 기계위에 "게임 가능(초록불)"이란 메시지는 반드시 확인하고 앉아야 한다.

실제로, 예전에는 객장 안에 이런 절취나 절도 사건이 빈번하게 일어났다. 카지노가 문을 연지 얼마 안 된 2002 - 2005년 사이에는 카지노 보안도 지금처럼 철저하지 못했고, 특히나 국내 첫 내국인 출입 카지노라 매뉴얼이나 사례가 많지 않았을 때, 객장 안에서는 하루건너 한번 씩은 사건 사고들이 빈번하게 일어났다.

슬롯머신 기계에 남아있는 몇 십 만원, 특히 백만 원이 넘는 크레딧의 경우 돈을 다 잃고 오링 된 사람들이 마치 자기 기계인양 행동하며 슬쩍 바우처를 뽑아서 재빨리 환전을 마친 후, 객장 밖을 유유히 빠져 나가거나 30다이 테이블의 게임하던 고객들이 휴식시간에 테이블 위에 놔둔 수십 개의 노란칩들을 몽땅 훔쳐서 도망가는 사례도 여러 번 있었다.

카지노 객장 안에는 수 백개의 CCTV가 있고 그 보안도 철저한 바, 누가 언제 어떻게 가져갔는지는 10분도 안 돼 다 파악이 된다.
이미 그들은 객장 밖으로 황급히 도망간 뒤라서 도둑맞은 바우처와 칩을 바로 찾진 못한다. 하지만 이제 그들은 영원히 강원랜드 카지노에 들어올 수 없을 뿐 아니라, 형사적으로도 절도범이 되어 전국에 수배가 떨어진다. 형사가 집에까지 찾아가 잡아들인 경우도 있었다.
이미 다시는 못 올 카지노라 생각하고 절도한 것이겠지만, 순간의 충동과 욕심으로 평생 절도범의 낙인으로 살 필요는 없지 않은가? 너무 어리석은 행동이다.

콤프 거래, 콤프 깡

게임을 끝내고 주차장으로 가고 있는데 어떤 남자가 내게 살짜기 속삭인다.

"콩팥 삽니다" "콩팥 파세요"

헉, 도박을 하다 돈을 다 잃고 나면 장기 매매라도 해서 도박자금을 마련한다는 영화같은 뉴스는 들은 적이 있지만, 실제로 여기에서도 이런 일이 일어나고 있단 말인가?

소스라치게 놀라서 그 남자의 시선을 애써 외면한 채 줄행랑 치듯 자동차로 달려간 적이 있다. 행여나 내 콩팥을 뜯길까봐. 그런데 그 얼만큼 가니 어떤 아줌마가 같은 말을 속삭인다.

"이모, 콤프 정리하고 가세요. 콤프 삽니다"

아, 콩팥이 아니라 콤프였다! 발음이 비슷해서 콤프를 콩팥으로 알아들었던 것이다.

콤프는 카지노측이 게임을 하는 고객에게 게임하는 돈, 시간 등을 고려해서 적립해주는 캐쉬백 제도, 즉 마일리지와 같은 것이다. 콤프 금액으로 카지노 내부에서는 숙박, 식사, 선물 등 모든 것을 살 수 있다.

또 사북고한의 카지노 주변의 상점 (식당, 마트, 모텔, 편의점, 주유소 등등)에서 모두 사용가능하며 태백과 영월 같은 인근 타 지역에서도 사용가능하니 사용하려는 수요자가 많다.

10만원 테이블에서는 평균 5만원, 20만원 테이블에서는 12만원, 30만원 테이블에서는 20만원 정도가 적립되며 VIP 게임에서는 50 - 100만원이 넘는 금액이 게임 때마다 콤프로 적립된다.

콤프 금액은 타인에게 양도, 증여할 수 없기에 매매는 불법이며 강원랜드 카지노측에서 철저하게 단속한다. 그럼에도 음성적인 불법과 편법은 이뤄지고 있다.

게임을 하다가 오링 된 경우, 콤프 금액을 업자에게 파는 경우가 종종 있다. 잔액이 100만원이 있으면 대게 60% 인 60만원으로 판다. 단 몇 푼이라도 현금이 아쉬운 사람에게는 큰 돈이 아닐 수 없다.

업자는 이 금액을 필요한 다른 손님에게 되 판다. 팔 때는 70%선에 팔고 있으니 중개 수수료만 해도 10%로 괜찮은 장사인 건 맞다. 100만원어치를 팔면 10만원은 족히 남으니까.

콤프 금액을 사는 손님들은 숙박과 식사 등 카지노 객장 및 호텔에서 사용하는데 콤프 잔액이 없어 현금결재와 카드 결재를 하는 것보다 비용 면에서 20-30% 싸게 이용할 수 있다는 장점이 있다.

오래전, 콤프가 카지노 내부에서만 쓰였을 때는 적립액도 많았다. 어차피 그 콤프들은 카지노 안에서 다 소비되는 것이니까.

몇 년 전, 지역경제 활성화라는 취지로 콤프 사용이 카지노 바깥의 지역 상점들에서도 사용이 가능해졌다. 사람들은 지역 상점에서도 활발하게 사용을 하였다.

모텔과 식당은 사용자가 제일 많은 곳으로 월초 2, 3일이면 한도 마감이 될 정도다. (당시 하루에 쓸 수 있는 한도는 8만원이었고 가맹점은 월 한도 300만원이었다. 현재는 하루 한도가 12만원으로 상향되었다.)

그때부터 카지노측은 고객들에게 주는 콤프 금액을 다소 하향시킨 듯 하다.

콤프에 관해 뉴스에 크게 나왔던 사건이 하나 있었다. VIP 룸에서 게임하던 중소기업 사장님이 지병을 앓다가 사망하셨는데, 이 분의 콤프 카드에는 무려 1억원이 넘는 금액이 있었다.

쓰지 않고 남아있는 큰 금액의 콤프가 있다는 걸 알게 된 유족들은 콤프를 사용하게 해달라고 했으나, 강원랜드 측에서 거절당한다. 콤프는 타인에게 증여나 양도할 수 없다는 약관 때문이었다.

유족들은 그동안 남편이 카지노에 잃은 돈이 수십억 원이 아니라 수백억 원에 이른다며, 돈 잃은 것도 아까워죽겠는데 그 댓가로 적립된 콤프 금액을 사용할 권리를 달라고 법원에 소송을 낸다.

하지만 결과는 패소했다. 법원은 콤프 금액은 카지노 게임을 하였던 본인 이외는 사용할 권리가 없다는 강원랜드 측의 손을 들어 주었다.

남아있던 콤프의 잔액이 그동안 남편의 도박으로 잃은 수백억 원에 비하면 터무니없이 작은 금액이지만, 그 금액마저도 쓸 수 없다니 더 안타까운 일이 아닐 수 없다.

생활도박을 꿈꾸며 사북에서의 일년

2004년의 일이다. 이미 카지노를 2, 3년 이상을 다닌 후라, 나는 잃을 것은 다 잃은 상태였다. 2억원이 넘는 돈을 잃었고 한 달에 족히 천만원 이상씩은 잃었던 것 같다. 당시엔 출입일수 제한이 없었던 때라 한 달에 30일이면 30일을 다 들어갈 수 있었던 때다.

지속적으로 많이 잃었음에도 나는 계속 좀만 더 잘하면 이길 수 있다, 돈에 더 여유가 있으면 딸 수 있다..는 막연한 기대와 꿈이 여전했다. 왜냐하면, 카지노에 가서 계속 잃기만 했던 것은 아니기 때문이다.

잃는 날이 네 번이면 한번은 따는 날이 있었기에 포기하지 않았고.. 운 좋을 때는 2연승, 3연승, 4연승까지도 할 때가 있었으니.. 여전히 언젠가는 다시, 돈을 딸 수 있다는 기대를 안고 살았다.

하지만, 이미 일년 동안 2억 원이 넘는 돈을 잃었고 운영하던 회사도, 카지노를 다니면서 소홀해진 나의 어리석음 때문에 망했다. 당장 할 수 있는 것도 없었고, 무엇을 새롭게 시작해야겠다는 의지도 없었다. 그때는 오로지 다시 카지노에 가서 게임을 해서 그동안 잃은 돈을 찾겠다는 일념뿐!

살고 있던 집을 정리했다. 빚이 많아 이것저것 정리하고보니 눈물겹게도 딸랑 500만원만 남았다. 서울에서 월세방 하나 얻기도 힘든 돈이다. 나는 이 돈으로 사북 가서 살기로 결심한다.

남은 500만원으로 한달 동안 영리하게 게임해서 3천만원, 5천만원으로 만들어봐야지~ 계획을 세운다.

하루 50만원씩 나눠서 열 번의 게임을 하고, 매번 50만원씩 열 번만 이겨보자, 그러면 지금 갖고 있는 돈 500만원이 1000만원은 되리라. 그리고 그 1000만원으로 다시 2000만원에 도전하자.. 이런 계획이었다.

계산상으로는 어렵지 않는 일이었다. 우리가 카지노에 가서 50만원 따는 것은 어렵지 않는 일이었기에.

그러나, 잃는 것도 염두에 둬야 했었다. 한번 잃고 두 번 잃고, 세 번 연속 잃었을 때는 어떡하지? 라는 계획은 없었다. 돈을 딸 궁리만 했지, 잃었을 때의 위험관리, 감당.. 이런 건 생각하지 않았다.

그리고 그 결과는 오링이었다. 한달 동안 열 번의 게임을 하겠다고 했으나, 그 500만원은 첫날 잃고 둘쨋날 잃으면서 무너지기 시작하더니 급기야 세 번째 게임에서 오링되어 바닥이 되었다.

돈이 남아있을 때는 모텔방을 얻어 숙박을 했지만, 돈이 다 떨어지고 났을 땐 찜질방 신세를 졌다. 하루 7천원의 입장료.

이미 가족이나 친척, 주변 친구들에게 빌려 쓸 돈은 다 빌려 쓴 상태고, 갚지 못한 돈이 많아 누구에게 쉽게 돈을 빌려 쓸 상황도 아니었다. 아니, 내가 도박으로 많은 돈을 잃었고 계속 돈을 빌려 쓰고 있다는 소문이 났었기 때문에 누구하나 돈을 빌려주려 하지 않았다. 나쁜 소문일수록 소문은 빨리 퍼진다.

굶었다. 하루 종일 굶기도 하고, 이틀 동안 아무것도 먹지 못할 때도 있었다. 너무 배가 고파, 냉수만 마시며 배를 채울 때가 있었다. 이게 21세기에 있을 수 있단 말인가?
그러나, 진짜 그때는 그랬다. 자존심 때문인지 돈을 다 잃었으니 밥 한끼 시달라고 누구에게 말도 못했다. 당시에는 또 카지노에서 밥 한끼 같이 먹자고 할 만한 아는 사람도 없었다. 그냥 혼자 끙끙 앓고 굶기만 했다.

밥은 굶을 수 있었는데, 담배값도 없자 나는 찜질방 흡연실에 있는 담배꽁초를 찾아서 피기 시작했다. 남들이 피다 버린 담배꽁초 중 한모금이라도 필수 있는 꽁초들을 찾아서 피웠다. 제법 몇 모금은 필수 있는데 침이 묻어서 필수 없는 것들을 보면, 욕이 나오기도 했다. 내가 필 수 없어 아까워서였다.
그때부터인지 나는 나도 모르게 생긴 습관이 있다. 담배는 절대 침으로 끄지 않는다. 나 같은 또 누군가가 내 꽁초를 주워 다 필수 있을 것 같아서..

더 서글픈 일은 담배가 아니었다. 여자들이 겪어야 하는, 피할 수 없는 생리적인 문제, 한 달에 한 번씩 찾아오는 생리 때이다. 그 생리대마저도 살 돈이 없었다.

담배는 간혹, 담배 피는 주변인에게 한 개피만.. 한 대만.. 하며 얻어 필 수 있는 거지만, 생리대는 쉽게 얻어 쓸 수 있는 게 아닐뿐더러.. 대체 생리대 살 돈마저 없는거냐는 눈총을 받을까봐 누구에게도 말을 못했다.

그래서 화장실에 꽂힌 화장지를 둘둘 말아 생리대처럼 만들어 쓴 적도 있다. 그런 때에, 내가 왜 이 지경까지 이렇게 고생하고 있나.. 내 삶이 너무 비굴하다는 생각 때문에 여러 번 울었다.

전혀 다른 일이지만, 인터넷 사이트의 배너창에 가정형편이 어려워 생리대가 없어 깔창을 사용한다는 둥, 생리대 살 돈이 없어 편의점에서 생리대를 훔쳤다는 소녀들의 사연을 보면, 가슴이 아프고 눈물이 난다. 여자들에게 생리대란 얼마나 절박한 일인지를 겪어봤기에..

다른 사연은 외면할 수 있겠는데, 나의 그런 경험 때문인지, 소녀들에게 생리대 기부하기.. 후원은 몇 년 전부터 지속적으로 하고 있는 나의 작은 기부이다.

생리대 하나 살 돈이 없어 공용 화장실이나 남의 화장실에 있는 두루마리 화장지를 몇겹씩 둘둘 말아 생리대처럼 만들어 썼던 그 참

담함과 자괴감은.. 도박이 아닌, 적어도 가정형편을 이유로 한창 나이의 어린 소녀들이 겪지 않았으면 하는 바램 때문이다. 그 기분은 느껴본 사람만이 아는, 살아있는 자의 굴욕같은 생존의 참담함이었다.

밥 한끼 사먹을 돈이 없고, 몇천원짜리 생리대 하나 살 돈마저 없으면서 그렇게 절박한 지경까지 내몰렸으면서도 그럼에도 난, 도박을 끊어야겠다는 생각을 하기는 커녕 무슨 일을 해서라도 돈을 벌어 도박자금을 다시 만들어야겠다는 결심을 했다. 큰 돈을 잃었으니 더 물러서면 안되겠다는 오기가 생겼다. 너 죽고 나 죽어보자.. 는 독심과 분노가 생겨나기 시작했다.

당장 배고픔을 해결해야 했고, 찜질방에 있을 돈도 없었기에 눈 앞에 보이는 일부터 했다. 사북의 김밥집에서 김밥을 말고 배달도 하였다.
하루 일당은 5만원. 월급으로 받으면 좀더 넉넉하게 받을 수 있었지만 당장 하루의 밥값도 없는 처지라 매일 현금으로 일당을 받는 조건으로 일했다. 다행히 김밥집이라 하루 두끼 식사는 해결되었고 찜찔방비와 담배값을 빼면 하루 3만원은 충분히 모을 수 있었다.

당시의 식당들은 현지인이 사장님이었고 주방이나 홀에서 일하는 사람들은 모두 카지노의 손님이었던 외지인들이었다. 나처럼 돈을 다 잃고 무슨 미련 때문인지 카지노를 떠나지 못하고 돈을 벌기 위해 일하는 사람들이 대부분이었다.

찜질방에서는 진짜 웃지 못할 사건도 있었는데, 어느 날인가는 손님중 한분이 캐비넷에 넣어두었던 현금 150만원을 도난 당한 사건이 있었다.

새벽 6시에 게임을 마치고 찜질방에 와서는 7시에 잠을 자기 전에 지갑 속에 넣어 둔 150만원을 확인했고 그 지갑을 캐비넷에 넣어두었는데 아침 9시에 열어보니 그 지갑은 그대로 있는데, 현금만 쏙 없어졌다는 것이다.

3시간동안 찜질방에서 잠을 자면서 머리맡에 핸드폰과 열쇠를 같이 놓고 잤는데, 누군가 슬그머니 그 열쇠를 가져 가서 캐비넷을 열어 돈을 훔쳐갔다는 주장이다.

찜질방의 카운터 쪽에만 CCTV가 있었을 뿐, 캐비넷 근처와 수면실에는 CCTV가 없었던 터라, 누가 언제 어떻게 가져갔는지 찾아낼 수가 없었다.

손님이 경찰서에 신고는 했으나, 경찰조차도 밝혀 낼 도리가 없는 일이었다. 할수 없이 손님들의 양해를 구한 후, 나를 포함한 손님 20여명은 소지품 검사부터 몸 검사를 다했다. 일부 몇몇은 항의하고 소리치며 난리를 피웠지만 신고가 들어 온 일이라, 어쩔 수 없었다.

나는 몹시 흥미롭게 상황을 지켜보았다. 누가 그랬는지 너무 궁금했기 때문이다.

손님 20여명을 소지품부터 캐비넷 장까지, 심지어 몸 검사까지 다 했지만 그 돈은 어디에서고 나오질 않았다.

이미 9시 전에 찜질방을 나간 사람도 서넛은 되었으니 범인은 이미 찜질방을 나간 후였을지도 모를 일이다. 누가 훔쳐갔는지, 어디에 숨겼는지 계속 미스터리로 남은 채 미제사건이 되었다.

그 후부터 나는, 찜질방 열쇠는 좀 번거롭더라도 반드시 손목에 꼭 차면서 자게 됐다. 손목에 열쇠를 차고 자면, 한참 후에는 손목이 아파온다. 피가 잘 안 통하니까. 그럼에도 돈을 도난당하는 낭패는 겪고 싶지 않다.

그들이 살아 남는 법

20년이 지난 지금에 와서 돌아보면, 그때 카지노에 살다시피 했던 사람들을 거의 찾아볼 수가 없다. 강산이 두 번이나 바뀐 20년이 흘렀기에 누군가는 너무 잃어서 아예 올수도 없는 경제적 상황이거나 또 누군가는 용감하게 단도박을 하고 카지노를 끊었거나, 또 누군가는 지병으로 사망했거나 자살했거나..

20년이 흐른 뒤에도 카지노를 한결같이 다니고 있는 사람들은 대부분 세 가지 경우였다.

첫째는, 한 달에 한두번씩만 게임하러 오고 큰돈을 잃지 않아서 카지노 게임이 자신의 생활에 큰 영향을 미치지 않았던 사람. 즉 카지노 게임으로 망하지 않았던 사람들.

둘째는, 중독되어 금전적인 상황이 나빠져서 몇년 정지를 통해 카지노를 끊었다가 한참 후 자신의 상황이 다소 나아져서 다시 놀러오게 된 사람들.

셋째는, 오갈 데가 없어 어떻게든 카지노 주변에서 무엇을 하며 먹고 살든 이곳을 떠나지 못한 사람들.

떠나지 못한 것인지, 애써 안 떠나는 것인지 사람마다 사연이 다르겠지만 파노라마같은 20년의 세월을 꿋꿋하게 견뎌내며 살아남고 있는 나름의 생존법은 치열하다.

식당에서 함께 일한 적 있는 전주언니는 카지노에서 자리를 팔면서 생활한다. 이름 석 자를 몰라서 고향이 전주라서 해서, 지금도 전주언니라고 부른다.

자리를 판 후 자기 게임도 하면서 돈을 벌거나 아니면, 몽땅 잃거나.. 여전히 사북에서 월세방을 얻어 생활한다. 그때 40대 중반이던 언니가 어느새 60대 중반의 칠순을 앞두고 있다. 나도 마찬가지로, 30대 중반인 나이가 어느새 50대 중반이 되어 있으니..

하루는 그 언니와 우연하게 20다이 테이블에서 같이 게임을 하게 됐는데, 앵벌이라고 해서 찌질하게 만원씩 놓고 게임하지 않는다.
20년이란 그 구력만큼 더 단단해지고 질겨진 멘탈이 있어서 악슈에는 만원씩.. 자기에게 좋은 불슈에서는 15만원, 20만원씩 배팅을 잘한다. 그리고 질 때보다 딸 때가 많다.
본인말로는 열배팅만 안하면 하루 20만원 정도는 쉽게 따 진단다. 하지만 무언가에 꽂혀 자기 평상심을 유지하지 못할 때는 한달 내내 모아 둔 300, 400만원까지 페이해서 잃고 만단다. 그 언니에게 가장 무서운 적은, 카지노가 아니라 언제라도 무너질 수 있는 자기의 평상심이라고 말한다.

그 언니는 그날, 20만원을 딴 후, 단 1분도 쓰지 않고 남아있는 휴식시간 2시간을, 다른 사람에게 10만원에 판 후 자리를 떠났다.

딱 40분동안 게임하고 20만원을 따고 또 자리값으로 10만원을 더 챙기게 됐으니 오늘 그 언니의 하루 수입은 30만원이 됐다.(원래는 20만원을 받지만, 자리에서 게임하면서 20만원을 땄기 때문에 자리값을 10만원으로 깎아준 거라고 한다. 그 때문인지 자리를 사겠다는 사람이 바로 정해졌다)

입장해서 한 시간동안 객장에 있으면서 오늘 자기 일당은 충분히 했다며 오랜만에 만난 나에게 커피 한잔을 사주며 총총 사라졌다. 하루 일당 30만원은, 내 남편의 벌이보다 더 많은 돈이다.

간혹, 곧 잭팟이 터지기 일보 직전인 슬롯머신의 경우는 자리값이 50만원, 100만원을 호가할 때도 있으니 그들에게 ARS 빠른 번호(1-30번)의 당첨은, 몇십만원짜리 즉석복권의 당첨과 같은 행운인데 종종 일당의 두배, 세배가 되는 슬롯머신의 자리라도 팔게 되는 날이면 주머니는 더욱 두둑해진다.

카지노에서 알게 된 사람 중 서울에서 살았던 홍언니라는 분이 있다. 이 언니는 20년전에 환갑이 되기 바로 직전의 나이였으니 지금은 어느새 80이 넘으신 할머니가 되었다.

내가 카지노에서 알게 된 사람 중 가장 품위있고 손색없이 게임을 하는 분이다. 이 언니는 카지노에서 100만원 이상은 쓰지 않는다.

물론 딸 때도 100만원 이상을 따지 못한다. 이미 원컷을 해버리기 때문에.

홍언니는 카지노를 다니기 전부터 하우스나 화투판을 많이 다녀 본 분으로, 노름에 대해서는 가히 지존처럼 나무랄데가 없다.
홍언니는 카지노가 좋은 점이 사람들끼리 서로 돈 따먹기를 하지 않으니 마음이 편하고 누가 돈을 땄네, 잃었네 뒤탈이 없다는 것을 꼽는다.
따면 판대로, 잃으면 잃은대로 사람들끼리 돈 따먹는 도박은 싸움도 많이 나고 끝도 안 좋은 일이 많은데 여기서는 그런 게 없단다. 오히려 어떤 때는 한편이 되어 카지노를 대상으로 으샤으샤~ 영차 영차~ 뜻을 같이 모아 단합을 하니 친해진 사람도, 어울리는 사람도 많아졌단다. 홍언니는 오직 바카라 게임만 하신다.

카지노가 좋은 점으로는 또, 경찰의 단속을 피해 도망가지 않아도 되는 거라고!
주택가 비밀 하우스에서 몰래 접선하듯 만나지 않아도 되고, 산속 비닐 하우스에 숨어 모여서 도리짓고땡을 하지 않아도 되며 갑작스레 경찰의 단속이 떴을 때 도망가지 않아서 좋다는 것이다.
홍언니는 불법 도박장에서 게임을 하다 도망 다니기를 열 번도 더 해봤으며, 단속에 걸려 도박전과만 세 번이 넘는다고 했다. 카지노가 생긴 다음부터는 오로지 카지노에서만 게임을 한단다.

합법적이고 안정적인 카지노가 홍언니에게도 신세계였지만, 돈을 따는 날보다 잃은 날이 더 많아서 초창기에는 엄청 많은 손해를 봤다고 한다.

그래서 나름대로 오래 다니기 위한 전략으로 선택한 것이 하루 30만원 일당벌기였다. 따도 30만원이면 만족하고, 잃어도 아쉽지만 30만원 이상을 쓰지 않는다. 딸 때보다 잃을 때 많이 잃으면 모두 헛수고가 됨을 잘 알고 있는 것이다.

홍언니는 윈컷, 로스컷을 잘 해서 존경스러웠지만 남에게 돈을 절대 빌려 쓰지 않는다는 것이 놀랄 일이었다. 수 십년을 도박하면서 주변에 돈 한푼 안 빌려 쓴 사람이 과연 몇이나 있을까?

홍언니가 돈이 오링되는 일은 좀처럼 없지만, 일 년에 한번 쯤, 카지노 귀신이 씌여 이성을 잃고 열 배팅을 하였을 때 가진 돈이 다 떨어진 적도 있었다고 한다.

그럴 때에는 서울 사는 아들과 딸에게 용돈 얼마씩을 더 달라고 부탁을 해서 돈을 마련하지 결코 카지노에서 알게 된 사람 또는 꽁지나 사채업자의 돈은 쓰지 않는다고 한다. 나는 홍언니를 20년 가까이 봤지만, 그 말이 사실임은 직접 겪어봐서 안다.

당장 돈이 아쉬워, 또 게임을 더 하고 싶어서 주변에 돈을 빌릴 수도 있지만 카지노는 곧 없어질 곳이 아니고 내일도, 한 달 후 에도, 일 년 후 에도 변함없이 운영하고 있는 도박장이니 게임에 서두를 필요가 없다는 것이 그 첫 번째 이유이고.. (사설 도박장은 말도 없이 하루아침에 없어질 때가 많다고 한다)

두 번째 이유는, 내가 돈을 빌려 쓰면 어김없이 언젠가는 그네들이 자신에게 돈을 빌리려 하기 때문이라는 것이다.

자신이 한번 빌려 쓰면, 마찬가지로 상대방이 자기에게 돈을 부탁했을 때 안 빌려줄 수 도 없는 노릇. 그러니 아예 빌려 쓰지도, 빌려주지도 말자는 것이 홍언니의 지론이다.

돈 거래는 자신의 멘탈 관리에 가장 악영향을 주는 요소라서 피해야 한다는 것이다. 누구한테 돈 받아야 하는데.. 누구는 돈도 안 갚고 게임하네.. 이런 식의 고민을 하고 싶지 않다는 것이다.

잡음을 일으킬만한 요소를 만들지 말아야 게임에 오롯이 집중할 수 있는데, 이를 위해서는 카지노 사람들과의 돈 거래는 하지 않는다.

그럼에도 내가 홍언니에게 돈을 한번 빌린 적이 있었다. 지금으로부터 10년 전의 일이지만, 어느 날인가 한번은, 내가 게임을 하면서 차비 만원도 남기지 않고 다 잃은 적이 있었다.

게임을 더 하기 위해서 홍언니에게 돈을 빌리는 것은 가당치도 않는 일이라, 진짜로 집에 갈 차비가 없어서 도움을 요청했다. 기름 값과 톨비로 10만원은 필요했다. 새벽시간이라 어디 전화할 데도 마땅치 않은 시간이었다.

홍언니에게 전화를 했더니, 진짜 집으로 갈 거냐고 묻는다. 게임 할 거면 10만원 갖고 되겠어요? 진짜 집으로 갈 거에요.. 그랬더니 홍언니는 20만원을 부쳐줬다. 딱 기름 값만 갖고 가다 부족하면 어 떠하냐고, 가다가 밥도 사먹어야지.

눈물이 찔끔 나왔다. 나는 집에 도착해서 홍언니에게 20만원을 부쳐줬고 홍언니가 좋아한다는 쥐포와 오징어를 사서 택배로 부쳐 줬다.

남에게 돈을 절대 빌려주지 않는다는 성격이라는 걸 알기에 큰 기 대는 안했는데, 게임할 돈이 아닌 집에 갈 차비라고 하니 빌려줬다. 그리고 나는, 정말로 그 돈을 받아 집으로 갔다.

홍언니는 이제 80이 넘으셨다. 이제 더 이상 사북에 살지 않는다. 병환이 있으셔서 서울 아들네 집에 계시다고 한다.

사북에 가면 가끔 생각난다. 호들갑스럽지 않고, 단아한 웃음을 지으며 있는 듯, 없는 듯, 존재감은 없었지만 바카라 테이블에 가서 보면 항상 조용히 게임에만 몰두하던 홍언니.

땄어요? 어때요? 상대방이 먼저 물어봐야 겨우, 조금 잃고 있다.. 오늘은 조금 따고 시작하네.. 라며 말을 한다.

홍언니는 만원을 배팅하든, 30만원을 배팅하든, 모든 배팅의 한판 한 판이 바느질 하듯, 한땀 한땀 실을 꿰듯, 온 정신을 집중해 배팅한다. 저렇게 해서 어떻게 큰돈을 딸 수 있으려나.. 때론 답답하게 보일 때도 있지만, 홍언니는 하루 30만원 이상을 따지도 않지만 반대로 30만원 이상을 잃지도 않는다.

그 어느 누구도 세월 앞에 장사가 없는지라 벌써 80이 넘은 연세가 되셔서 얼마 전에 전화 통화를 해보니 많이 쇠약해졌음을 수화기 너머로 느낄 수 있었다. 부디 앞으로 십년정도는 더, 무탈하게 건강한 모습으로 사셨으면 좋겠다.

잊지 못할 뒷전

블랙잭을 하다보면 정말 무수히 많은 사람들의 뒷전을 만난다. 매너 있는 사람, 같이 파이팅해 주는 사람, 한결같이 살아도 같이 살고 죽어도 같이 죽는 의리파 등 좋은 사람도 있었고.. 사사건건 받아야하네, 받지 말아야하네 간섭을 하는 사람, 며칠 씻지 못 한 건지 아님 씻어도 그 냄새를 계속 달고 다니는지 모를 정도로 고약한 냄새가 나는 사람, 바짝 붙어서 칩을 놔달라고 매판 어깨를 툭툭 치는 사람 등등 싫은 사람도 있다.

블랙잭 수년을 하다보면 그 많은 뒷전들 다 일일이 기억하기도 힘들고, 또 모두 다 잊을 수도 없겠지만 유독 인상적이었던 한분이 있었다.

아마도 2005년으로 기억된다. 블랙잭 10테이블이었다.

죽죽죽.. 먹죽죽죽.. 이런 연패가 계속되는 안 좋은 슈였다. 흐름이 좋거나 나쁘거나 뒷전에는 항상 많은 사람들이 있었는데 내 뒷전에도 어떤 여자 분이 자리를 떠나지 않고 계속 따라왔다. 나이는 나보다 4-5살 정도 더 많아 보인다.

이겨서 칩을 건네줄 때는 웃으면서 좋아했고, 져서 안타까운 표정을 보이면 괜찮다는 표정으로 오히려 내게 위로의 표정을 건넸던 말 없고 조용한 분이었다.

 대화를 나눠보지는 않았지만, 그냥 뒷전으로 배팅하는 모습만 보아서도 교양있고 매너있고 품위있는 사람이었다.

 딜러가 강세인 안 좋은 분위기라서 나는 1-2만원선, 뒷전은 5-10만원수준의 배팅. 그럼에도 한 시간 넘는 계속된 악슈이기에 작은 배팅에도 70만원을 넘게 잃고 있었고, 뒷전의 여자는 대략 짐작하기에 200만원은 넘게 나갔을 것이다.

 테이블이 시름시름 앓는 소리만 나는 초상집 분위기라 뒷전에게 다른 테이블에 가시라고 권해 보았지만..

"이제 얼마 안 남았어요, 이거만 잃으면 갈거예요."

뒷전의 손바닥 안에는 노란 칩이 두개뿐이었다.

"많이 잃으셨죠?"

걱정스런 내 말에

"다른데 서도 좀 잃고 여기서도 이백 나가고~ 오늘은 안 되네요."

뒷전의 여자는 잃었다는 말조차도 교양 있게 한다. 남들처럼 안 된다며 징징대지도 않았고, 딜러를 욕하지도 않았으며, 앞전 핸디를 탓하지도 않았다. 그저 오늘은 운이 안 좋다는~ 우아한 수식어를 쓴다.

그런데 아주 예상치 못한 사단이 일어난다. 이거만 잃으면 가겠다는 뒷전이 배팅한 금액은 10만원, 나는 2만원의 배팅.
 딜러가 로우바닥인데 (아직도 기억남. 딜러 오픈 카드가 4였다) 나는 8.8 이 들어왔다. 당근 스플릿~ 씩씩하게 손가락을 쫙 벌려서 스플릿 수신호를 하고.. 마지막 남은 뒷전의 두개의 칩이 모두 8.8 스플릿에 올인~ 되어있는 상태다.

첫장의 8에 2가 떨어진다. 10 더블 찬스다. 그런데 뒷전이 돈이 없다. 이럴 때 보통 뒷전들은 게임 중이니 일단 핸디나 옆 사람에게 돈을 빌린다. 은행가서 찾아다준다고 하면서 일단 먼저, 빌린다. 열의 아홉은 그랬다. 한명정도는 돈이 없어서 더블 안갈께요.. 라고 포기하거나.
 나도 내 뒷전이 그런 말이 나올 줄 알았다. 이따 찾아 줄테니 일단 칩 한개만 빌려 주세요~ 라면서. 그런데 내 뒷전은, 돈이 없는데.. 한다. 그러자 옆 사람이 자기가 더블 알바를 가겠다고 칩을 들이댄다. (그때만 해도 옆 핸디가 더블 알바를 갈 수 있었다.)

"아니지, 이제까지 잃은 게 있는데 더블도 뒷전 가던 사람이 가야지!"

나는 내 노란색 칩 하나를 뒷전의 의향과 상관없이 먼저 빌려주었다.

"일단 빌려 줄테니 나중에 찾아서 주세요~"(살짝 윙크)

뒷전은 아, 네.. 하면서 칩을 받아서 더블 배팅에 놓는다. 8.2 더블에 장이 나오길 바랬지만 6 카드가 나온다.(더블 불량) 그래도 바닥이 4니까 큰 걱정이 안됐다. 딜러 버스트가 있으니깐.

다시 한쪽의 8 카드에 펼쳐진 카드는 또 다시 8 ~.
다시 스플릿을 한번 더 해야 하는 상황이 발생한다. 스플릿은 앞전만 할수 없고 반드시 뒷전도 같이 해야 한다. 이미 뒷전이 돈이 없다는 걸 알고 있는 상황이라 뒷전에게 의향을 물었다.

"스플릿 할까요? 아님 그냥 스테이 할까요?"

"스플릿 해야죠 !"

손에 쥐고 있는 돈이 다 떨어진 상태라서 아까 더블의 배팅도 내가 10만원을 먼저 대 준 상태라.. 의아했다. 그런데 뒷전의 여자가 갑자기 손목에서 팔찌를 푸는 게 아닌가?

"이거 순금팔찌인데 진짜에요. 50만원은 넘는데 누가 저한테 20

만원 좀 주시고, 이 팔찌 보관하실래요?"

너무 느닷없는 제안이었다. 그것도 교양 있고 매너 있고 품위 있는 뒷전이.. 마치 노름판에서 한판의 올인을 위해 집문서를 거는 도박꾼마냥.. 그렇게 팔찌를 풀어 테이블 위에 올려 놓는다. 처음 접해본 광경에 다소 놀라웠다.

"아니요, 꼭 스플릿 안 해도 돼요~ "

라며 무리한 제안을 내가 말리자,

"아니, 해야죠. 이건 죽어도 해야죠!"

뒷전의 그 말에는 비장함이 담겨 있었다. 내 지갑에 현금이 50만원은 더 있었기에 내가 대신 내 줄 요량으로 지갑을 꺼내려는 순간, 같은 테이블의 옆자리 핸디인 60대 아저씨가 먼저 금팔찌를 쓰윽 가져가더니

"내가 금을 좀 볼 줄 아는데.."

하면서 금팔찌를 훑어보며 들여다본다. 딜러랑 7명의 핸디, 그리고 열명이 넘는 뒷전들까지.. 갑자기 테이블은 금은방 모드로 잠시

변한다.

"일단, 두 개 줄께요. 이판 먹으면 바로 주시고, 죽으면 다시 얘기합시다"

진짜 금은방 주인같이 생긴 60대 핸디 아저씨가 내 뒷전에게 배팅에 쓰라고 노란 칩 두개를 준다.

두번째 8 카드에는 장이 왔다. 세번째 8 카드에는.. 이 무슨 일인가? 또 8이 한 장 더 나온다. 뒷전 여자의 손에 남은 또 마지막 칩 하나가 테이블에 놓였다. 모두 총 50만원이 걸어져 있다.
세 번째 카드 8에는 7이 나와서 합 15. 네 번 째 카드에는 3이 나와서 다시한번 더불의 찬스가 왔다. 판이 커져도 너무 커져 버린다. 뒷전의 여자에게는 이제 칩이 없다.

"사장님, 10만원 더 주시죠. 그거 50은 충분히 넘는건데.."

금은방 아저씨같이 생긴 그 남자분은 망설임없이 10만원을 더 준다. 확실히 그 팔찌는 진짜가 맞나보다.
마지막 네 번째 8카드에서 3이 나와 합 11 숫자에서 더불다운을 한다.
이런,이런.. 그만 2가 나온다. 더불의 불량.

첫카드 더불로 16, 두 번째 카드 장받아 18, 세 번째 카드 7받아 15, 네번째 카드 더불쳤으나 2받아 합이 13.. 모두 딜러 버스트가 아니면 이기기 힘든 카드들 뿐이다. 뒷전의 여자에게는 그 한판에 모두 60만원이 걸려 있다.

그 어느 판보다 촉각이 모두 곤두서서 딜러가 오픈 할 마지막 카드에 초집중 상태다. 딜러는 오픈카드 4에서 숨겨진 뒷 카드를 오픈하니 우리가 모두 염원했던 장 카드였다. 그래, 이제 장만 나오면 돼 ~~ 장이면 된다, 장 ~ 장 ~ 장 ~

어디서 그런 힘이 나왔는지 아마도 카지노 게임하면서 그때처럼 울부짖듯 소리쳤던 때가 있었을까.. 딜러도 상황이 상황인지라 다른 때보다는 더 긴장하며 조심스레 카드박스에서 마지막 카드를 한 장 더 빼내서 오픈한다.

"장~ 장~ 장 ~~ !!!"

모든 핸디들이 다, 눈알이 뒤집힐 정도로 애타게 장을 부르짖던 그 순간~ 우리의 눈앞에 딜러가 뒤집어서 까게 된 카드는 6 ~ 이었다. 딜러 합이 20으로 대부분 몰살!

탄식이 나오고 초상집 분위기의 곡소리가 나왔다. 나와 뒷전의 여자는 입이 다물어지지 않은 채, 순간 얼음이 되어 버렸다. 멍하고 띵하고 망치로 뒤통수를 가격 당한 것처럼 충격이었다.

핸디들 모두 자기가 잃은 돈보다 내 뒷전이 배팅한 60만원을 더 걱정했다. 그게 그냥 칩 6개가 아닌 금팔찌가 걸린 판이었기에..

차마, 고개를 돌려 뒷전의 여자를 볼 수가 없었다. 마치 내가 큰 죄를 지은 것 같아 쥐구멍에라도 숨고 싶은 심정이었다. 뒷전의 여자는 금팔찌를 가져간 아저씨에게

"제 전화번호에요. 그거 진짜 맞는데 혹시 문제 있으면 전화주세요."

라는 말을 남기고, 테이블을 홀연히 떠난다. 여자가 자리를 떠나자마자 몇몇 핸디들이 그 팔찌 진짜 맞냐고, 가짜 아니냐며~ 물었지만 그 아저씨는 진짜가 맞다고 자신있게 말한다.

"50은 충분히 넘을 걸."

하면서 자기 주머니에 쏙 넣는다. 횡재했다는 표정의 기분 좋은 얼굴로 웃는 그 아저씨를 보면서 진짜로 금은방을 하는 사장님일거라고 생각이 들었다. 그러면서, 순간 기분이 나빴다. 남의 불행에 저런 웃음을 짓다니.

그 한판에 온 사력을 다해서인지 게임할 힘조차 맥이 풀려 잠시 담배를 피러 흡연실로 갔다. 마침, 흡연실에는 그 뒷전이 담배를 피고 있었다. 나를 보더니 먼저 아는 체를 하며, 계좌번호를 알려달라

고 한다.

"왜요?"

아까 더블을 칠 때 대신 내준 10만원, 나중에 집에 가서 부쳐주겠다고 한다. 지금은 다 잃어서 돈이 하나도 없단다. 나는 됐다고 했다. 이겼으면 받았겠지만 졌는데 무슨..

"난 2만원씩밖에 배팅 안 해서 큰 손해가 없었지만.. 그쪽은 팔찌까지 맡겼잖아요. 안 주셔도 돼요."

사실 좀 싸가지 없는 뒷전이었으면 달라고 했겠지만 그 판에 모두를 올인한 사람에게 차마 받을 수는 없는 일이었다.

"그래도.. 계산은 계산이니까 계좌번호 주세요."

하는 뒷전에게 그냥, 됐어요~ 손 흔들며 흡연실을 먼저 나와 버렸다.

이겼어야 하는데.. 다 져도, 그 판, 그 한판만은 꼭 먹었어야 하는데.. 마지막 카드가 왜 하필 많고 많은 그 수십 장의 카드 중에 6이였단 말인가 ?! 8도 있고 9도 있고 장은 또 얼마나 많은데.. 하필 6이라니 ?!! 두고두고 곱 씹어 봐도 분이 삭혀지지 않는다.

계좌로 돈 부쳐주겠다는 그 말을 들으니, 왜 나는, 그렇게나 울컥했는지.. 전쟁터에서 치열하게 함께 싸우던, 절대 죽어서는 안될 소중한 전우 한명이 전사당한 기분이었다.

그 후, 그 뒷전의 여자를 다시 만나지는 못했다. 벌써 10년이 지나고 15년이 지났지만 일부러라도 한번쯤은 만나게 되지나 않을까.. 만나면 커피라도 한잔, 아니면 식사 한 끼는 꼭 사주고 싶었는데..
카지노 게임을 하러 갈 때마다 혹시나 하는 맘에 일부러라도 객장을 돌아봤지만 내가 없을 때만 온 건지 아님 그 후 아예 카지노를 오지 않았는지.. 나는 그 뒷전을 다시 본 적은 없었다.

사채 빚에 인생을 던진 가영이

가영이는 카지노에서 내가 만난 사람 중 가장 잊지 못할 가슴 아픈 아이다. 나보다 5살이나 어렸지만 서글서글한 말투에 화통한 성격에 언니동생 말도 잘 통하고, 무엇보다 도박에 찌들지 않는 순수함이 있어서 내가 많이 아꼈던 동생이다.

가영이를 알게 된 건 결혼 이후, 카지노를 다시 다니게 되면서 블랙잭을 자주 할 때였다. 그땐 10 테이블이 4층 음료수대 앞에 (지금의 룰렛, 다이사이 전자게임이 있는 자리) 있었는데 나는 앉아서 게임하는 앞전이었고 가영이는 내 뒷전이었다.

그럭저럭 오르락 내리락 무난하게 게임이 진행 중이었는데 가영이가 뒷전으로 와서 배팅을 한 이후부터 무려 14연승을 하게 된다. 와~ 한 번도 죽지 않고 연속 14번씩이나 계속 먹어보기는 처음이었다. 열 번 연속 죽어본 적은 많았지만..

그때 나는 배팅 5만원, 가영이 5만원, 그리고 뒷전의 아저씨 한분이 10만원씩 해서 앞뒤 20만원을 꽉 채워서 배팅을 했는데.. 그 이후로도 꾸준히 잘 돼서 내가 120만원 정도 땄고 가영이도 100만원 따고 뒷전 남자 분은 200만원을 넘게 땄던 날이다. 10 테이블에서 두 시간의 성적으로는 크게 딴 셈이다.

기분이 좋은 뒷전 아저씨가 우리 둘에게 고기를 사주겠다며 사북에 내려가자고 해서 가영이와 난 서로 처음 만났지만 같은 여자라는 이유로 별 거리낌 없이 셋이 동행하여 식사를 하게 됐다.
그 만남 이후, 가영이는 카지노에 올 때마다 내가 있을 때면 어김없이 내 뒷전만 했다. 좋지 않는 슈에 돈을 잃는 판에서도 자리를 떠나질 않고 항상 내 뒷전에서 게임을 했다.
뒷전의 좋은 점은, 언제라도 그만 둘 수 있고 다른 자리가 좋으면 옮겨서 배팅을 해도 되는 것인데, 죽어도 같이 죽고 살아도 같이 살아야 한다며 자칭 의리를 내세웠던 동생이었다. 그렇게 해서 우리는 친해졌다.

경기도 분당에 살고 있는 가영이는 일주일에 한번은 카지노에 놀러왔다. 카지노에 처음 오게 된 계기는 돈 빌려준 어떤 남자를 찾으러 왔다가 사람을 찾긴 찾았으나 돈은 받지 못했고, 그냥 돌아가기가 아쉬워 게임을 하게 됐는데 그날 슬롯에서 돈을 땄다. 그 계기로 또 오게 됐고 세 번쯤 왔을 때 내 뒷전을 하게 되었다. 가영이는 분당에서 학원을 운영하는 사장이었고 돈도 제법 있고, 외제차를 타고 다녔다.

카지노의 재미를 만끽한 가영이는 점점 배팅이 세졌고 30다이에서 30만원씩 판판이 배팅하는 아이가 되어버렸다. 한달, 두달, 석달.. 석달동안 잃은 돈이 얼추 1억원을 넘었을 것이다. 한번 올 때마다 기본 천만원은 잃고 갔으니까.

  잃은 돈이 많아지면서 이제 카지노를 끊어야겠다고 하더니, 카지노를 오지 않는 대신, 온라인 도박을 했나보다. 온라인 바카라에서 또 천만원이나 넘는 돈을 잃었다고 한다.

  그럴 바에 귀찮더라도 카지노 가서 게임하는 게 더 낫겠다며 다시 카지노를 왔다. 처음엔 블랙잭이나 슬롯머신만 하더니 온라인 바카라 게임을 해 본 후로는, 카지노에서도 승부가 빠른 바카라 게임을 했다. 딸 때는 100, 200만원을 따고 잃을 때는 800, 1000만원을 잃는다. 많이 위태로웠고 조마조마했다.

  한창 카지노에 빠져 온 재산을 다 올인하며 게임하는 사람에게는 옆에서 뭐라고 이야기한들 아무 소리도 들리지 않는다. 나도 그랬다.

  이렇게 게임해야 한다, 이러지 말아야 한다, 이래야 안 잃는다, 저래야 그나마 승산이 좀 있다 등등.. 좋은 이야기들을 옆에서 아무리 말해봤자 귓등으로 듣고 몸으로는 전혀 행해지지 않는다.

  누구나 그때는 딸 수 있다는 기대 찬 희망만이 꽃길처럼 보일 뿐이다. 나는 불안했지만, 살살해라, 조심해라.. 라는 말 밖에 해줄 수 있는 게 없었다.

한참동안이나 가영이가 안보였고, 연락처를 바꿨는지 전화번호가 다른 사람의 것이 되었다. 서로 연락이 끊긴지 다섯 달이나 좀 지났을까.. 가영이에게 연락이 왔다. 오늘 좀 올수 없겠냐고.. 언니가 너무 보고 싶다고..

가영이는 남편과 이혼한 후, 혼자 사는 돌싱이었다. 초등학교 다니는 아들이 하나 있었지만 남편이 키우고 있었다. 그때도 난 가영이가 혼자 살고 있는 줄 알았다. 주소를 찍어 달려가 보니 꽤 고급스런 아파트였다.

몇 달 만에 가영이를 만났다. 그런데, 얼굴에 멍이 들어있고 군데군데 상처가 나 있었다. 방금 전에 일어난 일은 아닌 것 같았고 어제, 그제.. 심하게 다친 것 같았다.
가영이가 혼자 사는 집인 줄 알았는데 갑자기 방에서 웬 남자가 불쑥 나온다. 여름철이었기 때문에 남자는 반바지, 런닝 차림이었다. 그런데 팔뚝에 커다란 문신부터 내 눈에 확 들어왔다. 인상도 진짜 조폭같이 사납게 생긴 사람이었다. 하지만 말투는 험상궂지 않았다. 하긴, 손님으로 온 나에게 굳이 험상궂은 말을 할 필요도 없었겠지만.

"전에 말했던 그 언니야, 서울에 왔다고 연락이 왔길래 내가 오라고 했어, 오늘은 언니랑 같이 잘게. 괜찮지?"

가영이는 남자에게 그렇게 말했다. 자기가 불러놓고는 내가 마치 서울에 볼일이 있어서 올라왔는데 온 김에 가영이를 만나러 온 것처럼 말하고 있었다. 나는 그냥 그런가보다 하고 모른 체 했다. 남자는 오랜만에 만난 언니랑 맛있는 거 시켜먹고 잘 놀으라고 말하고서는 내일 낮에나 들어온다는 말을 남기고 나갔다. 남자가 나가고 나서야 가영이는 덜썩 주저 앉았다.

모든 게 궁금했다. 대체 이 남자는 누구이며, 가영이는 왜 얼굴에 멍이 들었는지.

가영이는 이쁘게 생긴 아이였다. 티셔츠에 청바지만 입어도 얼굴과 몸에 귀티가 나는 아이였다. 객장에서 게임을 하고 있으면 모르는 남자들이 말도 참 많이 건네는 아이였다. 지나치게 친절을 베풀며 게임 훈수를 하는 남자도 여럿 봤고, 앞전도 아닌 뒷전에 서서 배팅하고 있어도 옆에 남자들이 선심을 얻으려는 듯, 이유 없는 팁도 많이 받던 아이다.

상대방 보는 앞에서는 네,네.. 적절하게 웃으며 맞받아주지만 뒤돌아서서는 지나가는 개보듯, 다시는 눈길도 안주는 스타일이었다. 품행도 단정한 아이였다. 그런 가영이가 왜 얼굴에, 저런 멍을..?

가영이가 온라인 도박에서 많이 잃고, 다시 카지노에 다닐 때에는 그전보다 훨씬 많은 배팅을 했다. 잃은 돈이 억 단위로 넘어가게 되니 이제 10만원 테이블은 못하게 됐다고 한다. 양에 차지 않은 것이다.

30만원 테이블에서 바카라를 하게 되면서 우연히 옆자리에 돈을 잘 따는 남자를 보았고, 그 남자와 같은 테이블에서 꽁냥꽁냥 게임에 대한 요령과 정보를 들으면서 친해졌다고 한다. 물론 그날은 많은 돈을 땄다고 한다.

그 후, 그 남자와 강원랜드 카지노에서 만날 약속을 하고 몇 차례 게임도 같이 했고.. 돈을 크게 따기도 했고, 잃기도 하였단다.
급기야는 30만원 맥시멈이 한계인 강원랜드를 벗어나 필리핀의 마닐라로 해외 원정도박도 갖다 왔다고 한다. 그때 가영이는 돈을 더 많이 잃었고, 그때 남자에게 돈을 2천만원을 빌려썼다고 한다.
남자는 게임해서 큰돈을 따지는 못했지만, 기본적으로 갖고 있는 돈이 상당했나보다. 가영이에게 선뜻 2천만원이란 큰 돈을 빌려줬단다. 나중 알게 되었지만, 남자는 사채업자였다. 카지노 고객들을 상대로 돈을 빌려주고 고리를 받는.

가영이는 돈을 갚지 못했다. 이미 카지노에서, 온라인 도박에서 많은 돈을 잃었던 후라, 2천만원이라는 돈이 쉽게 융통될 리가 없었다. 남자는 돈은 안갚아도 되니, 자기랑 사귀자고 했단다.
가영이는 될대로 되란 식으로 그러겠다고 했다. 남자가 자기를 많이 좋아하고 아끼는 것을 느꼈기 때문에 가뜩이나 힘들어진 생활에 다소 마음의 위안이 되기도 했단다.

둘의 동거가 시작되고, 돈을 잘 갖다 주던 남자는, 언제부터인가 가영이에게 자꾸 돈을 마련해 오라고 요구하기 시작한다. 살던 집을 처분해, 빚도 갚고 지금의 아파트로 이사를 했는데, 이 아파트도 가영이가 남은 돈으로 얻은 월세 70만원짜리 아파트라고 한다.

남자는 더 이상 예전처럼 가영이에게 잘해주지도, 아껴주지도 않으면서 돈을 계속 요구하고 있단다. 하는 일이 잘 안 돼 돈의 융통이 안된다느니, 사업자금이 부족하다느니..
둘은 싸움하는 날이 많아졌고, 그 와중에 주먹질도 하기 시작했다고 한다. 가영이는 너무 살기 싫다고, 죽고 싶다고 말했다. 자기가 너무 최악의 선택을 한 것 같다고.
돈 때문에 어렵고 힘든 것은 참아지고 견뎌지지만, 사람 때문에 괴롭고 힘든 건 정말 못 참겠다고.. 하루 하루가 지옥이란다.

그 몇 개월 사이에 이런 일이 있었다니.. 나는 할 말을 잃었다. 가슴이 먹먹한 게 숨도 막혀왔다. 뭐라고 해 줄 말도 생각나지 않았다.
가영이는 밤새 몇 번이나 울면서 그동안에 있었던 이야기를 해줬다. 그나마 누구에게라도 하소연을 털어 놓으면 좀 살 것 같아서 나를 불렀다고 한다.

누구에게나 찾아오는 아침의 시간이지만, 가영이는 매일 꿈꾼다. 내일은 제발 아침이 오지 말았으면. 자다가 그대로 죽어버렸으면..

밤을 꼬박 샜는데도, 잠이 오지 않았다. 가영이가 늦은 아침, 겨우 침대에서 잠든 모습을 봤다. 얼굴을 쳐다보고 있으니 안쓰러웠다.
가영이를 객장에서 처음 봤을 때, 블랙잭이 나와 호들갑스럽게 환호하고, 몇 만원의 승리에 기뻐하며 천진난만한 어린애 마냥 폴짝폴짝 뛰면서 좋아했던 그 예전의 모습이 떠올랐다. 그때로 다시 돌아갈 수 있다면 얼마나 좋을까..?

누구나 많은 돈을 잃고, 또 대부분의 사람들이 도박 때문에 세상 밑바닥까지 닿게 되지만, 가영이의 선택은 어리석었고 되돌리기가 힘들다. 그 남자가 쉽게 놓아주지 않을 뿐 아니라 집착과 폭력이 점점 심해지고 있는 것도 큰 걱정이다.
가영이가 죽지 않고 살아있어서, 내게 연락해 준 것이 다행스러운 일이었다. 하지만 별다른 뾰족 한 수가 없다. 가영이가 이 고통의 집에서 벗어날 길은 하나밖에 없다. 어떤 위험을 감수하고서라도, 자기 발로 용감하게 스스로 걸어 나가는 것 밖에는..

집을 나서면서 주차장까지 배웅하는 가영이에게 10만원을 손에 쥐어 주었다. 좋아하는 삼계탕이라도 사서 먹으라고.
싫다고 뿌리치는 가영이의 호주머니에 억지로 밀어 넣었다. 맘 같아선 100만원이라도 주고 싶었지만, 나의 형편도 여유롭지 못했다.

그것을 마지막으로 여태까지 가영이를 만나지 못했다. 벌써 10년도 더 지났다. 카지노에서 한 번도 만나지 못했다.

분당에 다녀온 이후 몇차례 카톡을 주고 받았지만 무슨 일이 생겼는지, 또 전화번호가 바뀌었다.

집에 한번 다시 가봐야 하나..? 많이 걱정스러웠지만 그만두었다. 내가 해줄 수 있는 게 아무것도 없었기 때문에.

앞전과 뒷전의 품위

 카지노 게임은 핸디들끼리 승부를 겨루는 홀덤의 경우만 빼고는, 사실상 모든 게임이 하우스인 카지노측과 고객인 핸디의 맞대결이다. 때문에 카지노 고객들은 서로의 적이 아니라, 서로 상관없는 개개인의 플레이지만 강원랜드가 갖고 있는 특별한 환경적인 요소 즉, 테이블 수에 비해 너무 많은 인원들이 게임에 참여하다보니 앞전과 뒷전이 생기게 되었고 이들은 같은 패로 함께 이기고 함께 진다. 즉, 동지이자 전우인 것이다.

 좋은 앞전을 만나거나 기분 좋은 뒷전을 만날 경우, 서로에게 시너지도 있으며 돈을 딸 확률도 높아진다. 그래서 적어보았다. 뒷전과 앞전이 서로 가져야 할 매너와 요령에 대해서.

 뒷전의 품위 !

1. 여러 테이블을 종횡무진 돌아다니면서 배팅하기보다, 한 두개의 테이블에 집중하자. 되도록이면 오른쪽, 왼쪽으로 양 옆의 테이블을 주시 하는게 좋다. 뒷전을 할 때도 얼마간 테이블의 분위기와 핸디들의 성향 파악이 필요하다. (분위기 좋은 테이

블과 핸디들끼리 사이가 좋은 테이블을 골라라)

2. 좋은 슈에 핸디들이 모두 이기고 있으면 금상첨화겠지만 좋은 슈에도 안 좋은 자리가 있고, 안 좋은 테이블에도 돈을 따는 한 두개의 좋은 자리가 있다. (테이블 여기저기 옮기는 것보다, 맘에 드는, 오늘 운이 좋은 핸디 한명을 콕 찍어서 따라간다)

3. 성격 좋은 핸디를 찾아라. 슈는 좋은데 앞전 양아치들이 많다. 그러면 아무리 돈을 따도 뒷전으로 따라가고 싶지 않는 게 인지상정.

4. 이겨서 칩을 받을 때는 앞전에게 고맙다고 자주 말해라. 칩 날라 주는 것이 별거 아니지만 그래도 번거로운 일인 것은 맞다. 고맙다고 말하는 게 돈이 드는 일은 아니다.

5. 본인이 음료수를 마시고 올 때면, 앞전에게도 공짜 음료수 한 잔 뽑아서 갖다 줘라. 카지노에서 무료로 먹을 수 있는 거지만 갖다 주는 성의가 너무 고마울 것이다.

6. 슈가 항상, 계속 좋을 수는 없다. 적당히 먹고 빠지거나 슈가 안좋아지면 흡연실이든 음료수를 마시든 쉬었다가 다시 와라. 다시 그 테이블로 가기를 권한다. 테이블 분위기, 핸디들의 성

향 파악이 된 곳에서 다시 뒷전을 하는 게 조금 유리하다.

7. 뒷전에서 이기든 지든.. 갈 때도 앞전에게 인사하고 가면 좋다. 자기의 볼 일을 다 봤다고 인사도 없이 가지 말고 인사 한마디 하고 가면 앞전도 기분 좋다. (한 시간 이상, 쭈욱 한명의 핸디에게 뒷전으로 따라갔을 경우)

8. 혹 돈을 기대이상으로 땄다면 오천원, 만원 짜리 칩 하나 정도 주고가면 좋다. 커피값, 담배값 정도의 가벼운 인사.. 카지노에서 게임하는 사람들은 한번 보고 안 볼 사람들이 아니다. 의외로 자주 본다. 칩 하나로 좋은 인상을 남길 수 있다.

9. 게임에는 일체 간섭하지 마라. 받아라, 받지 마라, 찢어라, 더 불을 쳐라 등등.. 앞전에게 모두 맡겨라. 앞전의 행동이 맘에 안 들면 따라가지 않으면 될 것이다. 뒤에서 궁시렁 대면서 앞전과 싸우는 일은 절대 하지 마라.

10. 응원은 열심히, 슬픔은 가득~ 함께 해라. 동병상련의 찐한 동지애를 느끼게 하라. 칭찬은 하되 탓은 절대 하지 마라.

11. 뒷전이 두 명, 세 명일 때도 있다. 마치 월드컵 축구대회처럼 우리는 이미 한 팀이다. 죽을 것 같은데 이기거나, 불량인데

운 좋게 딜러 버스트로 먹었다고 좋아서 포옹하는 사람도 더러 있다. 그들은 종종 다른 테이블의 뒷전을 할 때도 테이블 분위기가 좋다며 컴온 ~ 하고 부른다. 자고로 카지노 객장 안에서는, 사람들끼리 사이좋게 지내야 떡도 생긴다!

앞전의 품위 !

1. 뒷전의 칩이라고 함부로 대하지 마라. 고스란히 손으로 건네주라. 돈이 드는 일도 아니다. 어떤 앞전은 진짜 불친절하게 가져가든 말든.. 짜증스럽게 뒷전에게 칩을 가려가라는 식의 제스처를 하기도 한다. 그들도 똑같이 입장권 9천원 내고 들어온 사람이다. 뒷전이라고 반값으로 들어온 거 아니다. 내 패가 이기길 바라는 우리 팀이다. 뒷전에게 친절해라.

2. 뒷전에게 팁 달라고 강요하지마라. 블랙잭이 나왔거나 더블에서 성공 했다고 뒷전에게 팁을 강요하는 앞전도 있다. 팁은 주고 싶어서 줘야, 받는 사람도 기분 좋고 주는 사람도 흐뭇하다. 뒷전에게 팁을 요구하지 마라.

3. 매번 그럴 수는 없지만 가끔은 뒷전에게도 의향을 물어봐라. 내가 앞전이니까 내 맘대로가 아니라.. 어떻게 할까요? 물어봐 주면 대부분 뒷전들은 핸디가 알아서 하세요~ 라고 한다. 결과

에 상관없이 한번쯤 (특히 큰 배팅이거나 더블, 스플릿 찬스때) 미리 의향을 물어봐주면 뒷전은 존중받는 느낌을 갖는다. 져도 덜 기분이 나쁘다.

4. 불슈가 계속 이어진다면, 뒷전 때문에 잘됐다고 칭찬해줘라. 역시 말 한마디에 돈이 드는 일이 아니다. 칭찬은 고래도 춤추게 한다고, 뒷전의 사기를 올려줘라!

5. 가끔 아주 때때로 어떤 특정한 뒷전이 따라오면 매판 죽을 때가 있다. 재수 없다고 뒷전을 내치거나 짜증내지 마라. 그럴 땐, 조용히 담배피고 와서 시간의 여유를 가져라. 그건 절대 뒷전의 탓이 아니다. 운이 안 맞아 그러는 것 일뿐.

6. 지나치게 간섭하면서도 꼭 내 뒤를 따라오는 뒷전이 있다. 짜증내거나 화내지 말고 뒷전한테 몇 판을 앞전에 앉아서 해보라고 양보해봐라. 계속 죽으면 알아서 도망간다. 그 덕에 나도 몇 판은 쉴 수 있으니 좋다.

3부 ;

도박하지 않는
남자와
결혼을 한다.

그 남자와의 첫 만남

지금으로부터 17년 전, 2006년의 10월 어느 날이다.
아는 언니로부터 동갑내기 노총각 하나가 있는데 한번 만나보란다. 서로 처녀총각이고, 나이도 같다고.
귀찮지만 이미 약속을 잡아 놓았다고 해서 별 기대감 없이 츄리닝 바지에 후드티 차림으로 나간다. 막 잠에서 깬 부시시한 얼굴로.

1. 전 경상도에서 태어나 쭉 경상도에서 살았습니다.
- 전 고향이 전라도이고, 지금도 명절 때는 항상 전라도에 갑니다.

2. 전 장남이고 3대째 장손입니다. 밑으로 동생이 셋이 더 있습니다.
- 난 9남매 중에 막내에요. 위로 언니오빠만 8명이에요.

3. 전 A 형입니다.
- 전 O 형이에요.

4. 전 술을 좋아합니다.
- 전 소주 한잔만 마셔도 토해요. 술 싫어합니다.

5. 전 사람 많은 곳 싫어하고 낚시를 좋아합니다.
- 전 조용한 곳 싫어하고 콘서트나 스포츠경기 보러가는 거 좋아해요.

6. 전 집에 있을 땐 TV 보는 거 좋아합니다. 예능을 좋아합니다.
- 전 뉴스를 좋아합니다. 그것이 알고 싶다, PD 수첩은 빼놓지 않고 봅니다.

7. 전 뉴스나 정치에는 정말 관심 없습니다.
- 전 정치에 관심 많습니다. 제가 좋아하는 정당에 월 회비도 꼬박꼬박 납부하고 있습니다.

8. 전 트롯트를 좋아합니다. 나훈아, 진성~
- 전 락발라드를 좋아합니다. 김현식, 김광석, 봄여름가을겨울~(난 그때는 진성이 누군지 이름을 첨 들어봤고, 남자는 봄여름가을겨울이란 가수가 있냐고 물었다)

9. 전 내 뜻보다 부모님 뜻에 맞춰서 살려고 노력하는 편입니다. 부모님이 기쁜 게 나도 기쁩니다.
- 전 항상 내 뜻이 더 중요하다고 봅니다. 내가 행복한 것이 부모님께도 좋은 것이라 생각합니다.

10. 전 아직 결혼 생각이 없습니다. 혼자 사는 게 좋습니다.
- 저도 결혼 생각 없습니다. 결혼은 안하려고 합니다.

처음으로 남자와 여자는 뜻이 맞았다.

11. 전 담배를 핍니다. 하루에 두 갑 정도..
- 저도 담배를 핍니다. 하루에 한 갑 정도..
또 한번 남자와 여자는 뜻이 맞았다. 둘이 담배를 함께 피운다.

열 한가지 중에 겨우 두 가지 정도, 맞는 것보다 맞지 않는 게 더 많았던 그 남자와 여자는 첫 만남 이후 6개월도 채 되지 않아 결혼을 하였다.

결혼 생각이 없다던, 결혼은 하지 않을 거라던 그 남자와 여자. 담배 같이 피던 동갑내기 노총각 노처녀는 그 이후 부부가 되어 한집에서 아이 낳고 살게 된다.

※※※※※

취향이나 문화적 코드, 사회성마저도 같은 게 하나도 없는 그 남자는 참으로 시시하고 재미가 없었다. 시큰둥한 첫 만남, 두 번 볼 일은 없을 것 같다는 예감을 뒤로 하고 헤어졌다.

그로부터 일주일 뒤, 남자가 얼굴 한번 보자고 전화가 왔다. 그 남자는 사북 인근 지역에 팬션을 지으러 왔고 이제 넉 달간의 공사가 끝나서 다시 경상도로 돌아간다고 한다. 가기 전에 얼굴이나 한번 보자고.

사북파출소 옆, 투다리에서 만났다. 맥주 한잔을 하며 이런저런 이야기를 나눴다. 이야기의 대부분은 카지노였다. 남자도 동료들을 따라 카지노에 두어번 들어 가 봤는데 정말 무서운 곳이라며 하지 말란다.
카지노에 놀러간 동료들마다 결국엔 돈을 다 잃고 제다 자기한테 돈을 빌려 달라고 한다면서 빌려준 돈은 또 갚아주지도 않는다고 했다. 카지노가 돈만 잃는 게 아니라 양심과 인간성마저도 변하게 하는 무서운 곳이라고 되도록 다니지 말라고 한다.

아, 술을 먹지 말아야 했는데 맥주 한잔만 마셔도 금새 취하는 나인데 그날은 내 신세가 한탄스러웠는지 아님 동갑내기 남자가 편했는지 맥주 두병은 마신 것 같고 둘의 대화는 카지노 이야기에서 39세 즉, 30대의 마지막 나이에 이른 각자의 연애사와 결혼이야기로 흘러갔다.

그때 내가 미쳤지. 정말 미친 게 아니고서야 왜 내 입에서 그런 말이 튀어 나왔을까? 그것도 이제 겨우 두번째 본 남자한테~??
지금 생각하면 참으로 어이없는 일이었다. 오랜 카지노 생활에 외로워서였을까 아님 치기어린 호기심이었을까 ?

"내가 연애를 딱 세 번 해봤거든. 근데 걔네들과 키스는 다 해봤는데 잠을 잔 적이 없어. 내가 결혼은 안 해도 나이 40이 넘기 전에 남자경험은 한번 해봐야 되지 않을까 생각해."

남자는 진짜? 아주 놀란 토끼마냥 호기심 가득 한 표정을 지었다. 자기는 그래도 옛날 여자 친구랑 한번 자본적이 있단다.

"그래, 다행이네. 경험은 있어서~ 그럼 오늘 나랑 한번 자볼래?"

지금 생각하면 도저히 내 입에서 나올 얘기가 아닌데 분명 내입에서 나온 말이었다. 이런 미친 년.. 그렇다고 또 거절도 안했던 그 나쁜 놈!

어색한 대화 후, 우리는 근처의 모텔로 갔다. 지금도 영업하고 있는 사북의 엘까사 모텔의 2층 방이었다.

누가!!!
첫 경험은 황홀하다 했는가?

누가!!!

그 경험을 홍콩 갈 만큼 짜릿하여 무아지경이라고 했는지?

아, 진짜. 아팠다.
진짜 아파서 좋다는 생각이 1도 들지 않았다.

"스톱, 스톱~ 하지 마~~~ 그만해 !!!"

이것이 내 생애 남자와의 첫 경험이었다. 바로 그 남자와 말이다.

임신, 그리고 결혼

아침에 화장실에서 소변을 보았다. 찌리릿.. 아랫쪽에서 통증이 느껴졌다. 소변에 피가 섞여 나온다. 아.. 나의 처녀막이 찢어진건가. 갑자기 후회가 급 밀려왔다.

어쩌자구 잘 알지도 못하는 남자와 내 생애 첫 경험을 이리 보내다니. 낭만도, 황홀감도, 열정적인 사랑도 없었던 지난 밤이 몹시 무안스럽게 느껴졌다.

남자는 여행을 같이 하자고 제안한다. 사북에서 넉 달이나 있으면서 한 번도 주변으로 놀러 가본 적이 없다고 한다.

나 역시, 카지노 안에서만 주구장창 꼴아 박고 살았지 카지노에 다닌 지 벌써 4, 5년이 넘도록 가까운 태백조차 놀러 가본 적이 없었다. 좋다고 했다.

그 남자와 여행을 떠났다. 태백으로, 삼척으로, 동해로.. 드라이브를 하면서 발길이 머무는 곳에 차를 세워 걷기도 하고 풍경을 보기도 하면서 커피도 마시고 배고프면 맛난 음식도 사먹었다.

날이 져서 밤이 되면 동해의 어느 곳에서 하룻밤도 같이 보내고 특별한 것도 없지만, 시간가는 대로, 발길 닿는대로, 계획 없이, 맘 가는대로, 그렇게 이틀을 함께 보냈다.

나는 남자가 괜찮은 사람이라 느껴졌다. 사람이 하루, 이틀을 꼬박 같이 지내다보면 일상에서 그 사람의 본성을 자연스럽게 꾸밈없이 느낄 수가 있다.
남자는 우선 말이 별루 없다. 좋게 보면 쓸데없는 말이 없는 조용한 성격이고 나쁘게 보면 위트나 유머라고는 눈꼽만큼도 없는 재미없는 남자다. 말이 없는 남자가 맘에 든다.

남자는 또, 착한 성격인 것 같다. 운전을 할 때나, 번잡한 거리를 지날 때나, 어느 불친절한 서비스의 상황을 만나 화를 내야할 때도.. 나쁜 말이나 행동을 하지 않는다. 좋게 보면 온순한 성격이요, 나쁘게 보면 남자다운 성질이 없는 것이다. 그런 남자의 성격이 괜찮았다.

남자는 고작 하룻밤을 같이 지낸 여자를 자기가 보호하고 돌봐야 할 사람처럼 아끼고 배려한다. 마치 하룻밤이 서로 애인하자는 언약으로 여기는 것은 아닌지, 나는 절대 그런 것이 아님을 수시로 각인시켜 주지만 남자는 알아요, 알아요.. 하면서도 기분 좋게 콧노래를 부르며 내손을 잡는다. 촌스러운 놈.. 그런 남자의 행동이 싫지는 않았다.

동해 쪽에서 같이 이틀을 보내고 있던 오후.. 그 남자의 어머니에게서 전화가 왔다. 아버님이 돌아가셨다고.

폐암 진단을 받고 병원에 계신다는 아버지였는데 방금 전에 돌아가셨다는 전화. 남자는 임종을 못본 채, 아버지의 사망소식을 듣는다.

차를 몰아 사북에 나를 내려주고 쏜살같이 경상도로 내려가는 남자. 장남이 아버님의 임종도 못본 게 왠지 내 잘못인 것 같아 미안했다. 내가 남자를 위로해야 하는데 남자는 오히려, 사북에 혼자 있을 나를 더 걱정하며 다독거린다.

다시, 황량한 사막에 혼자 서 있는 기분..

당시에 나는 사북에서 이른바 생활 카지노를 해볼 생각으로 있었던 상태다. 돈이 몇 십만원 모아지면 카지노에 가서 게임을 하고 돈이 떨어지면 또 인력사무소를 통해 며칠이라도 일당벌이를 해서 돈을 벌었다.

김밥 집에서 두 달간 일한적도 있고, 싸구려 화장품을 파는 알바도 한 달이나 했으며, 심지어 도로공사 현장에서 교통 깃발을 흔드는 일당바리도 몇 차례 해봤다.

그러나, 나는 어김없이 오링이었다. 매번 지는 것도 아니고 매번 돈을 잃는 것도 아니었지만 나는, 이기는 날보다 지는 날이 더 많았고 따는 금액보다 잃는 금액이 더 많았다.

그럼에도 난 사북을 떠날 수가 없었다. 아니.. 떠나지 못한 게 아니라 갈 곳이 없었다. 어디에도 갈수가 없었다.
　이미 회사 쪽이나, 지인들에게 그리고 가족들조차도 모두 내가 카지노 도박으로 큰돈을 잃고 빌려간 돈도 갚지 못하고 있는 '구제불능 도박중독자'가 되어 있었기 때문이다.

　난, 다시 남자와의 시간을 잊고 치열하게 생활 도박를 하며 살았다. 시간은 그럭저럭 한 달이 지나고 두 달이 지났다. 남자와 몇차례 문자를 주고 받긴 했지만 특별한 것이 아니었다. 그저 서로의 안부만 물었을 정도.

　그러던 어느 날, 한 달에 한 번씩 해야 하는 월경이 벌써 두 달째 없다는 걸 감지했다. 설마..??
　카지노 스트레스 때문에 한 달 건너 뛴 적은 있었지만 두 달씩이나 안 한 적은 없었으며 그 남자와의 하룻밤도 있었던 터라 아무렇지 않게 지나 칠 일이 아니었다. 불안했다. 예감이 좋지 않다.

　약국에 가서 임신 테스트기라는 걸 샀다. 소변을 통해 두 줄이 나타나면 임신이요, 한 줄만 나타나면 비임신이다.
　소변을 묻혀 5분을 기다린다. 5분이 50분마냥 초조하고 불안하다. 한 줄이 나타나고.. 뒤이어 바로, 두 줄의 표시가 붉은 색으로 나타났다. 임신이다.

얼굴이 굳어 아무 말도 나오지 않았다. 임신이라니.. 그 짧은 하룻 밤이 임신이라니.. 이 나이에? 내 나이 서른 아홉 살에 ??

누구는, 몇 달 몇 년을 노력해도 아이를 갖지 못하는 사람도 있는 데 하루에 담배 한 두갑은 기본.. 커피는 또 얼마나 자주 마시고 있 었는가? 카지노를 다니며 밤샘은 또 얼마나 밥 먹듯이 해댔는데.. 임신이라니.. 임신이라니..??!!!

겁이 났다. 무엇을 어떻게 해야 할 지 모르겠다. 우선, 임신이라는 결과를 쉽게 믿지를 못하겠다.

약국에 가서 임신테스트기를 다시 샀다. 아까 샀던 거랑, 다른 회 사의 제품이 있는지 물었다. 아까 것보다 몇 천원 더 비싼 게 한 가 지 더 있었다.

집에 와서 다시 했다. 결과는 똑같이, 임신으로 나타났다.
아.. 어쩌란 말이지..
내 생애, 가장 난감하고 어려운 상황에 직면하고 말았다.

임신이란 걸 안 이상, 사북에 계속 있을 수가 없었다. 우선 산부인 과에 가서 정확한 초음파 사진이라도 찍어봐야 100% 믿을 수가 있 을 것 같다.

서울로 왔다. 언니 집으로 갈까 하다가, 이 상황에 대해 설명할 자신도 없고, 도박하고 다니다가 갑자기 임신한 몸으로 찾아왔다고 화냥년 취급을 받을 것 같았다.

친구를 찾았다. 수년 동안 카지노를 다니면서 오링되어 돈 한 푼이 없었을 때에도 찾지 않았던 친구이다. 여러 사람들에게 돈을 빌려 달라는 전화를 많이도 했지만 가장 밑바닥에서도 내가 끝내 연락하지 않았던 사람이 둘 있다.

한명은 결혼생활중인 전업주부였고 또 한명은 결혼 후, 이년 만에 이혼하여 혼자살고 있는 캐리우먼 돌싱 친구.
그들에게는 최소한의 내 자존심을 지키고 싶었고 또한 그들보다 나았다고 믿었던 나였기에, 지금의 열등한 처지를 절대로 보여주고 싶지 않았다.
주변 소문을 듣고 이런 걱정, 저런 걱정으로 연락은 많이 해왔지만 나중에 이야기할 날이 있을거야.. 라며 회피해왔던 친구. 그런데, 임신이라는 이 난감하고 두려운 상황에서는 그 친구들이 떠올랐다.

돌싱인 친구에게 먼저 연락을 했으나 약속장소에 나온 건 친구 둘이서 함께 왔다. 카지노 이야기도 나눴고 정작 중요했던 임신 이야기를 했다.
내 나름대로는 많은 고민 끝에 털어놓은 사연인데, 친구들은 나의 임신 소식을 듣고는 박장대소 깔깔거리며 신나게 웃는다.

"잘됐네, 잘됐어! 그렇게라도 아니면 네가 남자랑 자볼 일이 있었 겠냐?"

"야, 야~ 결혼은 노, 아이는 예스라더니 니 소원대로 됐네! 결혼하지 말고, 얘만 낳고 살아!"

절망적이고 심각한 상황에서 이것들이, 친구라는 것들이 정말!
친구들과 약속을 정해 산부인과에 같이 가기로 했다. 혼자서 도저히 산부인과에 갈 용기는 없었다. 카페에서 헤어지기 전, 친구가 봉투를 건네준다.

"우리 둘에서 너 연락받고 미리 돈 좀 넣었어. 사실 니 어렵다는 얘기 듣고 언제고 우리들한테 연락 한번은 오겠지.. 생각했는데.. 잘 됐다, 검사비도 필요하고 산부인과는 몇 번은 계속 다녀야 돼. 이건 안 갚아도 된다~ 임신 축하금이다!"

"너 이거 진짜 도박하는데 쓰지 마라, 그럼 우리가 너무 슬퍼진다."

울면 안 되는데.. 더구나 지금 바로 눈물을 보이면 너무 쪽팔리는데.. 꾹꾹 참으려고 애써봤지만 나도 모르게 꺼이꺼이 소리 내어 울고 말았다.

"나는 네가 왜 우리 둘한테는 연락을 안 할까, 그게 너무 궁금했고 속상했거든.. 생각해보니 네가 우리랑 관계가 나빠질까봐 걱정됐던 거지.. 네가 진짜 우리 둘을 오래오래 곁에 두고 싶었으니까."

"도박하는데 돈 빌려 달라고 하면 뭐.. 거절은 못하고 한번은 빌려줬겠지만 빌려주는 나도, 빌려가는 너도.. 서로 맘이 좋을 수는 없지. 이럴 때 도울 수 있어서 너무 기분 좋다야~"

나는 그렇게 친구들의 도움을 받아 산부인과에 가게 됐다.

산부인과에서 초음파를 찍어 본 결과, 임신이 맞았고 아이는 벌써 8주가 되었다. 나는 친구들과 의논 끝에 아이를 지우기로 했다. 그 남자랑 결혼 할 것도 아니고 더구나 지금의 내 현재 상태로서는 아이를 낳아 혼자 키운다는 것도 말이 되지 않았다.

그 남자에게 이 사실을 알려야 할지, 말아야 할지 오랜 시간 고민이 되었다. 어차피 낳지 않을 바엔 굳이 알릴 필요도 없을 텐데..
만지막 만지작 머뭇댔던 그 남자의 문자 연락처에, 하지 말았어야 할.. 문자를 보내고 말았다.
임신이라고.. 아이는 낳지 않고 지울 거라고.. 그래도 왠지 알고는 있을 권리가 있는 듯해서.. 라는 내용이었다.
요새처럼 카톡 문자였다면, 바로 후회하여 금방 보내기 취소를 했을 텐데 그땐.. 한번 보낸 문자는 되돌릴 수가 없었다.

5분도 안돼서 그 남자에게 전화가 왔다. 안 받았다. 뭐라 딱히 할 말이 없었다. 연이어 전화가 다 섯번 더 왔다. 안 받았다. 문자가 날라 왔다.

"전화 좀 받아봐요, 얘기 좀 해요."

문자에 답장을 안 한다. 전화도 안 받았다. 그러더니, 이런 문자가 또 날라 온다.

"아기를 지운다는 건 말도 안 된다, 그건 살인이다."

살인.. 이란 단어가 좀 끔찍한 표현이었지만 무시했다. 나는 낙태 찬성론자이기 때문에 잉태된 태아의 생명보다, 여성의 자아가 더 소중하다는 입장이다. 엄마로서 살아갈 짐을 감당할 자신도 없었고, 미혼모로 아기를 낳아서 키울 자신은 더더욱 없었다. 그런데, 연이어 계속 날라 오는 문자들.

"내 아이, 지우지 마~~ 결혼은 안 해도 되니까, 내 새끼 죽이지 마~ 낳아주면 나 혼자라도 키울께요~ 제발, 제발, 제발 ~"

심각한 상황인데 난 왜, 그 남자의 문자에 웃음이 나왔던지..

남자는 나와 통화를 한 후, 경상도에서 서울까지 바람처럼 달려왔다.

자기가 생각보다 괜찮은 사람이라고, 시골에 집도 있고 땅도 있고 재산도 좀 있다고, 한 달에 4, 5백은 충분히 벌수 있어서 먹고 사는 데 지장 없다고..

결혼해서 아기 낳자는 남자의 말에 마음이 다소 흔들렸다.

(이때까지만 해도 경상도 남자들이 보편적으로 뻥~ 이 심하다는 걸 몰랐을 때다)

※※※※※

아이는 낳기로 결정했다. 그 남자와 결혼을 해야 되는지 아닌지.. 아직 판단할 수는 없었으나 내 뱃속의 아이가 어떻게 생겼는지, 어떤 모습으로 세상에 태어날 것인지는 무척 궁금했다.

그리고.. 만나고 싶었다. 내 생애 어쩌면 유일한 아기가 될지 모를 그 생명체가..

그 남자의 집에 인사를 갔다. 서울에서도 멀고도 먼 남도를 지나, 시를 지나, 면을 지나, 리까지.. 무려 5시간이나 되는 거리였다.

나도 시골태생이고 본가에서는 아직도 큰오빠가 농사를 짓고 있기 때문에 시골정서나 문화가 익숙한 편이지만, 그 남자의 집은 정말 멀고도 멀었고, 두 번 찾아가라면 못 찾아갈 만큼 산골짜기 고개를 넘고 또 넘어야 하는 완전 시골 구석이었다.

대대손손 내려온 뼈대 있는 양반가문이라더니 어머니는 처음 인사 온 아가씨에게 딸기를 담아서 파는 빨간 다라이에 놓인 사과 두 개 중 한 개를 쓱쓱 깍더니만 접시에 담아주기는커녕, 과도로 한조각 베어내고는 포크도 아니고, 이쑤시개도 아닌.. 그냥 과도로 한 조각 푹 찔러서 먹어보라고 건넨다.

너무 놀라서.. 두 손으로 엉겹결에 받긴 받았지만 손님에게 이런 식으로 과일을 내놓는 어른은 첨 봤다. 아무리 시골 어른이라도.

어머니는 열 마디 중 다섯 개는 아들자랑이고 나머지 다섯 개는 본인 자랑을 늘어놓으신다.

큰아들이 국민학교때 몸이 아무리 아파도 학교는 한 번도 빠진 적이 없이 열심히 다녀서, 6년 내내 개근상을 탔다고~ (우등상 탔다는 자랑은 들어봤어도 개근상을 자랑하다니..)

밑으로 동생들 셋이 있는데 다들 우애가 너무 좋다고~ (며느리 될 사람으로 인사 온 아가씨에게 그럼 형제들끼리 사이 안 좋다고 말하는 사람도 있을까만..)

머리 좋고 공부 잘해서 대학 보내도 될 건데 집이 너무 가난해서 대학도 못 보내고.. 아마 대학 댕겼으면 지금 못해도 판검사는 됐을 거라꼬.. (그렇게 공부를 잘 했으면 장학금이라도 받고 들어갈 것이지..)

내가(어머니가) 머리도 좋고 성격도 참 좋은데 너무너무 가난한

집에 시집와서 허구헌 날 농사만 짓고 허드렛 일만 하며 살다가 이리 사는데 노래 하나는 때깔나게 잘해서 아직도 장날 시장에 나가면 사람들이 내 노래듣고 싶어서 환장한다고.. 지금 시대에 다시 태어났으면 이미자 뺨치는 가수는 됐을 거라면서.. 한자락 해보시라고 권하지도 않았건만 한번 들어볼래? 하면서 내 답도 듣기 전에 노래를 하신다.

"얼~~ 씨구 씨구 들어간다~ 작년에 왔던 각설이가~ ~"

오~~ NO ~~~ !!!
이미자의 동백아가씨 같은 멋드러진 트로트 한 자락을 기대했던 나는, 느닷없는 각설이 타령에 당장이라도 방을 뛰쳐나오고 싶었다.

아무 소리도 귀에 들어오지 않았지만 한 두시간 마구 쏟아내는 자랑, 무용담 등등을 듣고서 겨우 집을 나오게 됐다.
아직도 잊혀지지 않았던 건 큰아들과 아가씨를 배웅하는 어머니는 우리에게 잘 가라 손짓으로 인사를 마치고서, 두 손가락으로 코를 휑하니 풀어 제끼면서 바지에 쓱~ 코를 문질러 닦아내시더니 급기야, 마당 한 켠에 쭈그리고 앉아 바지를 주섬주섬 내리면서 소변을 누고 계셨다는 거..

다음날, 나는 그 남자와 나의 본가에 갔다.

큰 오빠도, 언니들도 나의 결혼을 찬성도, 반대도 하지 않았다. 그저 네가 알아서 선택해라~ 였다.

한때는 집안의 자랑이었고 좋은데 시집 보낼 수 있었던 막내 동생이 어쩌다 도박에.. 빚에.. 신용불량자에.. 흠이 많아 내놓기에도 부끄러워 어찌하지도 못하고 있었지만 막상 늦은 나이에 뱃속에 아이는 있다하고, 결혼을 하겠다 하니 반대는 할 수 없지만, 지지리 없는 집안에, 남자 직업도 변변찮은 건축업이라니.. 썩 내켜 하지도 않으셨다.

"제가 한 달에 500만원은 법니다. 시골에 논이랑 밭도 몇 천평 있는데 나중 아기 낳고 나서는 딸기 하우스 같은거 해서 농사도 해볼 생각입니다. 결혼해서는 어머니 모시고 같이 살 텐데 저희 어머니가 건강이 안 좋으셔서 1, 2년밖에 못 삽니다. 나중에 어머니 돌아가시고 나면 시골집 팔아서 도시로 나가서 살 겁니다."

오빠 언니들의 표정이 탐탁해하지 않는 걸 감지했는지, 남자는 내게 한 번도 말하지 않았던 백지수표를 눈치껏 마구 날린다. 어머니가 1, 2년밖에 못 산다는 얘기도 그날 첨 듣는 말이다. (참고로, 어머니는 아직도 살아계신다)

큰오빠는, 오빠, 언니들이 각자 자식새끼들 공부시키고 결혼까지 시키느라 모두 생활이 빠듯하다. 결혼 한다 해도 크게 도움은 못준다. 어른들 도움없이 둘이서 잘 살아갈 자신 있으면 결혼해라.. 이렇게 마무리 하셨다.

그렇게 서로의 집에 인사를 다녀왔고 나중 한달 후 쯤에, 어른들께서 한자리에 모여 상견례를 하였고 결혼 날자를 잡았다.

보름이 지난 뒤, 오빠 언니들이 나 혼자만 따로 불렀다. 오빠들이 각각 천만원씩.. 언니들이 500만원씩 여기에다 큰오빠가 조금 더 보태서 모두 5천만원을 준비했으니 큰돈은 아니지만 시댁예단은 빠지지 않게 꼭 필요한 것은 준비하라고 주셨다.

오링되어 돈 한푼 없이 쫄쫄 굶고 있을 때 돈 좀 빌려달라고 전화할 때는 가차없이 돈 한푼 없다며 내치더니~ 돈 빌려달라고 말할꺼면 여기 과수원에 와서 사과를 따던가 감자를 캐던가 하라며.. 도와주기는커녕 심기와 비위까지 건들어서 평생 안본다고 씩씩대며 서운함을 드러낸 적도 있었다.

결혼자금을 따로 준비했다는 가족들의 말에, 가족이 이래서 좋구나.. 눈시울이 뜨거워졌다.

결혼자금을 들고 카지노로

집에서 결혼자금으로 쓰라고 보내 준 5천만원. 진짜 얼마만에 들어온 목돈인지.. 이럴 줄 알았으면 진작 결혼을 할 걸 그랬다.

결혼자금으로 3천만 원을 쓰고, 나머지 2천만 원은 내 비상금으로 꼬불치기로 맘 먹었다. 그 남자에게도 3천만 원만 받았다고 거짓말을 했다.

그 남자는 아버님이 돌아가시고 혼자가 되신 어머니와 같이 살아주는 것만으로도 고마워서 아무런 혼수나 예단을 요구하지 않았다. 시동생이 될 그 남자의 가족들도 어머님 모시고 살아주는 것만으로도 감사하다며 있는 집, 있는 살림으로 그냥 사시라며 혼수에 돈 쓰지 말라고 했다.

3천만 원을 갖고 신랑신부 예물과 예복에 천만 원을 쓰고, 또 시댁 어른들의 예단에 천만 원, 그리고 신혼 방에 들어 갈 몇 가지 해서 천만 원. 이렇게만 준비해도 되었으며 혼수나 예단 때문에 스트레스나 갈등은 없어서 좋았다.

그러나 뭐니 뭐니해도 좋았던 것은 내 수중에 들어온 비상금 2천만 원이다.

오래 전에 돈을 빌렸는데 몇 년 간 갚지 못했던 친구가 한 명 있었는데, 그때 천만 원을 갚았다. 빌려 간 돈은 언제 줄 수 있느냐고 특별한 재촉 한번 없었던 친구였다. 늘 마음에 걸려서 편하지가 않았는데 이참에 갚아야겠다고 결심하고 돈을 보냈다.

그리고! 남은 천만 원을 들고 카지노에 갔다. 지금은 결혼 준비 기간이기 때문에 누구의 눈치나 허락 없이도 자유자재로 놀 수 있었고 더구나, 천만 원이란 큰돈이 내 손에 있지 않은가??!!

천만 원으로 2천만 원을 만들어야 겠다고 생각했다. 왠지 가능할 것 같았다.

그렇게 무수히 짓밟히고 깨졌음에도 내 안에 도박의 불씨는 여전히 살아 있었다. 더구나 수중에 큰돈까지 생겼으니, 자신감과 부푼 기대로 맘이 설레기 시작한다. 두둑한 시드머니로 쫄지 않고 맘껏 게임해볼 수 있겠다는 맘으로 신났다.

30다이 블랙잭을 했다. 첫날, 300만원을 잃었다. 난 30다이에 앉아도 한번도 30만원을 배팅해 본 적이 없다. 고작 10만원, 20만원씩 배팅했는데도 열 시간 이상 녹아죽기 시작하니 100은 금방 잃었고, 조심조심 살살 해보자고 해도 200이 나가고 300까지 잃었다.

블랙잭을 포기하고 슬롯머신으로 갔다. 역시 큰 거 한방은, 슬롯 잭팟에 있으니까.

슬롯에서 또 100만원을 더 잃었다. 천만원 중 첫날에만 400만원을 잃었다. 시드가 아직 600만원이나 남아있었지만 갑자기 두렵기 시작했다. 하지만 절망하기엔 이르다. 내일 잘해서 본전을 찾으면 되니까.

둘째날, 또 잃었다 200만원.. 벌써 이틀만에 600만원을 잃었다.
셋째날, 또 잃었다. 300만원.. 900만원을 잃고 있다. 가져온 돈이 바닥으로 치닫고 있다. 점점 자신감은 없어지고 초조해지기 시작한다.
넷째날, 남은 돈은 100만원 뿐이다. 이 100만원으로 어떡하든 불씨를 살려야 한다. 본전까지는 택도 없을 것이고 반 본전, 아니 반의 반 본전이라도 복구해야 한다.

게임 시작한 지 한 시간도 안 되었을 때.. 나는 포기해야 했다. 돈이 80만 원쯤 남아 있었지만, 잃은 돈이 커지면서 몸도 마음도 탈진되어서 인지, 머리가 어지럽고 금방이라도 쓰러질 것만 같았다.
그리고 보니 3일간 제대로 잠도 못자고, 밥도 못 먹었다. 뱃속의 아기가 있다는 걸 잊고 있었다. 2개월을 지나 3개월 차에 접어든 아기인데..

내 몸이 휘청거려 화장실조차 가기 힘들었다. 몸을 제대로 추스릴 수가 없었다.

50만원 넘게 쌓인 콤프 카드로 호텔 객실부터 잡았다. 방에 들어가자 마자 그대로 뻗은 채 하루 종일 잠만 잤다.

길고 긴 숙면 후에, 일어나보니 그제서야 난, 내가 얼마나 큰 금액을 잃었는지 실감했다. 3일동안 920만원이라니!

아.. 내가 그동안 돈을 잃은 건 시드가 적어서가 아니라 게임을 못하기 때문이란 걸 깨달았다. 게임의 승패는, 밑천이 좌우하는 게 아니라는 걸 확인했다. 나의 게임에는 분명 큰 문제가 있는 것 같다.

아기 낳기 전 까지는 절대 오지 말자고 다짐했다. 돈도 돈이고, 내 몸도 몸이지만.. 혹시나, 뱃속의 아기가 죽게 될까봐 겁이 나기 시작했다.

아니면, 지체장애나 신체장애아로 태어나는 건 아닌지 불안해졌다. 그런 상상까지 하다 보니, 이건 엄마가 될 사람으로 할 짓이 도저히 아니었다.

전쟁 같은 결혼생활

　내겐 딸이 둘 있다. 나는 딸들에게 종종 입버릇처럼 말한다. 나중 어른이 되어 결혼할 때, 반드시 몇 개월 이라도 살아보고 결혼하라고~ 오래도 필요 없다. 딱 한 달만 살아보면 왠만한 모든 것의 실체가 다 파악되니 살아보고 괜찮다 싶으면 그때 결혼하라고..

　남편과 나는, 정말이지 맞는 게 하나도 없었다. 결혼하여 한 집, 한 방, 한 이불에 살아보니 그 차이를 여실하게 느낄 수 있었다.
　난 잠잘 때는 반드시 TV를 끄고 잔다. 시끄러우면 잠을 못 잔다. 남편은 잠이 드는 순간까지 리모콘을 손에 쥐고 잔다. 남편의 코고는 소리에 잠이 들었구나 싶어 TV를 끄면, 어느새 잠이 깨서는 왜 보고 있는 TV를 끄냐고 뭐라고 한다. 난 분명 코고는 소리를 듣고 껐는데..

　아.. 코골이.. 처음 남편이 한두번 코를 골 때는 너무 피곤해서 그런가보다 했다. 그런데 결혼 후 같이 살아보니 어제도 오늘도 매일 매일 코를 심하게 곤다. 그것도 나지막한 조용한 코골이가 아니라 크~ 커~ 컥컥 ~

저러다가 숨 막혀 죽는 게 아닌가 싶을 정도로 불규칙하고 심하다. 한동안 코고는 소리가 안 나면, 죽은 게 아닌가 싶어 불안할 정도다. 숨을 쉬나 안 쉬나.. 슬그머니 콧구멍에 손가락을 대본 게 수백번도 넘는다.

그런데, 이게 또 집안의 유전이다. 시어머니는 남편보다 훨씬 더 화력이 쎄다. 거실을 지나 건너편 방에 계시는데도 우리 방까지 코고는 소리가 다 들릴 정도다. 심지어 코고는 소리에, 대포 소리같은 방귀까지 뀌신다.
 아.. 어쩌면 이리도 모자지간이 동물의 왕국 같은지.

사운드가 조용할 날이 없는 이 집에서.. 신혼 초부터 임산부였던 나는, 남편과 방을 따로 썼다. 시끄러워서 한방에서 같이 잘 수가 없었다.
 그 세월이 벌써 17년이 되었고 남편은 예나 지금이나 여전히 건강하게(?) 코를 심하게 곤다. 그래서 우리는 신혼 때부터 지금까지 방은 따로 쓰고 있다.

결혼 생활 중 가장 예기치 못한 상황은 남편이 겁이 무척 많다는 것이다. 시골집이고 옆에는 무성한 대나무 숲이.. 앞뒤로는 논밭이 있는 시골 주택이기에 참으로 구경도 못해 본 희한한 곤충벌레가 부지기수다. 가장 끔찍했던 것은, 그 흉칙하기 그지없게 생긴 벌레, 바로 "지네" 였다.

어느 날, 방 천장에 길고 크디큰 검은색 물체가 스멀스멀 기어 다닌다. 저게 뭐지? 하고 물끄러미 쳐다보는데 그 벌레가 사진으로만 봤던 지네였다.

손바닥만한 길이에 수십 개의 발인지.. 수염인지.. 아무튼, 그 지네라는 것을 실물로 처음 본 나로서는 경악을 금치 못했다.

"캬아악~ !!"

소리를 질러 남편을 불렀다.

"이것 봐 지네야, 지네~ 얼른 좀 잡아~"

남편이 벌떡 일어서더니 지네를 본다.

"헉, 진짜 지네네 ! 빨리 잡아~"

"엥? 뭐라구?? 나보고 잡으라구 ??"

난, 잘못 들은 얘기인 줄 알았다. 설마.. 나보고 잡으라 하다니..

"빨리 잡아, 얼릉~"

"내가 어떻게 잡아??!! 남자가 잡아야지!"

"난 무서워서 못 잡아. 어,어 도망간다. 빨리 잡아 !!!"

"저렇게 큰데 내가 어떻게 잡아? 너무 징그러워!"

"엄마, 엄마, 엄마~~ !!!"

내가 소리친 말이 아니다. 남편이 호들갑스럽게 시어머니를 부르는 소리다.

"뭐, 왜 그랴, 왜, 뭔 일이여?"

자다 깬 시어머니가 깜짝 놀라, 우리 방으로 뛰쳐 들어오신다.

"엄마, 저기 저~ 천장에 지네.. 지네 좀 봐~ 빨리 좀 잡아 ~"

"아이쿠, 이런 큰 놈이 어디서 들어왔대?"

시어머니가 빗자루로 천장에 붙어있던 지네를 쓱 내리쳐서 방바닥에 떨어뜨린다. 폴딱폴딱 춤추는 지네를 팍팍팍~ 세게 연신 내려쳐서는 금새 기절시켜 버린다. 빠르고 절도 있고 예리했으며 매우 숙련된 솜씨였다.

지네는 닭 모이로 주면 좋다고 마당의 닭장 쪽으로 지네 시체를 휙 던져버린다. 그러고서는 또, 코를 두 손가락으로 쾡하니 풀고 아무 일도 없었다는 듯 바지춤에 코를 쓱쓱 문질러 닦으신다. 아, 제발 휴지로 코를 닦았으면 좋겠다.

"지네한테 물렸으면 큰일 날 뻔 했네~ 나는 지네 잘 타는데.."

다행이다 싶은 안도의 큰 숨을 쉬며 다시 이불속으로 쏙 들어가는 남편.

이런 개 구라쟁이~ 산속에서 곰을 만나도 주먹 한방, 발차기 한방으로 무너뜨릴 수 있다더니.. 그 손바닥만한 지네 한 마리도 못 잡고 엄마~ 엄마~~ 소리치는 꼴이라니..

군대에서 개구리도 잡아먹고 뱀도 잡아먹고 낙하산타고 하늘을 날라 다녔다는 그 얘기들.. 남자들의 군대이야기는 직접 본거 아니면, 진짜로 믿지 말아야 한다.

생판 남이었던 남녀가 만나서 부부라는 이름으로 사는 것도 어려운 일이고 더구나 남편과 나는 서로 열렬히 사랑하고 그리워했던 뜨거운 사이도 아니었기에 만약, 임신이 아니었다면 결코 결혼 같은 게 이뤄질 수 없는 사이였지만 결혼생활의 가장 큰 장애와 시련은 남편이 아닌, 바로 시어머니였다.

큰딸을 낳고 또 연이어 둘째를 바로 임신하게 된 나는, 아기 목욕은 남편에게 모두 맡겼으며 종종 설거지며 집안 청소 일을 해달라고 했다.
그럴 때마다 시어머니는 내게, 간이 배 밖으로 튀어 나왔다는 둥, 장손에게 부엌일까지 시키는 걸 보면 남자를 우습게 안다는 둥, 시시콜콜 간섭과 잔소리로 내 비위를 상하게 했는데.. 한번은 이런 일도 있었다.

마을이장께서 시어머니에게 공공근로를 신청하라고 내게 말을 전한다. 시골어른들의 공공근로야 기껏해야 풀 뜯고 꽃 심고.. 하는 소일거리 수준인데 월요일부터 금요일까지 아침 9시부터 오후 5시까지 일하면서도 한 달에 80만원이 지급된다.
이게 하던 사람이 여러 번 하면 안 되고 것이고, 안했던 사람들에게 골고루 기회가 가야 한다며 시어머니께 신청하라고 하신다.

우리 집 농사일이라고 해봤자 논 열 마지기 정도. 그것도 남편이 직장생활을 하는 탓에 농사를 다 볼 수가 없어 모내기도, 타작도, 건조도 농협에 다 맡겨 놓은 터라 어머니는 매일 놀다시피..

난 육아와 또 둘째아이 임신까지 한 상태라 남편 한사람이 벌어, 다섯 명이 먹고 살아야 할 형편이라서 시어머니에게 좋은 기회라며 공공근로를 해보시라고 권했다.

"나보고 일하라꼬??"

"어머니 그거 좋은 거에요. 나이 65세 이상만 하는 거라 일도 쉽고 수월해요."

"알았데이~"

"한 달에 80만원씩, 6개월 동안 할 수 있다고 하니, 그 돈만 해도 5백만원이네요."

"그거 나보고 벌어오란 말이제?"

시어머니 반응이, 냉큼 좋다 할 줄 알았는데 자못 반응이 시큰둥하다.

"남들은 한두 번 다해서 이제 못하는데 우리 동네에서 어머니만 안 해서 어머니보고 해보시래요. 서로 하겠다고 난리라는데.."

"그람, 한번 해보지 뭐~"

그렇게 수월하게 이야기가 끝났다. 30분후에 남편에게 전화가 왔다.

"니 엄마한테 돈 벌어오라고 했나?"

무신.. 이런..

"엄마가 놀고 먹는다고 땡볕에 나가서 꽃 심고 풀 뜯고 해 질 때까지 일하라고 했나?"

어.. 이건 아닌데 싶다. 그래서 남편에게 오전에 마을이장에게 들은 노인 공공근로에 대해서 자세히 설명해줬다.

"니가 엄마보고 나가서 돈벌어 오라꼬 했다고 엄청스리 서운해서 막 전화오고 난리났다."

남편의 전화를 끊고 나니, 이번엔 시동생에게 전화가 온다.

"형수, 엄마보고 나가서 돈 벌어 오라고 했능교? 엄마가 옛날에 농사일을 많이 해서 관절이 안좋심데이~ 생활비 부족하면 내가 좀 보탤테니까 엄마한테 일하라고 하지 마이소 ~"

또.. 그 다음엔 시누이에게 전화가 온다.

"언니.. 언니가 그런 뜻으로 하는 말이 아닌 것 알겠는데 엄마 엄청 속상해서 난리도 아니에요. 엄마가 무슨 공공근로에 대해서 알겠어요. 며느리가 돈벌어 오라는 말에 그저 서운해서.. "

몸 건강하고 시간 남아 돌면 공공근로든 뭐든 일을 할 수 있으면 하는 거고, 특이나 마을이장께서 권해서 해보라는 공공근로를 가지고 마치 내가 시어머니를 험한 일터로 쫓아 낸듯한 이 반응이라니..
시어머니가 불편한 몸도 아니고, 딱히 바쁠 일이 있는 분도 아닌데다 장이면 장마다 놀러 다니시고 주말마다 허구헌 날 관광버스 타고 놀러 가시면서 인삼사오고 약사오고 옥목걸이 사오시는 분이라 더 어이가 없었다.

더구나, 내게는 뭐라 말이 없으시더니, 나중에 알게 된 것이지만 큰아들부터 막내아들.. 그리고 시누이까지 제다 차례차례 전화를 걸어서는 며느리 눈칫밥에 못 살겠다느니.. 야가 돈벌어오라고 한다느니.. 없는 말에, 더하고 곱해서~ 갑자기 내가 시어머니를 돈벌어 오라고 내쫓는 못된 며느리가 되어 버렸다.

우리 시어머니의 성향이.. 며느리가 도망간 집에 가서 며느리 자랑하기, 아기 못 낳는 집에 가서 손주 자랑하기, 아들이 암에 걸려 몸이 편치 않는 집에 가서 자기아들 자랑하기.. 온 동네 방네 다니며 험담.. 을 밥 먹듯이 하는 분이다.

가끔씩 시어머니와 한판 싸우러 집에 찾아오는 동네어르신이 있질 않나.. 마을회관에서 큰 싸움이 나서 나가보면, 우리 시어머니가 맨날 주인공~ 휴우.. 가끔씩 민망스러워서 함께 살기가 싫어질 정도였다.

어느 날은 또 이런 일도 있었다. 하루는 시어머니가 내게 묻는다.

"야야.. 단술 담궜는데 한잔 마셔볼래?"

"단술이요? 어머니 저, 술 못하는데.."

"그니까 단술~ 한잔 먹어볼래?"

"아니요.. 전 술 한잔만 마셔도 심장이 벌렁거려서.. 안 마실래요."

"그니까 술은 못해도 단술은 괜찮응께, 맛 좀 볼래?"

"아니요, 술이란 종류는 다 못해요. 안 마실래요."

"그람 단술도 못 먹나?"

"네.. 죄송해요."

"니도 참 별나다. 세상에 단술도 못 먹는 사람이 있나?"

술 못 먹는 사람도 있지.. 왜 자꾸 못 먹는다는 술을 권하는 건지.. 시집 식구들 주량이 모두 남 못지 않는 사람들이라 나도 여기서 같이 살려면 술을 좀 배워야 되나.. 고민이 된다.

저녁때 남편이 퇴근하고 들어오니, 시어머니가 그 단술이란 걸 한 그릇 떠서 아들에게 내밀면서 내 흉을 본다.

"야는 뭔 얘가 입이 그렇게 까탈스러워서 세상에 단술도 못 먹는다냐?"

"아닌데, 이사람 단술 좋아하는데.."

그러면서 내게 묻는다.

"당신, 단술 못 먹나? 좋아한다면서?"

"내가 무슨 단술을 좋아해? 난 그런 말 한적 없는데.. 혹시 나 말고 딴 여자 생각한 거 아냐??"

"아니, 무신 쓸데없는.. 당신이 식혜 엄청 좋아한다고 했잖아??"

"그래, 식혜 좋아하지.."

"그래, 단술이 식혜잖아~ "

"식혜가 왜 단술이야?"

"하하하.. 이쪽에서는 식혜를 단술이라고 해. 식혜라는 말은 거진 안 쓴다. 다 단술이라고 하지. 감주라고도 하고."

"아.. 그래.. 그럼, 식혜라고 말해줬으면 금방 알았지. 어머니, 저 식혜 엄청 좋아해요~ 저도 한잔 마실께요~ "

우리 둘의 대화를 들으면서 시어머니가 하는 말,

"야는 대학까지 나왔다면서 뭔 얘가 단술이란 말도 모르냐? 학교 다니면서 그런 것도 안 배웠냐? 돈 주고 학교 보내봤자 다 쓸데없는 기라~ 우리 아들들 봐라, 대학 안보내도 다 효자에 심성 곱지.. 대학 보낸 자식새끼들, 한개도 안 부럽데이~"

식혜를 사투리로 단술이라고 말한단다 이렇게만 정리하고 끝나면 될 이야기가 애꿎게 대학 이야기로 번진다.

 아들 셋이 있는데, 누구하나 대학을 보낸 적 없는 우리 시어머니.. 우리보다 3년 먼저 결혼한 둘째 아들의 며느리가 대학 나오고.. 그리고 큰아들의 며느리인 내가 대학을 나오고.. 동네에서 지 자식새끼는 대학 못 보내도 뭔 복인지 며느리 둘은 다 대학 나온 며느리를 보고 거기다 큰며느리는 또 뭔 복이라고 요새 세상에 시골 촌구석까지 내려 와서 시어머니 모시고 같이 사는지~ 아들이 못나도 며느리는 참 잘 얻는다.. 이런 이야기들을 밖에서 심심찮게 듣고 사는 분이라 늘 '대학 나온 며느리'라는 말에 심사가 안 좋으셨다.

 그래서 며느리들이 뭔 잘못을 할 때면 어김없이 대학 나와 봤자 다 씨잘데기 없다~ 로 마무리를 하신다.

 얼마 후에는, 그 별난 시어머니와 본격적으로 한판 뜨게 된 사건이 발생한다.

 10년도 넘은 일이다. 증조부님 제사를 앞두고 삼형제가 집에 다 모인다. 시어머니, 마당 한 켠에 있는 닭장에서 키우는 닭 몇 마리를 잡으신다. 아들들이 집에 오면 먹인다고 며칠 전부터 닭 잡는다고 분주하셨다.

 드디어, 제사 하루 전.. 시어머니가 뒷마당에 있는 가마솥에 몇 시간째 정성들여 옻닭을 끓이신다. 그리고 거실 큰 밥상에 옻닭을 내

오시면서 며느리 둘에게 반찬을 내어오라고 하신다. 점심시간이라.. 아들 삼형제와 며느리 둘 그리고 시어머니까지 6명이 앉는다. 그런데, 엥? 옻닭이 네 그릇 뿐이다. 시어머니와 아들 세 명꺼만..

"어머니.. 왜 네 그릇이에요? 사람은 여섯인데.."

"느그들도 옻닭 먹나? 니 옻닭 먹을 줄 아나?"

기분이 확 나빠진다. 먹는 거 앞에 두고 성질내면 안 되는데 이건 뭐 사람 취급 못 받는 똥개가 된 기분..

"어머니, 저한테나 동서한테 옻닭 먹을거냐고 물어본 적 있어요? 제가 안 먹겠다고 그래서 안주신거면 괜찮은데 물어보지도 않고.. 아무리 아들만 자식이래지만 며느리는 사람도 아니에요?"

"아이고~ 느그들 옻닭 먹을 줄 아는 거 몰랐다. 느그들 얼릉 두마리 잡아서 지금 끊여 먹어라~"

변명치고는 참 궁색하다. 시어머니 안중엔 옻닭 먹을 자격이 있는 사람으론 자기 아들들 뿐이었겠지.. 며느리의 입은, 사람 입이 아닌 건지..

"어머니.. 저요, 저 옻닭 못 먹어요. 옻닭에 알레르기 있어서.. 어머니가 물어봤어도 안 먹겠다고 했을 거에요. 그런데 동서는 뭐에요? 동서가 옻닭 좋아 하는 거 어머니가 아시잖아요? 옛날에 어머니랑 같이 밖에서 옻닭도 사먹고 그랬다면서요? 어머니가 내내 뒷마당에서 옻닭 끓이실 때 맛있겠다고 입맛 다시면서 기다리고 있었어요. 그런데 이게 뭡니까? 왜 며느리는 사람취급을 안 해줘요?"

그제서야 뻘쭘했는지.. 시어머니의 말꼬리가 살짝 내려간다.

"긍께, 내가 그릇이 부족해서 네 개만 끓였응께 부뚜막에 아직 불 살아있응께 얼릉 가서 닭 두마리 지금 삶으라고~ 얼릉 가봐라~ "

남자들도 이 상황이 좀 미안했는지.. 같이 앉아서 그냥 갈라먹자고 한다. 동서는, 내가 이렇게까지 대놓고 시어머니에게 격하게 표현할 줄은 몰랐는지.. 안절부절 못한 채 난처한 표정이다.
이 상황에 갈라먹다니.. 갈라먹기는커녕 한입이라도 음식이 들어갈 수 있겠는가? 내친김에, 쐐기를 박듯 남자들에게 성질을 냈다.

"당신이랑 삼촌들.. 어머니가 이러시면 남편들이 알아서, 며느리 것도 챙기라고 거들어야지 얌체같이 당신들 입만 입이고 우리 둘은 뭐 주둥이야? 우리가 뭐 이집 하녀노릇이나 하려고 시집왔어요? 누구 집 식모살이나 하려고 결혼 했냐구요? 말로는 한 식구다, 한 가족이다 하면서 왜 며느리들은 사람대접을 안 해주는데?"

내 말이 좀 지나치다 싶었는지 아니면 더 하면, 싸움이 날 것 같아 그랬는지 아직 미혼인 막내삼춘이 한마디 한다.

"형수, 고만하이소~ 엄마가 옛날 어른이라 고지식해서 그럽니다. 엄마, 앞으로 절대 이러지 마라. 요새 며느리들은 엄마 때처럼 안 참고 산다. 아닌 것은 아니라고 딱 부러지게 따진데이~ 집 나가고, 이혼 한 다음에 후회하지 말고 며느리 단디 챙겨야 된데이~"

딱 여기까지 끝났으면 또 좋았을 것을.. 시어머니, 불난 집에 기름을 붓는다.

"아니 지 묵고 싶으면 지가 챙겨서 묵으면 되지 시에미가 며느리 닭까지 삶아줘야 하나? 하여튼 간에, 대학 나온 것들은 콧대가 높아서 싸가지가 없데이~ 돈 처발라서 대학 보내면 뭐한다꼬? 가정교육이 잘 되야지.!

그러니까 부모님 일찍 돌아가셔서 가정교육이 안 된 집안이라 이런기라~ 시에미한테 또박또박 말대꾸나 하고.. 쯧쯧.. 니는 꼭 부모님 두 분 다 계신 집안의 여자랑 결혼하래이~ 가정교육이 안 된 집안은 완전 파이랑께~ "

가정교육이 안 된 집안이란 말에 갑자기 열이 팍 받는다. 특히나 우리 엄마를 욕하는 건 참을 수가 없었다. 나도 질세라 굽히지 않고 하고 싶은 말을 쏟아냈다. 남편의 얼굴에 대고 막 퍼붓기 시작했다. 물론 시어머니가 들으라고..

"당신 말이야.. 우리 친정식구들 다 봤지. 우리 친정 식구들 예의범절, 인성, 품성.. 당신 어머니와 당신네 일가친척들과 비교해봐. 어느 집이 더 가정교육이 잘돼있는지, 지금 비교해서 어머니께 말해 봐.
 우리 엄마, 돌아가신지 수십 년이 지나도 여태까지 우리 엄마 칭찬에 우리 오빠 언니들 그리고 나까지도.. 누구 집 아들이요, 누구 집 딸이요 하면 아직까지도 읍내 나가면 대접받고 살아. 당신도 직접 보고 들었잖아?"

그리고는 이번엔, 시어머니를 정면으로 쏘아보며 따졌다.

"어머니, 아세요? 어머니처럼 온 동네 사람들과 쌈박질에.. 험담에.. 어머니가 얼마나 손가락질 받고 욕먹고 사는지 알긴 아세요? 진짜.. 제가 이 동네에서 어머니 때문에 부끄럽고 창피해서 얼굴도 못 들고 다닙니다. 그래서 몇번씩이나 분가해서 나가서 살자고 이 사람에게 보채고 있어요. 어머니랑 같이 살기 싫어서.. 아시긴 아시냐구요??"

나도, 이성을 잃어서 막말을 내뱉고 말았다. 남편이 버럭 소리를 쳤다.

"고만해라~!!"

성질을 팍 내고는 밥상에 수저를 팽개쳐놓고 나가버린다.

"야야~ 옻닭은 묵으라~ 이거는 먹고 나가래이~"

시어머니, 아들들 옻닭 못먹을까봐 고만 씨부렁대고 밥상 앞에서 큰소리 내지 말라신다. 남편은 동네로 마실을 가버렸고 시어머니와 두 시동생은 옻닭을 다 먹었다.
나는 나만의 비밀공간에 가서(뒷마당 아무도 안 보이는 창고 뒤) 씩씩대며 담배를 피우면서 분을 삭혔다.

"앞으로 당신네 조상 제사는 당신이 준비하고 다 차려. 뼈대있는 가문이라, 가정교육이 안 된 내가 어디 감히 당신네 조상을 모신다고? 난 못하겠어. 아니, 안 해!"

제사를 끝내고, 새벽녘에 방에서 TV를 보고 있는 남편에게, 일부러 비꼬듯 심통 맞은 말을 했다.

"담에 내가 옻닭 한 마리 맛있게 끓여줄게. 화 내지 마라~"

"아휴 증말.. 내가 진짜 옻닭을 못 먹어서 그러냐? 나 진짜 옻닭 못 먹어! 당신도 알잖아? 어머니도 그렇게 모진 시집살이 겪으시면서 시할머니에게 사람대접도 못 받았다면서.. 그러면 그 서러움과 핍박을 누구보다도 잘 아는 어른이 며느리한테는 그러지 말아야지!"

"야, 야~ 이건 시집살이도 아니야. 엄마가 그냥 미처 못 챙긴거지~ 우리 엄마, 정이 많은 사람이야. 아직 니가 몰라서 그런데이~"

남편은 모른다. 시어머니가 아들에게 하는 것과 며느리에게 하는 것이 얼마나 다른지. 나한테 좋은 사람이라고 남한테도 꼭 좋은 사람은 아니다.

그 옻닭 사건이 있고 나서, 나는 시어머니와 한집에 살면서도 몇 날 며칠을 서로 시큰둥하게 보고도 못 본 척, 알아도 모른 척 냉랭하게 보냈다.
한집에 같이 살면서 그 껄끄러운 관계는 실로 불편하고 거북하기 짝이 없는 노릇이었다. 더구나 매일 매 끼니를 챙겨드려야 하는 며느리 입장인 나로서는 더더욱.
그래서 나는, 며칠이라도 그 집을 벗어나고 싶었다. 홧김인지.. 우울감 때문인지.. 2, 3년간 가지 않았던 카지노를 다시 찾게 된다.

다시 찾은 카지노

결혼 후 2, 3년간의 공백기를 거쳐 다시 찾아 간 카지노는 변함이 없었다. 여전히 그때의 사람들이 그대로 다니고 있었으며 다이사이 테이블에는 많은 사람들이 역시 대소, 홀짝 그리고 숫자들에 칩을 까느라 정신이 없었다.

블랙잭 테이블도 변함없이 핸디들끼리 힛과 스테이하는 문제로 티격태격이었고 강랜 룰이니 베이직이니 논쟁은 여전했다.

오랜만에 느껴보는 카지노 객장안의 현란한 기계음과 사람들의 그러취~ 하는 함성은 타향살이 끝에 오랜만에 고향에 돌아 온 사람들이 느끼듯 설레임과 긴장을 준다. 카지노 바닥의 카페트에서 풍겨져 나오는 특유의 냄새마저 묘하게 사람을 흥분시켜 준다.

아이들 육아에, 시어머니와의 갈등에 지쳐서 몇날며칠을 우울하게 보내고 있는 내게, 남편은 카지노에 가서 바람쐬고 오라며 돈을 준다. 천만 원짜리 마이너스 통장이었다.

저축해놓은 돈도 없고, 어디 꼬불쳐 놓은 비상금도 없었기에 당장 카지노를 가려고 하니 목돈이 필요했고, 내가 돈도 없어서 카지노에 놀러 갈수도 없다며 한숨를 짓고, 며칠 시름의 표정을 짓자 남편은 어느 날 불쑥, 마이너스 통장을 만들어 온 것이다.

큰 경조사가 있어 친정 나들이를 며칠 간다는 핑계로 남편과 입을 맞췄고 아이 둘은 아직 3, 4 살의 어린 나이라 데리고 다니기엔 어려움이 있어 시어머니가 봐주기로 했다.
여자가 어딜 자식 놔두고 집을 비우냐는 둥, 친정일은 안가도 그만인데 뭔 대수라고 며칠씩이나 외박이냐는 둥, 야단인지 잔소리인지 모를 말씀으로 궁시렁 궁시렁..

하지만 이번엔 꾹 참는다. 며칠씩이나 아이들을 맡겨야 하는 "을"의 입장이기에 잘 보여야 하기 때문이다.
이제까지 시어머니께 아부같은 걸 안 해봤지만 이번엔 바짝 엎드려 최대한 상냥하게 부탁했다. 30만원을 넣은 봉투를 드리면서,

"어머니 이거 장에 가서 맛있는 것도 사시고, 저 없는 동안 아들이랑 둘이 소고기라도 사 드세요. 그리고 얘기들 필요한 것도 좀 사주시고 부탁드려요~ 저 못해도 3, 4일은 걸릴거에요. 애들 아프면 꼭 바로바로 전화하시고요~"

시어머니, 봉투에 돈을 확인하고서는 이제껏 본 적 없는 커다란 함박웃음을 지으신다.

"야야, 뭔 돈을 이렇게나 많이~ 알았다 알았어. 맘 푹 놓고 볼일이나 잘 보고 오니라~ 얘들은 니보다 내가 더 잘 본다. 걱정말래이~"

오고 가는 현금 속에 고부갈등도 눈 녹듯 사라진다.

그때 당시 출입구 쪽 오른편의 큰 박스에는 캐러비안 포카 테이블이 4대가 있었다. 30다이 2대, 10다이 2대.. 빠른 번호를 받아 캐러비안 포커 테이블에 앉게 되었다.
블랙잭이든 바카라든 카지노에서의 카드는 쳐다만 볼 수 있을 뿐 직접 만져볼 수 없는, 저 멀리 있는 연인같은 사이였는데, 5장의 카드를 내 손으로 직접 만지고 패를 쪼는 그 맛이 포커의 진미다.

돈을 따는지, 잃고 있는지.. 카드 쪼는 재미에 빠져 시간가는 줄 모르고 있을 때, 3포커를 잡게 된다.
얼마를 배팅했는지 정확히 기억나진 않지만 그때 딜러가 내게 준 칩은 150만원이 넘었다. 10시간을 잃고 있다가도 단 한방에 본전할 수 있는 짜릿한 희열~
그것이 내가 일년 넘게 캐러비안 포커에 빠지게 된 계기가 되었다.
3포카를 잡고 150만원이 넘는 돈을 받았지만 그날의 성적은 조금 잃는 것으로 끝이 났다. 한판에 앤티 3만, 레이스 6만을 가는 배팅이다 보니 두 세시간 동안 100만원은 손쉽게 나가버렸다.

카지노에 있는 동안 캐러비안 포커 30다이, 10다이 게임을 주로 했고 밤 시간 너무 지쳐 하기가 싫다 생각되면 블랙잭 게임을 하면서 애들이 별 탈 없이 잘 있다는 것만 확인하고는 무려 5일간을 바깥세상과 격리된 채 주구장창 게임만 하면서 지냈다.

그 결과, 마이너스 천만 원 통장은 만원도 빼 쓸 수 없는.. 잔액이 하나도 남아있지 않았다. 결혼 전에 마지막으로 왔을 때도 천만 원을 까먹었는데, 몇 년 만에 다시 온 카지노 역시 일주일도 안 돼 또 천만 원을 훅 까먹고 말았다.

카지노는 돈을 따는 곳이 아니라 계속 돈을 퍼서 잃어주는 곳.. 밑 빠진 독에 물붓기다.

천만 원이란 돈을 다 잃었다는 말에 남편은 믿을 수 없다는 듯 설마, 그 돈을 카지노에서 다 썼냐는 둥, 일, 이백만원만 쓰고 남겨올 줄 알았다는 둥, 카지노 가서 다 쓰라고 준 게 아니라 비상금으로 필요할 때 꺼내 쓰라고 만들어 온 건데 너도 참, 대책없다.. 무슨 여자가 그리 통이 크냐면서.. 핀잔을 줬지만, 그렇다고 큰소리로 화를 내거나 성질을 내지는 않았다.

결혼이후, 몇 년 만에 다시 카지노를 찾아 간 나는 그렇게 패잔병이 되어 다시 쓸쓸하게 시골 촌구석에서 시어머니의 방귀타령이나 각설이 타령을 들으며 아이들을 키워야 했다.

결혼 전이나 결혼 후나, 나름 큰 목돈을 가지고 카지노에 도전해 봤지만 번번이 다 잃는 것으로 결판이 나자 나는, 카지노에 대한 흥미를 갖지 않기로 맘 먹는다.

일단 다행인 것은 카지노와는 거리가 너무 멀어 아이 키우는 엄마가 다니기에는 거리, 시간, 경비가 너무 부담스럽다. 또 천만 원씩 까먹고 다니기에는 경제력도 안되거니와 즐긴다고 하기엔 너무 큰 액수들이었다.

출입정지 라는 것도 생각해봤지만 안가면 되지 굳이 정지까지 시킬 필요도 없거니와 훗날 아이들을 다 키우고 노년에 시간 많고 여유 있을 때 소소한 재미를 위해 그때나 다시 가야지~ 라는 생각이었다,

2011년.. 12년 전의, 그 계기가 아니었다면 아마도 담을 쌓고 잊었을지도 모를 카지노!

독이 된 상금

    어느 날, 인터넷에서 강원랜드가 주최하는 도박중독 예방수기 공모전을 보게 됐다. 카지노와 관련된 글이다 보니 관심있게 찬찬히 읽어보았는데 도박중독에 관한 수기나 포스터, UCC 공모였다.
    대학 때, 공모전에 나가 입상을 해 본 경험이 있었기에 포스터나 UCC 는 내 분야가 아니지만 수기를 한번 써볼까, 충동이 느껴졌다. 특히나 상금이 욕심났다. 대상 200만원, 최우수상 100만원, 우수상 70만원 등~
    대상까지는 욕심낼 수 없지만, 우수상, 입상만 해도 상금50만, 70만원.. 아이들 과자 값은 벌겠구나 싶은 단순한 호기심이었다.

    공모마감 날자를 보니 일주일정도 밖에 안 남았지만, 한번 써보자, 싶었다. 어차피 아이들이 어린이집에 가 있는 시간엔 그리 바쁜일도 없어 그동안 카지노에서 겪었던 뼈저린 나의 경험을 이야기로 써보자는 생각이 들었다.

    이틀 만에 A4 용지로 15장의 글을 쭉 써내려갔다. 내 경험이고, 내 이야기라서 그다지 어렵지 않게 줄줄 써내려갔다. 이야기 구성을 다듬고, 문맥과 문장의 흐름을 수정하는데 오히려 3, 4일의 시간이 더 들었다. 마감일자보다 하루 더 일찍 수기를 완성해서 공모전에 접수했다.

두 달 뒤, 눈이 빠져라 기다렸던 시간이 왔다. 공모전의 당선자 발표일이다. 아침 10시가 되자 공모전 당선자들의 명단이 팝업창으로 떴다.

난 순간적으로 옆에 있던 A4 하얀 종이로 팝업창을 가렸다. 긴장되고 떨려서 화면을 단박에 볼 수가 없었다.

그리고, 종이로 가렸던 팝업창의 내용을 아래서부터 위로 카드 쪼듯이 쪼았다. 가려진 종이를 한칸 한칸 아래서 위로 올리면서 쪼기 시작했다. (아래부터 입상 - 우수상 - 최우수상 - 대상.. 이렇게 기재되어 있었다)

캐러비안 포커에서 카드를 쪼는 심정으로 한칸 한칸 쪼기 시작하는데.. 입상자에도 이름이 없고 우수상에도 이름이 없고 제일 됐으면 했던 최우수상에도 내 이름이 없다.

에휴, 그럼 그렇지~ 혹시나 했지만 역시나의 결과구나.. 하긴 너무 성급하게 쓴 글이라 당선되기도 힘들었을거야.. 실망스런 마음으로 컴퓨터에서 종이를 뗐는데, 아니 글쎄, 대상에 내 이름이 딱 있지 않은가?!!

"헐~~ 대박 !!!"

나도 모르게 소리를 질렀다. 캐러비안 포커에서 포커를 잡을 때보다 더 짜릿했다. 상금이야 200만원밖에 안되지만, 오랜 세월 잊고 있었던 내 능력과 수고에 대한 찐한 보상을 받은 기분이었다.
200만원이 아닌 2천만 원의 상금을 받은 것처럼 뛸 듯이 기뻤다. 그것도 강원랜드에서 주는 상금이지 않은가!

강원랜드에서 위탁한 공모전 대행업체에서 연락이 왔다. 시상 날자가 언제, 어디에서 있으니 꼭 참석해달라고 한다. 몇 년을 안 갔던 카지노지만 이상스레 꼭 굳이 가고 싶다는 생각은 들지 않았다. 시골 생활에 푹 젖어 산 탓인지..

시상식이 있단다. 다른 사람은 몰라도 나는 대상 수상자이기 때문에 인터뷰도 해야 하고 사진도 찍어야하고, 특히나 사장님이 직접 시상하는거라 꼭 참석해달라고 신신당부한다.
그래, 몇 년 만에, 여행차, 가족이랑 다 같이 가보자, 겨울이니까 아이들한테 썰매라도 태워주고 와야겠다~ 그래서 참석하게 된 시상식.

시상식 참석자 중엔 내가 나이가 제일 많았다. 수기부문 수상자들은 나 외엔 참석자가 없었고 포스터와 UCC 수상자들은 대부분 대학생들로 다들 젊었다.

사실 난, 그날 시상식에서 상금도 같이 주는 줄 알았다. 상금은 나중에 열흘 후에나 본인계좌로 입금된다고 해서 김이 좀 샜다. 이왕이면 시상식 때 트로피랑 같이 상금도 같이 주면 얼마나 뽐 나고 좋으냐?

그날은 남편과 어린 아이들도 같이 간 터라 카지노 객장 안에 들어가 보질 못했고 함께 뷔페도 먹고 태백에 들러 동굴도 가보고 나름 1박으로 재미있게 놀다왔다.

그리고 보름정도 지난 후~ 내 통장으로 상금 200만원이 들어왔다.

그 상금이 다시 계기가 되어 결혼 후 몇 년 간 잊어왔던 카지노에 다시 가게 될 줄이야~

나는, 그 후부터 쭉 지금까지도.. 다시 카지노에 다니고 있다. 내가 결혼 전에 잃었던 금액보다 더 많은 돈을 쏟아 부우면서.

더 커져버린 게임

공모전에서 수기 대상을 탄 이후 몇 년 동안 잊고 지냈던 카지노의 귀신이 다시, 매일매일 오감을 자극하여 나를 불러낸다. 그러나 빠듯한 월급쟁이 생활에 카지노 게임은 언감생심. 현재는 갈 형편이 아니었다.

그런데, 한 번 가고 싶다는 생각에 불이 지펴지니 자꾸만 가고 싶고, 잊고 있었던 게임에 대한 환희의 순간들이 스멀스멀 기어 올라온다. 오랜만에 가는 것이라 막상 가게 되면 딸 것 같았다. 그러니 더 가고 싶을 수 밖에!

"그렇게 꼭 한번 해보고 싶나? 그게 니 소원이갸? 그렇게 한번 해보면 니 속이 후련하겠나?"

남편은 자꾸 카지노에 가게 해달라는 나의 엄살에 하는 수 없다는 듯이 말했다. 내가 카지노에 가게 해 달라는 것은, 게임할 돈을 마련해달라는 뜻이었다. 적어도 5백만원 이상.

이미 대출이 있어서 근저당 설정이 되어 있는 논이었지만, 아직 대출의 잔여 한도가 있었기에 남편은 또 대출을 천만 원을 받는다.

"이번엔 다 쓰지 마라. 절반은 생활비로 좀 남겨두고 써라. 아니다, 아니다~ 그냥 천만 원 한방에 콕 찍고 와버려라. 머하러 찔끔찔끔 몇날며칠씩 그리 하노? 한방에 죽던가 살던가. 어차피 돈 놓고 돈 먹기인거."

나는 남편이 도박을 하지 않는 걸 너무 다행이라 생각했다. 남편은 필시, 카지노 게임을 좋아했다면 나보다 더 큰 일 날 사람이었다.

시어머니에게는 서울에서 사업하는 친구 일을 돕는 알바를 며칠해야 한다는 핑계로 둘러댔고, 전보다 더 많아진 봉투 금액에 무조건 좋아라 하시며 또 입이 함박만하게 찢어졌다. 그렇게 천만 원을 들고 일주일의 출정 길을 떠난다.

첫 날은, 캐러비안 포커의 30다이에 앉아 1억이 넘는 로얄 스티플의 잭팟에 도전해 봤다. 로얄 스티플 한방이면 집으로 금의환향할 수 있기 때문이다.
그러나, 이런 시나리오는 하루도 맞는 날이 없었다. 첫날에도, 둘째날에도, 셋째 날에도.

캐러비안 포카에서 3일 동안 오백만원의 돈을 잃자 본전을 찾고 역전을 하려면 스피드한 블랙잭 게임이 나을 것 같다.
30다이 블랙잭 테이블에서 하루 2백만 원씩만 따보자~ 라는 두 번째 시나리오도 내 뜻과는 달리, 오히려 남은 5백만 원을 다 잃는 결말을 맺는다.

천만 원을 잃는데 일주일도 걸리지 않았다. 아, 카지노는 정말 이길 수 없나보다.
오랜만에 넉넉한 시드를 마련해갖고 일주일, 열흘 전부터 여러 게임들에 대한 각종 시나리오를 준비했고 또 땄을 때와 잃었을 때의 여러 상황에 대한 대처방식까지 그리 철저히 준비했음에도.. 객장 안에서의 나는, 머리와 몸이 따로따로 움직였다.

많게는 5시간, 적게는 고작 2시간뿐인 쪽잠을 자고서 연일 6일간이나 계속된 카지노 게임에서 나는 천만 원의 돈을 다 잃었고 마지막 날, 내 지갑에 남은 돈은 고작 10만원뿐이었다.
 그것도 정신이 몽롱하고 현기증이 나서 금방이라도 쓰러져 구급차에 실려 갈 위기까지 왔고 그 와중에도 객장에서 쓰러지기는 싫어서 급하게 택시타고 사북으로 내려와 제일의원에 겨우 발을 디딛고 들어갔는데, 나는 그 병원에 들어가자마자 왈칵 토하기부터 했다.

과로와 피로로 인한 급성 위경련이라고 했다. 낯선 동네에서 하루 종일 주사를 맞으며 긴 잠을 자고나서야 비로소 내 몸 하나 지탱할 수 있게 됐다.
집으로 돌아오니 시어머니는 고된 일을 하느라 얼굴이 반쪽이 됐다며 안쓰럽게 생각하셨고, 그저 편하게 쉬라며 아이들을 봐 주셨다.

남편은 전부 잃은 돈보다, 돈 잃고 더 속상했을 내 맘을 헤아려서인지 돈 이야기는 일체 꺼내지 않는다.

"너 그러다 쓰러져 죽으면 우리 얘기들은 누가 키우노? 난 절대 혼자, 아 못 키운다. 니가 꼭 있어야 된데이~ "

미안하고.. 또 미안했다. 나를, 처 죽일 년이라고 계속 욕하며 자책했다.

소풍 같았던 휴가

　아이들의 초등학교 입학, 남편의 새로운 직장으로 입사 때문에 시골집에서 분가를 하여 시내로 이사를 했다.
　그 해 여름, 아이 둘과 남편과 같이 '가족여행'이란 이름으로 카지노로 휴가를 간다. 가족이 다 같이 강원랜드로 놀러간 것은 공모전 시상식 때 이후 두 번 째다.
　당시엔 성수기 때는 카지노 로비쪽에 '키즈 놀이터'를 운영하고 있었다. 키즈 놀이터에는 아이를 돌봐주는 도우미가 있어서 3,4시간 정도는 부모가 곁에 없어도 되었다. 남편과 나는, 둘이 오붓하게 객장 안으로 들어갔다.

　카지노를 다니면서 부러웠던 일 중의 하나가, 부부가 나란히 앉아 블랙잭 게임을 하는 것이었는데 드디어 그 꿈이 이뤄지게 되었다. 남편과 나는 나란히 블랙잭 10다이 테이블에 앉았다. 남편은 생애 처음으로 블랙잭 게임이란 걸 해본다.

　힛.. 스테이.. 더블.. 스플릿.. 한 장 한 장 가르쳐 주면서 게임을 했다. 나는 무척 재미가 있었는데, 남편은 생각보다 별 흥미를 갖지

못한다. 남편 왈,

 세상 살면서 군대보다 더 말 많은 동네는 카지노가 첨이라고~ 이런 잔소리, 저런 잔소리 들어가며 게임을 왜 하는지 모르겠다고~

 남편의 힛, 스테이의 액션이 느려서 옆 사람이 자꾸 답답해하고 내가 잠깐 화장실 간 사이에, 아직 게임을 이해 못해서 로우 바닥에도 14를 힛~ 해버리는 바람에 남편의 행동에 말구의 잔소리가 계속됐다. 받았으면~ 안 받았으면~ 매 판 복기까지.. 남편이 두 시간도 안돼 스트레스 쌓인다고 그만 하잔다.

 "이케 재미없는 게임을 니는 하루종일 어케 했노? 와 대단하데이~"

 더 이상은 못하겠다는 남편의 말에, 할 수 없이 일어났다. 돈도 따지 못한데다, 분위기가 영 안 좋았기 때문에 더할 필요도 없어졌다.
 연휴라서 빈자리라고는 하나도 없는 슬롯들의 사이사이를 구경해 가면서 돌아다니던 중 마침 딱 그 순간에~ 어떤 남자가 일어나는 빈자리 하나를 발견했다.
 '비디오 포커'그 첫 만남은 바로 그때, 그 자리에서부터 시작되었다.

 마침 한자리가 비게 된 비디오 포커 슬롯머신에 앉았다. 남편보고 의자에 앉으라 하고, 나는 옆에 서 있었다. 아무래도 슬롯은 초심자의 행운 같은 게 있으므로, 나보다는 남편에게 행운이 올 것 같은 예감. 아니, 와야 하는 필연성같은 게 느껴졌다.

이 비디오 포커는 여느 슬롯머신과 달리 하는 방식과 요령이 남달라서 옆 사람에게 자꾸 물어보면서 했다. 돈을 많이 잃은 것인지, 옆 사람은 귀찮아했고 다소 짜증 섞인 목소리였다. 괜히 미안해졌다.

돈의 잔액이 떨어지지 않고 오르락 내리락 10분정도를 하고 있을 때, 난데없이 A 포커가 두르륵~ 화면에 뜬다.

"어, 이게 뭐지? 뭔지 몰라도 A 포커면 좋은 거 아닌가?"

100만 원 짜리 A 포커가 맞은 거라고 옆 사람이 알려줬다. 더불을 치면 200만이 되고, 여기서 스톱하면 그냥 100만 원 짜리라고.

미쳤니? 100만 원 짜리를 더불치게? 100만원이면 완전 꿀인데!! 남편과 나는 100만원짜리 바우처를 얼릉 뽑았다.

됐다, 됐어~ 이 정도면 휴가비 다 뽑았다~ 하면서 뒤도 안 돌아보고, 객장 밖으로 나왔다.

역시 나의 촉은 맞았다. 초심자의 행운~ 내가 버튼을 눌렀으면 안 나왔을지 모르는데 남편의 카지노 첫 게임으로 이뤄진 초심자의 행운이라고 생각했다.

둘이 너무 좋아서 어깨동무를 하며 객장을 나왔다.

마운틴 콘도 쪽으로 가서 아이들에게 비행기도 태워주고 기차도 태워주고 또 수영장에서 물놀이도 하고..

돈을 따서 즐기는 여행은 왜 이렇게 꿀맛인지.. 즐거운 소풍을 다녀 온 기분을 느꼈다.

돈을 따서 돌아 온 휴가의 달콤한 맛 때문인지, 나는 그 이후에 혼자 다시 가서 남편에게 100만원의 행운을 안겨 준 그 비디오 포커 게임을 찾는다.

또르륵~ 줄줄이 나왔던 A,A,A,A를 다시 만나러!!

가랑비에 옷은 젖고

비디오 포커 게임은 내게 새로운 재미를 안겨 주었다. 인산인해, 오합지졸, 아전인수가 판치는 도떼기 시장같은 그 블랙잭 테이블 게임에서 벗어나, 혼자만의 무릉도원에서 선비노릇 하듯이, 유유자적하게 누구의 간섭도 받지 않고, 오직 모니터만을 쳐다보며 게임할 수 있으니 좋았다.

핸드폰도 거리낌 없이 사용할 수 있고, 통화도 언제나 할 수 있고, 누가 자리를 비우네 마네, 짜증도 없고, 잘했네 못했네 잔소리도 없으니 이 맛에 슬롯을 더 좋아하는구나 싶었다.

비디오 포커 게임은 포커 나오는 재미에 빠지고, 더블 치는 스릴감에 또 빠지고, 내내 잃다가도 로얄 스티플의 200 만원 짜리 한 방으로 또 단박에 역전 가능한 반전 드라마가 있어서 즐게했다.

왜 이제야 이걸 알았나 싶을 정도로 그때부터 나는, 몇 년동안 카지노에 들어오면 오로지 이 기계에다 모든 것을 바쳤다. 돈, 시간, 나의 에너지 모두를.

그러나, 가랑비에 옷 젖는 줄 모른다고 6,7년 동안 내가 비디오 포커 머신에서 잃은 돈은 대충 가늠해 봐도 1억이 넘었다.

대체 내가 얼마나, 어떻게 잃고 있는지를 적어야겠다 싶어 2016년도부터는 카지노 가계부를 따로 적기 시작했는데.. 항상 그 지난 날의 결과를 보면 월급 400만원짜리 가족의 생활이라고는 상상도 할 수 없을 만큼의 막대한 손실금액이었다.

가계부에 적은 내용 중, 어이없었던 일이 기억이 난다.

2017년 6월1일, '동강에서 돌아 감'이라는 제목으로 쓴 가계부에 관한 내용이다.

이틀간의 게임으로 250만원을 잃은 뒤, 집에 돌아가는 길이었는데 너무 졸려서 동강휴게소에서 잠깐 눈 좀 붙인다는 게, 세 시간 정도를 잤다. 눈을 떠보니 아침 8시30분.

집으로 가야 한다는 생각보다, 지금 되돌아가면 아침 10시 입장은 할 수 있겠다는 생각부터 들었다. 당첨번호는 빨라서 포커 머신의 자리는 충분히 앉을 수 있는데 수중에 남은 돈은 20만원뿐이라 게임을 할 돈은 못 되었다.

몇 년 동안 연락 한번 안하고 지낸 둘째오빠가 생각이 났다. 도박 하는 사람들은 돈 빌리는데 머리는 왜 그렇게 회전이 잘 되는지..

해주면 좋고, 안되면 말고~ 라는 식으로 별 기대없이 전화를 했다. 급한 일이 생겨 돈이 좀 필요하다고, 오빠가 해줄 수 없겠냐고~

하필 그날따라 둘째오빠는 전화 끝나기가 무섭게 폰뱅킹으로 200만원을 입금해줬다. 입금 문자를 보는 순간, 수년동안 밉고 싫어했던 둘째 오빠에 대한 미움이 눈 녹듯 사라졌다. 돈 앞에 어찌 사람 마음이 이리도 간사한지..

피는 물보다 진하다는 것에 감동하며, 나는 차를 휙 돌려 신나게 카지노로 달려갔다.

결과는, 가계부에 적어놓은 것처럼 하루종일 게임을 해서 150만원을 더 잃고 왔다. 그때 오빠에게 전화를 걸지 않고 바로 집으로 왔더라면, 150만원은 아낄 수 있었을 텐데..

되돌아 생각해보면 참 어처구니가 없었다.

그 일이 있은 후부터는, 집에 돌아가는 길에 다시 차를 돌려 카지노로 가는 일은 없어졌다. "동강 150만원 잃음"이란 글자가 자꾸 떠올라서, 한번 집에 가기로 맘먹고 차를 고속도로에 올렸을 때는 싫어도 무조건 집으로 간다.

나의 카지노 가계부는 나름 일기장 역할을 하면서 교훈과 반성의 기록장이 되어줬다. 기록은 다 쓸모가 있었고 유용했다.

그럼에도 나는 계속 카지노를 다녔고.. 계속 다닐수록.. 돈의 손실은 커져만 갔다. 가랑비에 옷 젖는 줄 모르고..

상황이 이렇게 매년 이어지다보니 집안의 경제적 상황은 말이 아니었다. 은행에 부동산 담보대출, 직장인 신용대출, 거기다 저축은행, 사금융 대출까지 삼천만원, 천만원, 오백만원, 3백만원 등등 ..

대출을 받고 또 받은 탓에 한 달에 내는 대출원금과 이자만해도 300만원이 넘었다. 남편의 월급으로 도저히 생활이 될 수 없었다.

이 와중에 막내 시동생의 결혼이 있었고 부족한 결혼자금을 얻기 위해 시골에 있는 집과 논 열마지기의 부동산에 대출을 알아보던 중 큰형이 여기저기 온갖 곳에 대출을 꽉꽉 채워 모두 받아버렸다는 사실을 알고 집이 한바탕 난리가 났었다.

대체 이 많은 빚의 용도가 무엇이었는지 아무것도 알 수가 없었던 시댁 식구들은 "아무것도 안하는 스타일"의 형이기 때문에 의심의 눈초리가 모두 나에게 쏠렸다.

남편이 어디에 투자해서 돈 좀 크게 손해 봤다는 식으로 대충 둘러대기는 했으나 그 풍파는 쉽게 가시지 않았으며 가장 큰 의심의 눈초리는 시어머니가 나를 두고.. 서울에 딴 집 살림이 분명히 있을 것이라는 사그라들지 않는 추측이었다.

"쟈, 아무래도 서울에 딴살림이 있는갑다. 뒷조사 좀 해보래이~ 수시로 서울댕기는 거 보니까래, 살림 살던 남자와 자식새끼들이 따로 있을지도 모른대이~

요새는 과거 숨기고 다시 결혼하는 여자들이 많이 있는갑다~ 그렇지 않고서야 뭔 놈의 빚을 쓰고 또 쓰고 돈을 이렇게나 쓸 수는 없는거지. 필시 딴살림이 있다니까!"

한번 시작된 시어머니의 의심은 그 후 남편을 계속 괴롭혔다. 하루에 한 갑피는 흡연량은 세 갑으로 늘어났고, 한 병이면 딱 기분 좋다는 소주의 주량도 세병으로 늘어났다.
남편은 매일 빚으로 인한 돈 문제로 힘들어 했고, 마누라 감시 잘 하라는 시댁 식구들의 전화질에 또 이중으로 시달려야 했다.

"살다보면 큰돈을 잃을 수도 있고 파산할 수도 있는 거지. 그게 뭔 대수냐? 이 빚은 내가 다 알아서 갚을 테니 걱정들 말고 앞으로 한 번만 더 빚 이야기하면 아무리 가족이라도 두 번 다시 안보겠다. 알았재??!!"

제사 때 모여 집과 논에 설정된 담보대출 건으로 동생들과 대화를 나누던 중 남편은 더 이상 견딜 수가 없는지 한바탕 동생들과 말싸움을 한 후에, 모지게 쐐기를 박았다.
그러나, 시동생들 입장에서는 나중 자신들에게도 어느 정도 나눠질 몫이라고 생각했던 재산이, 형이 사업하다가 망한 것도 아니고 큰며느리가.. 투자인지 투기인지 모를 것에 8천만 원의 담보 빚이 생긴 것을 쉽게 용서하지 않았고 급기야는 그 문제가 계속 언급되자 남편은 진짜로, 시댁 식구들과 인연을 끊겠다며 발을 끊는다.

그 일이 있은 후, 우리는 2년 동안은 설, 추석 같은 명절은 물론이고 제사 때마저 본가에 참석하질 않았다.
안타까운 일은 시아버님의 제사마저도 가지 않은 것인데 몇 번이고 아버님의 제사에는 가야되지 않느냐고 설득해 봐도 한번 틀어진 남편의 심사는 쉽게 풀리질 않는다. 불과 시골집과 30분거리 밖에 되질 않는데 이래도 되나 싶을 정도로 마음이 편치 않았다.

남편의 성격이 그랬다. 자신이 한번, 두 번.. 잘못했다고 사과를 했음에도 상대방이 계속 그 문제로 자존심을 건드리면 내게도.. 가족들에게도.. 마음의 벽을 쌓아버리고 입도 닫고, 마음도 닫아버린다.
나 때문에 남편은 시어머니하고도, 동생들하고도 2년 넘게 소식을 끊고 발도 끊고 사니 한편으론.. 미안하고 죄스러우면서도 또 한편으론.. 남편이 남의 편이 아닌, '진짜 내 편'이라는 든든함과 소중함이 더 커졌다.
내 허물을 탓하지 않고, 남에게 공격받을까 싶어 묵묵히 덮어주고 감싸주는 사람. 사랑의 감정과 또 다른, 절대 의리같은 게 두텁게 형성되었다.

결혼이후 다시 가게 된 카지노에서 비디오 포커 게임에 빠져 몇 년 간 잃은 돈이 1억을 넘고 그 1억이란 돈은.. 남들처럼 예금해놓은 여유자금도 아니었고 적금 들어놓은 목돈도 아니었으며 퇴직금이나 노후 자금같은 돈도 아니었기에 매달 생활을 옥죄는 족쇄가 되었다.

　카지노를 안 가는 것이 돈을 아끼는 방법 이라는 걸 뻔히 알면서도 월급타면 당장 대출금을 갚는데 다 지출되고, 또 얼마간의 생활비라도 벌어볼 요량으로 다시 카지노에 간다. 따면 좋아서 다시 가고, 잃으면 본전 찾겠다고 다시 가고.. 돌고 도는 악순환의 연속이었다.

　어느 날, 퇴근 후 남편과 단둘이 공원 벤치에 앉아 캔맥주를 마시며 대화를 나누었다. 내가 죽어야 이 노름이 끝날까.. 회한과 함께 삶의 절망을 느낀다며 내 심정을 털어놓았다.
　그때까지는 한번도 카지노의 출입정지를 생각해 본 적이 없었고 죽고 싶다는 절망의 끝을 생각해 본적이 없었으나 갈수록 나락뿐인.. 그 시기에 매일 조여오는 빚의 무게를 감당하기 힘들어서.. 더 이상, 살고 싶은 의지나 희망이 없었던 때였다.

　그래서 남편에게 물었다. 왜 모질게 뜯어 말리지 않았느냐고~ 결국은 돈 한푼 주지 않으면 돈이 없어서라도 노름을 못할 텐데 왜 매번 내가 징징대면 돈을 항상 구해주었냐고~ 지금은 솔직히 그게 좀 원망스럽다고.. 말했다.

"카지노 가서 노름은 당신이 했지만 나도 사실은 당신을 통해 노름한거나 마찬가지다. 내가 소심해서 도박 같은 건 못하지만 당신이 카지노 가서 따기를 바랬고.. 잃었다고 속상하면 그래, 담 번에 따면 돼지~ 꼭 따와라~ 이왕이면 많이 따와라~ 속으로 응원하고 이기길 바랬다. 그건 내가 당신을 통해서, 나 역시 도박하는 것이랑 똑같은 거 아닌가?"

남편의 생뚱맞은 논리에 헛웃음이 나왔다. 내가 무슨 아바타도 아니고.. 하지만 일심동체였다는 말에 고개가 끄덕여졌다.

"나는 말이재, 아주 소심하고 평범한 사람이라 이제까지 큰 꿈을 꾼 적이 없다. 가방끈도 짧고, 용기있고 베짱있는 스타일도 아니고 집안이 좋은 것도 아니고 돈을 많이 버는 것도 아니고 백날 뼈빠지게 일해 봤자 맨날 그 모양 그 꼬라지라서.. 사는 게 참 재미없었다.
그런데 당신과 결혼하고부터는 꿈도 갖게 되고 희망도 갖게 되고 미래에 뭔 좋은 일이 생길 것 같은 상상도 하게 되고 그래서 참 좋았다.
당신 만나고 나서 살아생전 한 번도 안 가본 호텔이란 곳도 가보고, 당신 땜에 내 동생들이 처음으로 콘서트라는 걸 구경도 해보고, 내 새끼 데리고 스키장이란델 다 가보고 참 좋았데이..
당신이 카지노에 확 꽂히는 걸 보고 나도 모르게 돈만 좀 밀어주면 1억이라도 따올까 속으로 기대도 해보고 큰 욕심은 아니어도..

오십만원, 백만원 따오면 내가 딴 것마냥 기분 좋고~ 나도 어쩌면 당신과 똑같이 도박한거나 같데이~ 그니까 그 책임도 같이 져야지. 나도 책임이 있는기라. 근데.. 인자, 못하겠나? 많이.. 힘들었재?"

많이 힘들었냐는 남편의 말에.. 마음이 울컥했다. 혼내기는커녕 위로의 말이라니..

"근데 있잖아~ 꿈과 희망을 꼭 노름에서 찾지는 말재이~ 니는 배운 것도 많고 할 줄 아는 것도 많잖아. 사업해도 되고 장사해도 되고 또 책을 써도 되고~

아직 우리가 길바닥에 나 앉을만큼 거지가 된 건 아니니까, 완전 낙담하지 말고 다시 정신차려 살면 되지. 새끼들 잘 키우면서 살다보면 우리한테도 좋은 날이 안 오겠나?"

그 날은, 남편이 큰 산과 같고 넓은 바다와 같이 느껴졌다.
넘어져서 일어나야 하는데, 그냥 넘어진 채로 축 처진 채 죽고 싶을 때.. 내 힘으로는 도저히 일어날 힘이 없을 때.. 누군가, 나의 아픔과 고통을 알아주고 일어나보라며 손을 건넬 때.. 사람들은 '용기'라는 것을 갖는다.

시어머니의 치매

2019년 3월경, 시어머니가 논둑길에 빠져 넘어지셨는데 머리를 다치셨다. 그저 조그만 사고라고 생각했으나 병원검사 결과, 시어머니는 이미 치매증상이 있으시다고 한다.

나이 75세가 넘으셨고 평소 건망증이 심하고, 다혈질의 성격이시라 나이 듦에 따라 찾아오는 자연스런 증상이라고 여겼던 것이, 3월의 초봄에도 자꾸 10월의 가을이라고 하시고.. 본인 나이를 항상 70 이라고 하시고.. 바로 어저께 찾아뵙는데도 자식들 누구하나 일년동안 얼굴 한번, 콧배기 한번 안 보인다고 성을 내시고.. 한시간 전에 분명 한 밥상에서 같이 식사를 하셨는데도 계속 밥을 안 먹었다고 하신다.

좋으니 싫으니 해도 한 집에서 다섯 식구가 왁자지껄 살다가, 우리의 분가 이후 혼자 살게 된 시어머니.
몇 년 동안 혼자 살면서 혼자라는 소외감, 누구랑 대화 나눌 사람 없이 지낸 고독, 그리고 잘 차려 먹지를 못해 생겨 난 쇠약함까지.. 고독과 외로움에서 치매가 더 심화된다는 말에 내 탓인가.. 싶은 미안함도 가졌다.

2년 넘게 시댁식구들과 단절하고 지냈지만 막상 시어머니의 사고 소식과 수술을 해야 한다는 통보를 들었기에, 자식 된 입장에서 더 이상 단절 하는 것은 불효였다. 남편도 이런 상황에서는 계속 발길을 끊을 수가 없었다.

시어머니가 앞장서서 우리에게 이혼하라고 매일같이 종용을 하셨고 또 내게는 아들 잡아먹는 며느리 취급을 하신 상태라 가족들이 내게 그런 연락을 해올 줄은 몰랐다. 시동생들이 나에게 시어머니의 병수발을 부탁해 온다.

시어머니 성격이 병원을 함께 가보면, 주사 안 맞는다고 떼를 쓰는 것이 7살 어린애 저리가라 할 정도로 쌩떼가 심하시고 단 10분도 병원 복도에서 무엇을 기다리지 못하시고 집에 빨리 데려다달라고 소리를 질러대는 것은 예삿일이다.
특히, 병실의 침대에 누워 계실 때면 누가 시키지도 않은 말을 과거사부터 현재사까지 혼자 시끄럽게 떠들어서 다른 환자들이 한방에 같이 못 있겠다며 방을 옮겨달라고 할 정도의 원성을 듣는 분이다.
남사스런 일이 한 두 가지가 아닌 터라 시동생도, 동서들도 심지어 딸인 시누이마저도 시어머니의 병원생활을 아무도 케어 하지 못할 정도였다.

그렇다고 하루 24시간 돌봐주는 20만원이나 되는 간호 도우미를 쓸 형편도 되지 못하기에 시동생들은 간병인으로, 나를 낙점했다.

얼마 전까지만 해도 이혼해야 된다고, 넌 우리식구 아니다..고 그렇게 적대감을 가졌던 나에게 시어머니를 맡긴다고?
생각도, 예상도 못했지만 결론은 내 몫으로 돌아왔다. 남편이 어머니는 내가 모실 테니 다들 걱정 말라며 내게 의논 한마디 없이 혼자서 결정해버렸다.

나는 탐탁치는 않았으나 남편의 결정에, 별다른 토를 달지 않고 그러겠다고 했다. 어쩌면 이 일을 계기로, 그간 동생들과 쌓인 벽이 무너졌으면 하는 맘도 있었기에.

머리에 뭉친 피를 뽑는 수술을 하고 또 이주간의 입원치료까지 하면서 나는 부산의 대학병원에서 혼자 24시간 내내 시어머니를 돌봐야 했다.
남편과 다른 가족들이 잠시 왔다 갔다 할 때만, 겨우 짬을 내 근처의 목욕탕에 갈뿐 보름에 가까운 날자를 타 지역에서, 병수발을 하며 지냈다.

퇴원하고 나서는, 당장이라도 바로 시골집으로 가시겠다는 시어머니를 어린아이 사탕발림마냥 꼬시고 또 꼬셔서 우리 아파트로 모셔왔다.

치매증상이 있는 시어머니와의 아파트 생활은 한마디로 상상 그 이상의 고통이었고 시련의 연속이었다.

잠자고 밥 먹을 때만 빼고는 바깥에 나가겠다고 떼를 쓴다. 빨래 한다고 잠시 베란다에서 나가, 세탁기를 돌리는 동안에 시어머니가 없어져서 찾으러 다니면 경비아저씨께 전화가 온다. 할머니가 8층 계단에서 집을 못 찾고 남의 집 문을 막 두들기고 계신다고.

또 방금 식사를 같이 했는데도 뒤돌아서면 밥 안 먹었다고 연신 배고프다 하신다. 화장실에서 부시럭 거리는 소리가 나서 들여다보면 세상에나.. 화장실 변기에 앉아서 몰래 빵을 5개나 뜯어 먹고 계신다.

두 달 동안을 꼬박 잠잘 때 빼고는 내내 시어머니 곁에 붙어있느라 사는 것이 사는 게 아니었고 잠을 자도 자는 것이 아니었으며, 쉬는 게 쉬는 게 아니었다.

나중엔 오죽했으면 스트레스와 과로로 내가 병원에 가서 링겔을 맞고 누워있어야 할 지경까지 몸과 마음이 쇠약해 져서 병이 들었다.

말로만 듣고 드라마로만 봐왔던 치매 부모님과의 생활이 이런 건가 싶을 정도로 일상이 하루도 조용할 날이 없었다.

무엇보다 심각한 것은, 조용하고 내성적인 남편의 성격이 차츰 괴

팍스럽게 변해간다는 것이다. 나야 며느리의 입장이다 보니 때론 화가 나고, 속상해도 참아야 할 때가 많지만 아들인 남편은, 치매증상으로 때론 추접하고, 때론 어이없고 또 때로는 괴물 같은 자기 엄마의 모습에 고함을 치는 횟수가 늘어나고 스트레스에 우울증까지 오는 듯 했다.

그리고 초5. 초6학년의 딸들에게도 좋지 않는 증상들이 나타난다. 한참 자고 있는데 학교가야 한다고 할머니가 소란스럽게 아이들을 깨운다. 시계를 보면 새벽 3시였다.
본인께 드린 간식은 어느새 입안으로 해치우고는 또 손녀들 방에 들어가 왜, 나는 안주고 느그들만 먹느냐고 접시를 엎고 쌩 떼를 쓴다. 할머니의 치매증상이 사춘기 딸들에게 폭력으로 비쳐 질 정도였다.
그래서 내가 내린 결정은, 우리가 24시간 시어머니를 케어하는 일은 불가능하니 치매 요양시설에 주간보호 신청을 했다.(일명, 어르신 유치원에 보낸다)

아침 8시30분에 요양보호사가 와서 시어머니를 모셔가고 치매센터에서 오후 5시30분까지 여러 프로그램을 하며 놀다가 집 앞까지 딱 모셔다 준다.
한 달에 130만원의 비용이 들지만 우리 시어머니의 경우는 치매 3등급의 진단을 받은 터라 105만원의 정부지원금에 우리가 실제

내는 돈은 25만원밖에 되지 않았다.

처음엔 낯선 치매센터에 가시는 걸 적응시키느라 나도 같이 센터에 따라가서 몇 시간씩 놀다 오기도 했다.
보름정도 지난 후부터는 거기가면 밥을 잘 주고, 간식도 잘 주고, 노래 부르고, 그림 그리고, 운동하면서 놀다오니 재미있으라 하셨고 일정하고 규칙적인 생활을 하다 보니 신체적인 건강은 물론 마음의 안정까지 좋아지셨다.

그렇게 아파트에서 두 달간의 생활을 하면서 치매센터에 적응해 가게 되자 시어머니의 생활공간도 다시 시골집으로 옮겼다.
시골집의 생활을 하면서도, 남편과 나는 3개월 동안은 시어머니가 집에 돌아오는 오후 6시부터는 서로 번갈아가면서 곁을 지키는 보초를 섰다. 언제 무슨 상황이 벌어질지 모를 일이기 때문에 한시도 맘을 놓을 수는 없었다.
3개월이나 지나서야 곁에서 보초서기를 끝냈다. 안방, 거실, 작은방, 부엌, 마당, 뒷마당 등등.. 집 곳곳에 8대의 CCTV를 설치해놓고 우리는 아파트에서 스마트폰으로 시어머니의 동태를 살핀다.
치매센터에 가고 돌아오고.. 또 주무실 때까지의 일상을 계속 모니터하고.. 행여나 시어머니가 화장실에 들어가서 금방 안 나올 때는 즉시 전화를 걸어 안부를 확인했다.

이렇게 6개월.. 1년을 지내다보니.. 치매가 완전히 다 낫지는 않아도 일상생활을 하는데 크게 걱정할만한 이상 증세나 행동은 줄어 드셨다.

이 지난하고 힘든 과정에서 동생네와 사이도 다시 좋아졌으며 무엇보다 시어머니가 다른 며느리보다 나를 제일 좋아하시게 됐다.

이유는 간단하다. 내가 먹을 것을 가장 많이 챙겨주니까.

도박하는 자, 숨기지 마라

오래 전에, 어느 잡지에서 재미난 기사 하나를 보았다.

일본 주부에게 물었다. 도박하는 남편과 바람피는 남자, 둘 중 어느 남자를 선택할거냐고.. 일본 가정주부들은 바람피는 남편을 데리고 살겠다는 응답이 더 많았다. 일본 여자들은 빠찐코 문화를 익히 경험했듯 도박의 무서움을 알고, 도박은 고치기 힘든 병이라고 생각한다. 바람은 폈다가 안 필수도 있다는 것이다.

한국 주부에게 역시 같은 질문을 했다. 한국 주부들은 도박하는 남편을 데리고 살겠다고 했다. 바람 피는 건 도저히 용서를 못하겠다는 것이다. 도박으로 돈은 잃어도, 남편이 다른 여자와 놀아나는 것은 두 눈 뜨고 볼 수 없다는 것이다.

일본 남자에게 같은 질문을 했다. 도박하는 여자보다 바람 피는 여자가 차라리 더 낫다고 했다. 한국 남자에게 물었다. 바람 피는 여자보다 도박하는 여자가 더 낫다고 했다.

일본 사람과 한국 사람의 차이는 왜 일까? 남자와 여자의 대답이

다른 게 아니라, 나라별 성향차이로 보인다.
　일본 사람들은 도박이 더 심각한 것이라 했고, 한국 사람들은 부부 관계에서 도박보다는 바람피는 것이 더 참을 수 없다는 응답이었다.

　나는 남편에게 똑같이 물어봤다. 남편도 같은 반응이었다.
　"도박은 어디가서 뭘 하는지 라도 알지만, 바람 피는 것은 어디서 어떤 놈이랑 뭔 짓을 하고 있는지 어케 아노? 다른 남자랑 바람 피다 오는 여자를 어떻게 받아들이노? 니 도박하는 것은 봐 줄수 있지만 바람 피는 것은 절대 용서 못한다."

　난 입장을 바꿔서 생각을 해봤다. 우리 남편이 도박을 한다, 바람을 핀다.. 그렇다면? 난 둘 다 이혼하자고 할 것이다. 도박은 고치기 힘들다는 것을 알고, 바람은 정떨어져서 살기 싫을 것이다.
　둘 중 하나를 굳이 고르라면, 나도 바람 피는 것이 더 싫다. 도박은 함께 고민하고 함께 해결할 수 있는 여지를 갖고 있다. 못하게 할 수도 있고 중독을 고치려 함께 애써 볼 수도 있지만 바람이 나는 것은, 내가 의미 없는 존재이기 때문에 무엇도 같이 할 수가 없을 것이다.

　그래서 나는 카지노에 가는 걸 숨기지 않는다. 물론 남편이 못 가게 화를 내거나, 카지노에 가면 죽이겠다고 덤비면 나의 카지노 라이프는 어떻게 됐을지 모를 일이다. 허구헌날 싸우느라 이혼을 했을

지, 아니면 아예 단도박을 하며 착실하게 살고 있을지..

　카지노에 가면 왕복 10시간의 장거리 운전길이라 당일치기는 어렵다. 보통 1박2일, 2박3일씩 다녀오게 되는데 처음엔 카지노에 가는 걸 숨기고, 친정집이나 친구 집에 놀러간다는 거짓말을 했다.
　그러나 객장 안에서 테이블 게임을 하느라 전화를 받을 수 없는 일이 많아지고 하루가 이틀이 되고, 이틀이 삼일이 되는 외박이 되자 남편은 내가 바람을 피우고, 다른 남자를 만나고 있다고 오해를 했다.

　입장 바꿔서 생각해보면 나 역시 그런 오해는 충분히 할 만 하다. 그래서 카지노 다니는 것을 숨길 수가 없었고, 숨기지 않고 오픈하다보니 오히려 맘이 편해져 게임이 더 잘 되었다. 초조하고 불안해 하지 않아도 되니까 마음의 안정과 여유까지 생긴다. 또, 비상시엔 돈이 다 떨어지거나 게임을 더 하고 싶어 금전적 수혈이 필요할 땐 터놓고 이야기할 수 있어 더욱 좋은 일이었다.

　카지노에 다니는 사람들 중 혼자 사는 1인 가구가 많다. 누구에게 구속되지 않고 맘 편하게 게임하러 오는 사람들이 대부분이지만 혹여 나처럼 가족이나 동거인이 있다면, 지속적으로 카지노에 다니는 것을 숨기지 말라고 권유한다.
　누군가 곁에서 적당한 게임, 적절한 게임, 큰 손실없는 게임을 하라고 조언해주고 간섭해주는 사람이 있다는 건 내 경험상 큰 행복이다.

  거짓말은 언젠가는 들통 나게 되어 있다. 카지노를 몰래 다니다가 갈등, 불화가 되어 부부싸움이 잦아지면 열의 아홉은 이혼이 되어 버린다.

4부 ;

카지노에서의 특별한 사연들.

운수좋은 날

무엇을 하든 손만 대면 이겼던, 그 뜻하지 않았던 행운의 하루를 적어보고자 한다. 2014년인가.. 그때쯤일 것이다.

아침에 출발하여, 낮에 도착한 카지노는 그날도 빈자리가 하나 없이 사람들이 바글바글했고 난 늘 그랬듯이 한참 재미에 꽂혀 최애 게임이 된 비디오 포커 머신으로 향했다.

역시나 자리가 없었고.. 자리없는 날에도, 이리저리 눈치살피며 최저배팅을 하고 있는 사람을 보면, 눈치껏 5만원짜리 한장 쥐어주면 쉽게 자리를 앉을 수 있었는데.. 오늘은 이미 선수 체인지가 다 된 후인지, 머신 16대가 모두 골수 매니아들로 가득 차 있었다.

여러 번, 하나하나 사람들을 스캔해 봐도 모두들 밤늦도록 게임을 할 사람들.. 오늘은 틀린 것 같다.

블랙잭 대기를 걸어놓고, 다시 포커 기계로 와서.. 뒤에 서서 기다린다. 행여 누군가 빨리 오링된 사람이 있으면 냅다 앉을려고~

그런데 사람들 손에는 제각각 많은 돈들이 쥐어져있다. 다들 총알들이 충분하다. 하긴.. 아직 낮 2시, 3시쯤이면 오링 될 시간은 아니다.

포기를 하고, 하릴없이 객장 안을 둘러보았다. 분위기 좋은 블랙잭 테이블이 있으면 뒷전이나 해볼 셈으로.

그러다가 슬롯 머신들의 사이를 지나가는 길에 비어있는 기계가 하나 보인다. 100원짜리 였다. 한 번에 고작 300원밖에 들어가지 않는 매우 쉬운 게임이었다. 다리도 아픈데 앉아서 이거나 한번 해보자~ 맘먹고 만원을 넣는다.

777 이런 거를 맞추는 것 같은데 세상 재미없는 게임이었다. 다리가 아파서 잠시 앉아있을 요량으로 그냥 몇 만원 놀아보자 생각했다.

만원을 넣었는데.. 3,000원으로 잔액이 떨어지면 뭐가 맞아서 또르르 15,000원이 되고 또 그 돈이 6,000원으로 떨어지면 또르르 다시 뭐가 맞아서 13,000원이 되고 큰 점수는 없지만 만원이 10분 이상 꽤 오래간다.

그러다가, 갑자기 불타오르는 7이 한가운데 줄에서 일렬로 7. 7. 7~~~ 쫘르르 선다. 때맞춰 울리는 요란한 팡파레!

뭐야, 이게 뭐야~ 혼자 눈이 휘둥그레져 있는데 옆 사람이 잭팟이라고 알려준다. 금액은 4,800,000원!

헉! 이렇게 쉽게?? 이렇게 느닷없이 잭팟이 나온단 말인가???

스릴이나 긴장, 이런 거 없이 느닷없이 일렬로 줄을 쫙 맞춘 7, 7, 7.

팡파레 소리가 너무 시끄러워서 소리 좀 낮춰졌으면 할 만큼 요란스러웠다. 그리고 사람들이 왜 그렇게나 모여 드는지.. 누가 보면 480만 원이 아니라 4억쯤 터진 줄 ~~~

직원이 와서, 자리 뜨지 말고 잠시 기다리고 한다. 그때서야 나는 뭔가 맞긴 맞았나보다.. 실감했다.

비로소 내가 했던 기계의 잭팟이 4,800,000원인걸 봤고 내 옆 기계들은 1200만원 짜리도 있고 2500만원 짜리도 있었다는 걸 봤다. 기계 마다 잭팟 금액이 달랐는데.. 하필 제일 적은 금액의 잭팟에 앉아서 당첨된 것이다.

금액이 조금 아쉽긴 했지만 그래도 어디냐? 단돈 만원으로 480만 원, 그것도 세금 안 떼고 몽땅 현금으로 480만원~ (그땐 500만원부터 세금을 냈던 시기다)

10분인가 있다가 직원이 몽땅 현금으로 480만원을 가져왔고 내 생애 처음으로 카지노에서 싸인이란 걸 해봤다. 돈을 받고 흡연실에 가서 담배를 피며 흥분을 가라앉혔다.

아, 포커 머신의 자리가 있어서 그걸 했더라면 내가 이런 행운을 잡을 수 있었을까? 난 하필 왜, 운 좋게 그 기계 옆을 지나가게 되었을까? 이쪽 통로가 아닌 저쪽 통로로 지나갔다면 그 기계를 하지 않았을텐데.. 아, 행운이란.. 이렇게 느닷없이 운 좋게 한방에 걸려드는 구나 !

얼마 있다가 블랙잭 테이블에서 호출이 왔다.
좋아, 오늘 딴 돈 480만원에서 딱 80만원만 갖고 놀자. 잃어도 딱 80만원 까지만 잃고, 미련 없이 가자는 생각이었다.
테이블에 가니 랜드 자리였다. 앉자마다 더블이 와서 먹는다. 담 판은 또 블랙잭! 또 다음판은 장장 ~
사람들이 죽고 나간 자리에 핸디가 바뀌니 패가 달라졌다고 한다. 그래 그래, 내가 오늘 좀 되는 날 인가봐!

4,5만원씩 배팅을 했는데도 금새 70만원을 이기고 있다. 시드가 넉넉하고 흐름이 좋을 때 풀 배팅을 해야지.. 했던 마음이 막상 테이블에 앉아 이기고 있으니, 딴 돈을 관리한다고 풀뱃이 되지 않는다.
풀뱃도 늘상 하던 사람이나 잘하는 것이니 나같은 사람은 슈가 아무리 좋아도 풀뱃으로 크게 이기지를 못한다.

이긴 금액 70만원에서 흐름이 꺽여 20만원이 내려가자 그냥 아웃하고 일어났다. 자, 오늘은 50만원을 이긴 것으로 만족.
이 좋은 기분 그대로 유지하고 집으로 고고~~ 하며 객장 밖을 나오려는데.. 나오는 길에 항상 그렇듯, 포커 머신을 힐끔 쳐다보고 간다.

그런데 웬걸? 맨 첫번째 기계에 앉아있던 어떤 아저씨가 이제 막 일어서려고 콤프 카드를 뽑으려는 순간, 나는 또, 본능적으로 냅다 몸부터 들이밀었다.

"가시게요?"

"예.. 징그럽게 안 되네.. 300이 쭉 빨리네요."

아, 네.. 하고서는 얼른 5만원 지폐부터 투입했다.

좋아 좋아, 그냥 가기 아쉬웠던 참에 좀 두드려보고 가는구나하며 신났다. 물티슈로 기계의 화면 구석구석을 정성스럽게 닦아내고 심호흡을 크게 하고는 혼자 파이팅을 외친다.

5만원을 넣고.. 또 5만원을 넣고.. 다시 또 5만원 넣었다. 더블도 별로 안 되고, 내리 15만원인가 들어갔을 때 100만원짜리 A 포커가 쫘르륵~ 화면위에서 펼쳐져 나온다.

A A A 4 A ~

앗싸~ 100만원~~ !!!

오늘은 진짜 뭘 해도 다 되는 날~~~
짜릿함으로 인해 도파민이 마구마구 분출된다.

그런데 경험상 알고 있다. 100만원짜리 A포커가 나오면 그 후론 70-80만원은 내리 처박아야 된다는 걸.. 그래서 100만원의 바우처를 뽑고 5만원만 더 두들겨 본 후, 자리에서 일어났다.

777 기계에서 480만원, 블랙잭에서 50만원, 포커머신에서 80만원~ 해서 총 610만원을 땄다. 아직까지도 나는, 카지노에서 하루에 그만큼의 금액을 따본 적이 없다.
천만 원을 갖고 올 때나, 더 비장한 각오로 다시 천만 원의 마이너스 통장을 갖고 덤볐을 때도 그런 금액을 하루에 따 본적이 없었다.

행운이란, 그렇게 별 노력 없이도, 느닷없이, 갑자기, 찾아오는 것이었다. 또 그 행운이란 것이 자주 있지 않고, 어쩌면 10년에 한번 올까 말까한 기회이기에 우리는 그것을 '행운'이라고 부르는 게 아닐까 싶다.
모두 착각을 한다. 행운이 매일 일어나기를. 반복적으로 계속 일어나기를 기대한다. 하지만, 명심하자. 자주 있는 일이라면, 그건 행운이 아니다.

누가 잭팟의 주인공이었나?

 2010년, 강원랜드 카지노를 처음 방문해서 게임한지 10분도 되지 않은 채, 무려 7억원의 잭팟을 잡았던 안승필씨.
 5만원을 넣고 10분 만에 잭팟을 잡은 것도 화제였고, 그 금액이 7억원이어서 모두 부러워 했으나 뭐니뭐니해도 안승필씨 사연은 그가 그 금액 모두를 카이스트 대학에 기부했다는 소식이 장안의 화제였다.

 카지노 측에서 홍보효과를 위해 일부러 잭팟을 싸준 조작이니 사기이니 하며 말도 많고 뒷담화도 무성했다. 당첨금의 일부도 아니고, 전액 모두를 사회에 기부한다는 것이 쉬운 일도 아닐 뿐더러, 사실 그런 기부는 강원랜드 역사상 20년이 넘도록 안승필씨가 유일한 케이스였다.

 집안형편이 어려워 제대로 배우지 못했으나 지금은 어느 정도 먹고 살만해졌고 우연찮게 행운을 거머쥐긴 했지만 한국의 과학기술 발전을 위해 당첨금을 모두 카이스트에 기부하겠다고 인터뷰에서 밝힌 그의 아름다운 기부에, 강원랜드 측은 안승필씨의 손자국을 아름다운 동상으로 만들어서 카지노 로비에 세워 놓았다. 잭팟을 바라는 입장객들은 한두번씩 안승필씨의 손자국에 손을 대며 자신에게도 그런 기적같은 행운이 오기를 바라고 있다.

안승필씨의 경우, 당첨금 모두를 기부했다는 사실에 화제가 되고 뉴스가 되었지만 일 년에 한 두번, 혹은 매달의 크고 작은 행운의 주인공은 카지노에서 계속 쏟아져 나오고 있다.

강원랜드 카지노에는 크게 세 가지 종류의 슬롯머신이 있는데 1억원 이상의 고액 잭팟은 월 평균 1,4회 꼴로 당첨된 것으로 나타났다.
가장 높은 당첨금을 자랑하는 '슈퍼 메가잭팟', 최초 당첨금이 5000만원으로 시작하는 '강원메가 잭팟', 또 최초 1000만원으로 출발하는 '프리게임' 잭팟, 이 밖에 '클래식 프로그래시브'잭팟 등 강원랜드 카지노에는 무려 1,360여대가 넘는 슬롯머신이 있다.

잭팟 당첨금은 200만원까지는 세금 공제가 없으나 200만원부터 3억원까지는 22%의 세금을 공제하고, 3억 원이 초과할 경우 33% 세금을 빼고 고객에게 지급하고 있다. 고액 잭팟에 당첨되면 카지노 측은 고객 서비스 차원에서 호텔 무료 숙박과 경호를 지원하고 있다고 한다.

가장 최근이었던 2022년 10월 3일에, 슈퍼 메가 잭팟에 당첨된 OOO 씨가 네이버 카페에 직접 쓴 후기 글이 있어서 읽어보았다.

그는 9억원까지 올라 간 잭팟의 슬롯머신에 욕심을 내고 에스컬레이터 근처에 있는 다빈치 기계에 앉았다고 한다. 시드는 70만원으로 시작했고 함께 간 지인과 오후에 시작할 쓰리카드 게임 시간까지 시간이나 때우며 놀자는 마음이었다고 한다.

큰 보너스 점수없이 70만원이 야금야금 줄어들고 있을 때 다이아몬드 두 줄이 맞아 150만원의 점수가 나왔다. 몇 시간 돈만 잡아먹고 있던 머신이 이제야 점수를 좀 주나보다.. 싶어 계속 했는데, 이 역시 다시 돈이 계속 빠지길래 이제 조금만 더 해보고 그만둬야지 싶었다.

그러다가 갑자기 머신이 먹통~ 멈춰 선 머신 때문에 직원 호출을 부르려는데 사람들이 웅성웅성 모여 들며 소리를 지른다. 그래서 알았다고 한다. 설마 내가 잭팟??
콤프쪽 액정화면을 보니 잭팟이란 글자와 함께 당첨금액이 찍혀 있는 걸 보고 그때서야 본인이 9억원의 잭팟에 당첨됐다는 걸 실감했다.

세금떼고 6억 3천만 원을 수령했는데, 같이 간 지인, 친한 형님과

반으로 나눴다고 한다. 카지노에 들어가서 게임을 하기 전에, 둘 중 누구라도 잭팟을 잡으면 반반씩 나누기로 약속을 했단다.

로또 일등과 비슷한 금액의 9억원에 달하는 잭팟 당첨.. 너무 축하해 줄 일이고 완전 부러운 일이 아닐 수 없다. 더구나, 같이 동행하면 늘 좋은 일이 생겼던 친한 형님과 그 행운까지 절반씩 나눴다고 하니 더욱 흐뭇한 일이 아닐 수 없다.

또 우연찮게 남이 버린 자리에 앉아 QM6 자동차에 당첨된 운 좋은 사람이 있었다. BK 다음카페 회원님이 당첨후기로 쓴 그 내용은 정말 아슬하게 기막힌 내용이었다.

이 분도, 오후 5시 20분부터 시작되는 쓰리카드 게임을 하기 위해 대기 예약을 걸어놓고 빈 슬롯머신을 찾고 있었다. 때마침 막 일어나서 자리가 비게 된 머신에 앉으려는 순간, 어디선가 나타 난 아줌마 한분이 투입구에 5만원을 먼저 집어 넣더란다. 슬롯머신은 의자에 먼저 앉은 사람보다 투입구에 돈을 먼저 넣는 사람이 임자다.
서로 앉으려고 한 것인데.. 아줌마가 바람같이 빠른 속도로 돈을 먼저 넣어 버린 바람에, 할 수 없이 자리를 뺏긴 것이다. 기분이 상했다고 한다.

아줌마는 그 옆쪽에서 머신을 돌리고 있다가 빠르게 자리를 옮겨

앉은 것인데, 아줌마가 아까 했던 자리는 비게 됐다. 할 수 없이 그 아줌마가 앉았던 자리에 앉게 됐단다.

그런데 앉아서 하게 된 이 머신은, 점수도 너무 안 나오고 맥없이 돈만 잡아 먹고.. 하필 처음 앉으려고 했던 자리는 보너스 연타가 계속 잘 나오고 있었다.

더 해야하나 말아야하나.. 머리도 복잡해지고, 내가 저걸 했으면 돈을 조금 따고 놀았을텐데 부러움에 앞서 맘이 상해 기분도 나빠졌다고 한다.

다행히 북오브라에서 작은 보너스 점수를 받아 20만원의 바우처를 뽑고 수정구슬 게임으로 바꿔 5만원을 새로 넣으니 또 30만원 정도의 보너스가 나온다. 잠시 위안이 되고 상했던 기분도 가라앉는다.

그러다가 또 한참을 똥통처럼 주구장창 돈을 까먹는다. 보너스가 몇 번 나와 줘서 본전이 됐을 때 그만둘걸 그랬나 후회를 하고 있을 때.. 'machine is locked'이라는 메시지가 화면에 뜬다. 이게 뭐지? 싶어 콤프쪽 액정화면을 보니 'jackpot'이란 글자가 떠 있다.

QM6 자동차에 당첨된 것이다! 프로모션 당첨증서와 출고담당 직원의 명함, 그리고 잭팟 수령 영수증을 받았고 현금 일부도 함께 수령했다고 한다.

운 좋게 호박이 넝쿨째 굴러들어 오는 것처럼 행운이 제 발로 찾아오는 경우가 이런 경우일 것이다. 행운은 애쓰고 노력한다고 해서 얻어지는 것이 아니었다.

두둑한 연말 보너스를 받은 것처럼 기분 좋게 자동차 잭팟에 당첨된 이분 옆에는.. 그러나, 배 아프고 속이 썩어 끙끙 앓은 한 사람이 있었다. 바로 그 아줌마.

그 아줌마처럼 행운의 기회를 놓치고 기절해 버리는 사람이 있는가 하면, 몇날 며칠 누워서 홧병으로 울분을 토해내는 사람도 있고, 지나가는 누구라도 발로 차버리고 싶을 만큼 억울한 사연들도 많은 곳이 또 카지노다.

2022년 11월. 다이아몬드 찬스가 있는 메가 잭팟 금액이 199,000,000원 까지 올랐다. 이 슬롯은 5,000만원 - 2억원 사이에 잭팟이 터지게 시스템 셋팅이 되어 있다.

1억 7천에서부터 서서히 사람들이 뜨겁게 반응했다. 24대의 자리를 앉기 위해서는 입장번호 30번 안에 들어야 앉을 수 있는 상황.

최사장은 큰 욕심을 냈다. 이제 턱밑까지 올라온 잭팟 금액이 오늘 터질 것이다. 오늘 안 터지면 2억원이 넘어가기 때문에 반드시 오늘 터진다. 24대중 어디에서 터질지는 모르나 욕심 내볼만한 일이다.

자리를 산다. 입장번호 30번 안에 들지 않으면 앉을 수 없는 상황이었다. 자리값으로 300만원을 달라고 한다. 하긴 당첨금 2억원을 잡는다면 그까짓 300만원이 대수랴..

라인의 중간쯤 자리에 위치 한 기계를 잡아줘서 최사장은 한껏 부푼 마음으로 열심히 기계를 두들겼다. 오후까지, 저녁까지, 그리고 밤까지.. 또 새벽까지.. 머신을 계속 돌렸다. 잃고 따고 들어가고 또 빠지고.. 자기돈 400만원이 더 들어갔다. 토탈 700만원이 투자된 머신이다.

폐장을 20분 앞둔 새벽 5시 40분에 드디어 잭팟이 터졌다. 하지만, 최사장이 아닌 같은 라인의 맨 끝줄에서..
최사장은 눈 앞에서 다른 사람의 행운을 부러움과 안타까움으로 쳐다 봐야만 했다. 다른 사람들도 모두 허탈하여 투덜거리며 자리를 떠난다.
단 한사람의 기적같은 행운을 위한 23명의 악전고투는 그렇게 끝이 났다. 최사장은 그날 밤, 소주 3병을 마셨는데도 잠을 잘 수가 없었다고 한다.

또 내가 직접 목격했던 2022년 8월의 어느 날. 드레곤 888의 메가 잭팟 금액이 2300만원이었는데 흡연실에서 나오다가 바로 잭팟이 터지는 걸 봤다.

그런데 축하와 환호성이 아니라 어떤 여자 분이 전화기에 대고 엄청 화를 내며 남편에게 빨리 와 보라며 소리를 친다. 정작 당첨자는 태연하게 조용히 앉아있는데..

사연인즉슨, 부부가 나란히 앉아 머신 한 대씩을 돌리다가 둘이서 돌리기엔 부담스런 금액이 되자 한 대만 돌리고 한 대는 포기하기로 했다. 그래서 남자는 자기 머신이 더 좋은 듯 하니 자기 것으로 돌리라 했고 여자는 남편의 말을 듣고 자리를 옮겼다.

새로 온 사람이 여자의 자리에서 머신을 돌리다가 메가 잭팟 2300만원을 잡은 것. 여자는 그 광경에 열불이 터져 자리를 뜬 남편에게 고래고래 소리를 치고 있는 것이다. 이 지지라 복도 없는 남자야! 하면서.

슬롯머신은 하기 쉽고 단순하다는 이유로 노부부들이 자주 하는 게임이다. 70대의 박사장도 부부가 나란히 앉아 각각 머신을 돌리다가 자기 머신이 잘 안되니까 잠시 세워놓고 객장을 한바퀴 돌아볼 생각으로 자리를 비운다.

박사장이 돌렸던 머신은 15분이 지나니 빨간 불이 들어왔고, 언제부터인가 뒤에서 기다리고 있던 남자가 재빨리 직원 호출 버튼을 누른다.

부인은 '남편이 곧 올거에요'라며 말했지만, 카지노 머신은 15분이 지나면 빨간불이 들어오고 그때는 남아있던 잔액을 직원이 뽑아 다른 사람이 게임할 수 있도록 조치를 할 수 있다.

박사장은 빨리 오라는 부인의 전화를 받고, 황급히 달려왔지만 이미 머신의 자리는 새로 앉은 사람이 5만원을 투입한 상태였다.

그런데 왠일인가? 남자가 딱, 따닥~ 두 번째 누른 버튼에서 1500만 원짜리 잭팟이 나와 버렸다. 불과 버튼을 두 번밖에 누르지 않은 상태에서!

그걸 옆에서 보고 있던 박사장과 부인은 망연자실.. 너무 황당하여 어찌할 줄을 모른 채 정신이 나가 버렸다.

잠시 후, 냉수를 마시러 음료수대로 가면서.. 하던 기계나 마저 하지, 왜 다른 곳에 가 있었냐며 부인은 몇 번이나 화풀이하듯 박사장의 등짝을 후려졌다.

1500만원을 잡은 남자는 4천원을 쓰고 잭팟에 당첨이 됐다. 버튼 두 번 만에 1500만원의 거금을 잡은 사람은 억세게 운 좋은 날 인거고, 계속 기계를 돌리다가 다른 기계에 가 있는 사이 잭팟을 놓친 박사장에게는 영원히 잊혀 지지 않을 속 쓰린 경험일 것이다.

박사장 부부에게 5만원이라도 뽀찌를 줬으면 그나마 마음의 위로라도 좀 됐으련만.. 그 남자는 1500만원을 받으러 바람과 같이 사라진 후 그 근처에는 오지 않았다고 한다.

한 개의 슬롯이 잘되는 날이 있고, 해도 너무한다 싶을 정도로 안 되는 슬롯이 있다. 또 어제는 좋았는데 오늘은 안 좋은 게 있고, 어제도 좋더니만 오늘도 역시 잘 뱉어주는 슬롯이 있다.

　카지노의 슬롯머신은 누구에게 무슨 일이 벌어질지 한치 앞을 예측할 수 없는 요지경이다. 그렇기 때문에 사람들이 더 빠져드는 것이 아닐까?

사기꾼을 만났다

카지노는 늘 혼자 다녔다. 그게 편하고 좋았다. 땄으니 이제 그만 가자고 재촉 할 필요가 없고, 잃었으니 나중에 출발하자고 실갱이 할 필요도 없고, 무엇보다 누군가를 같이 챙기고 의식해야 할 필요도 없이 조용히, 편하게, 부담 없이, 나 홀로~ 놀다가 가면 그만. 그렇게 10년을 넘게 다녔다.

카지노 안에서 부부가 함께 서로를 챙겨주고 또는 친구끼리 와서 같이 홧팅하고, 잃어서 어떡하냐며 같이 걱정해주는 사람의 모습을 보면 가끔은.. 부럽고 정겹다는 생각이 들 때도 있지만 난 그래도 혼자가 편했다.

그 날도 어김없이 난 비디오 포커를 하고 있었다. 그날따라 내가 하고 있는 머신이 안 돼도 너무 안 되는 것이다.

"백날 그렇게 쳐봤자 돈 못 따요~"

그 남자가 내게 한 첫 마디였다. 난 얼굴 한번 쳐다보고 다시 고개를 획 돌렸다.

알아 알어, 나도 안다구~ 오지랖은.. 너나 잘해 ~
물론 속마음의 말뿐 그 말을 입 밖으로 내뱉진 않았지만 가뜩이나 안 되고 있는데 기분 나쁜 참견이었다.

"200도 넘게 나갔을 텐데 좀 쉬고 와요. 이거 내가 마저 쳐도 돼요?"

왠 뜬금없는 참견? 하긴 카지노엔 이런 사람이 참 많더라. 이리하면 된다 저리하면 된다~ 자기 게임은 안하고 남의 게임을 뚫어져라 쳐다봐가며 훈수 두는 사람들이 어디 한둘인가..

대꾸도 안하는 내게 이 남자는 잠시 밥 먹고 오라고 또 말을 건다. 자기가 대신 두들겨 보겠단다. 자기가 해서 잃으면 잃은 돈은 물어주고, 따면 딴대로 모두 내게 주겠단다.
슬롯에 남은 돈은 5만 원 정도. 크레딧 잔액이 큰돈도 아니었고 솔직히 오랜 시간 게임을 한 탓에 지칠대로 지쳐 잠시 쉬고 싶기도 하였다.

"그럼 밥 먹고 올테니까 이돈 잃어도 되는데 자리는 빼지 마세요. 밥 먹고 와서 계속 할거니까 자리는 지켜주세요."

"오케이~"

씩씩하게 대답하는 그 남자. 그때서야 제대로 얼굴을 쳐다보니 막 시골에서 농사짓고 돌아온 농부의 소박함과 소탈함이 느껴지는 얼굴이었다. 나이는 얼추 나랑 비슷해 보였다.

잃어도 큰 손해가 아닌 돈이기에 자리 지키는 값이라 생각하고 일어섰다. 저런 식으로 노는 사람이 객장에 많다는 얘기는 들은 바 있다. 참 할일 없는 놈이라 생각했다.

그런데 가만 생각해보니.. 내 옆자리였던 그 남자는 나보다 게임도 훨씬 크게 하고, 그렇다고 지금 오링이 된 것도 아닌.. 기계에 남은 잔액도 백만원이 넘었던 것으로 얼핏 기억났다. 앵벌이 같지는 않는데 다소 의아스런 남자였다.

내가 많이 불쌍하게 보였나.. 싶은 생각까지 하게 만든다.

밥 먹고 돌아와 보니 그 남자는 자기 자리에서 게임하고 있었고 내 자리의 슬롯엔..

엥 ??

분명 5만원뿐이었는데 크레딧 잔액이 40만원이나 되어 있었고, 심지어 화면위엔 더불이 24만원이나 진행 중으로 떠 있었다. 여기서 끊어도 크레딧이 64만원.. 혹시 한번 더, 더불이 성공하면 88만원까지도 되는 돈이었다.

"이거 실화에요??"

정말 믿기지 않는 상황이었다. 밥 먹고 온 40분 사이에.. 이런 일이~

물론, 비디오 포커라는 게 쭉 내리 죽다가도 한방에 40, 60, 80, 100, 200만 까지도 주는 게임이지만 하필.. 이 남자가 나 없는 사이에 이렇게 만들어 놓다니.. 절묘한 타이밍과 기막힌 실력에 참으로 신기했고 무엇보다, 고맙기 그지없었다.

그렇게 우리의 첫 만남은 해피 했었다.

해피한 첫 만남 후, 그 남자가 내게 찐덕찐덕하게 작업이라도 걸어왔다면 분명 나는 어김없는 사기꾼이라고 눈치를 채면서 멀리 했을 것이다.

그 첫날 내게 88만원의 바우처를 선물해주고서 그 남자는 나머지 잘해보라는 홧팅의 눈웃음 한번 준 것 말고는 그 이후 내 게임에 참견하는 법이 없었다.

내가 바우처를 뽑고 고마움에 그 남자에게 20만원을 줬지만 극구 사양하는 그 매너. 오~ 카지노에 이런 사람도 다 있나 싶은 감동까지... 첫날은 그렇게 심플했다.

감사의 표시로 내가 남자에게 아이스 커피 한잔 사 준 것 말고는 특별한 대화도 없었고 연락처를 주고 받지도 않았으며 그 흔한 나가서 밥 먹자~는 소리도 없었다. 그렇기에 카지노에서 보기 힘든 아주 멋진 사람이라고 기억하며 왔던 것 같다.

  나는 강원랜드 카지노에 한번 가면 보통 2,3일을 놀다오지만 또 한번 갔다오면 장거리 운전에 대한 휴우증과 금전적인 손실이 컸을 경우에는 더더욱 열흘이나 보름 또는 한두 달 후에나 다시 출정하는 패턴이다.
  그 일이 있고 나서 아마도 한 달이나 더 지난 후 다시 갔던 것 같다. 그 남자는 포커 머신에 앉아 게임을 하고 있었고 나는 도착했지만 자리가 없었다.
  내가 먼저 안녕하세요~ 인사를 건네며 아는 척을 했지만 건성으로 아, 네~ 고개만 까닥거리며 인사를 받아주고는 다시 게임에 열중하는 남자. 강렬했던 지난 날의 추억치고는 너무 밋밋한 반응.
  그리고 한참을 포커 머신의 뒤에 서서 자리 나기를 기다리고 있는데 그 남자가 300 정도 땄으니 이제 그만하겠다고, 룰렛하러 간다며 내게 자리를 넘겨준다.

  그로부터 몇 시간이 지나고 폐장을 앞둔 시간. 남자가 내게 와서 부탁할게 하나 있단다. 자기가 돈을 입금해서 어머니 통장에 이체시켜놔야 하는데 오늘 자기는 이체한도가 초과해서 돈을 이체 못하니 내 통장 좀 빌릴 수 있느냐는 것.
  돈을 빌려달라는 것도 아니고.. 자기 돈을 입금해서, 바로 이체시

4부 : 카지노에서의 특별한 사연들.

키는 것인데 그게 뭐 어려운 일일까.. 나는 또 신세를 지면 꼭 갚은 스타일이라 흔쾌히 들어줬다.

"네~ 해 드릴께요"

남자와 함께 객장 안, 음료수대 옆에 있던 신한은행 ATM 기계로 같이 가서 입금할 돈을 받았다. 자그만치 700만원이었다.

그리고 하루 더 게임하고 갈거라는 내게 남자가 그럼, 시내 가서 밥을 먹자고 한다. 소고기 사준다고.. 오늘 남자는 포커 머신과 룰렛에서 모두 800만원을 땄다고 한다.

"게임 잘 하시나봐요?"

강원랜드 카지노에서는 거의 이기고 있는데 카지노가 생기기 전, 종로쪽 사설 오락실에서 10년 넘게 수억을 잃었단다. 그때 잃었던 패배들을 교훈삼아 카지노에서는 비교적 영리하게 게임하는 편이며, 열의 아홉 번은 이기는 편이라고.. 주 종목은 룰렛, 비디오 포커는 심심풀이 알바용~ 블랙잭이나 바카라는 안함.

아.. 카지노에서 꾸준히 이기는 사람도 있구나 ~ 생활 도박인으로 하루 20-30만원씩 꾸준히 따고 있다는 사람들 이야기는 들었어도, 올 때마다 작게는 2,3백만원.. 잘 될때는 천만원도 딴다는 사람.

카지노에 다니는 사람들 중, 돈 잘 따는 겜블러들이 존재하고 있구나.. 새삼 존경스럽기까지 했다.

남자랑 사북시내에서 고기를 먹고 모텔을 잡아준다는 남자의 편의를 극구 사양했지만 남자는 씩씩하게 모텔로 전화해서 방 두개를 예약했다.

방 1개가 아닌 2개 예약의 소리를 듣고 난 안심하고 따라갔다. 밥도 얻어 먹어서 모텔비는 내가 계산하고 싶었으나 역시 나보다는 그 남자의 계산이 더 빨랐다. 그렇게 각자의 방으로 가서 취침을 한 후, 정말(!) 아무일 없이(!!) 하루를 보내고~ 다음날 객장 안에 나란히 들어갔다.

번호가 늦은 나보다, 먼저 입장해서 들어간 남자는 친절하게 내가 원하는 머신까지 잡아주었고 서로의 연락을 위해 로비에서 자연스레 전화번호도 교환하게 되었다.

혹시나.. 사기꾼, 미친놈, 도둑놈이 아닐까 일분일초의 긴장끈을 놓지 않았던 내 모습이 민망하다 싶을 정도로 남자는 매너가 있었으며.. 밥먹을때나 게임할 때나 심지어 모텔에 들어갈 때도 흔한 농담이나 희롱 섞인 말 따윈 없었다. 나는 참 인복이 많아~ 스스로 그렇게 자만했다.

카지노에 자주 갈수 없었던 내게 남자는 그 후 틈틈이 문자를 보내왔다. 오늘은 얼마를 이겼다, 오늘은 게임이 이건 잘되고 이건 잘 안 된다 등등..

잦은 문자통화를 통해(그때는 카톡이 없었음) 이제 개인적인 얘기나 가족들 이야기까지 스스럼없이 나눌 정도로 친밀해 진듯 하다.

남자는 뜻밖에 나와 동갑이었다. 그러나 아직 결혼 안한 노총각..
아, 나는 여기서 우연치 않는 내 연애사의 공통점이 있음을 발견했다. 첫사랑이자 첫 연애였던 고.2 때의 야구부 남자~ 대학때 미팅으로 만나 군대 제대할 때까지 교제했던 남자친구 그리고 지금의 남편까지.. 모두 나랑 동갑이었다. 그리고 모두 다, 큰아들이었다.
막내인 나와 달리 내 남자친구들은 우연하게도 모두 동갑에 큰아들이었다. 일부러 고르거나 선별한 것도 아닌데..
그 남자도 그랬다. 동갑에 큰아들.. 나의 연애사를 말해본적도 없는데, 이건 또 무슨 우연의 일치인가? 이때부터 나는 내 맘의 경계가 무너진 듯 하다.

어느 날인가는, 도저히 카지노에 놀러갈 수 없는 상황인데도 오라고 전화가 온 적이 있었다. 게임할 여유 돈이 없어서 갈수도 없다는.. 자존심이 다소 깍이는 말까지 했는데.. 이 남자는 대뜸 게임비는 자기가 줄테니 오란다.
아무리 내가 게임이 좋아 환장한다 쳐도, 또 친구나 언니에게 돈을 빌려 게임 시드를 마련해서 간 적도 있기는 하지만, 카지노에서 알게 된 남자에게 게임시드를 빌려서 갈 만큼 철딱서니는 아닌지라 거절을 했지만, 오늘 자기가 이미 500만원을 넘게 땄으므로 100만원은 줄 테니 편하게 오란다.

"100만원 빌려서 게임하다 잃게 되면, 바로 돈 못 갚을 수도 있어~ 한참 나중에나 갚을 수 있다구~"

어차피 오늘 딴 돈인데 빌려 주는 게 아니라 그냥 주는 거란다. 왜? 이때부터는 이미 반말로 말을 튼 사이였다.

"친구한테 그 정도는 해줄 수 있지. 그것도 오기 싫다는 사람 멀리서 운전하고 오라했는데 차비정도는 내가 줘야지. 돈 지금 부쳐줄까?"

"돈을 부쳐주기는 뭘.. 가면 줘."

미친년.. 난 왜 그길로 카지노로 달려갔을까.. 그 남자의 의도가 무엇이었든, 나는 이미 카지노 게임보다 그 남자를 더 만나고 싶었던 건 아닐까..

그 남자는 비디오 포커를 정말 잘했다. 200만, 300만원을 잃고 있다가도 나중에 언제라도, 본전을 찾았고 거기에다 더 따기도 했다. 내가 본 바로는, 잃은 적이 한 번도 없었다. (나중 알게 된 사실이지만, 잃은 것은 얘기안하고 바우처 뽑은 것만 딴것으로 얘기했던 것)

룰렛을 가르쳐 주겠다고 했으나 나는 룰렛, 바카라는 하지 않는다. 룰렛, 빅휠은 내가 좋아할만한 게임이 아니었고, 바카라는 배우는 게 무서웠다. 블랙잭도 매번 잃지만..
그나마 블랙잭은 21을 만들고 딜러가 버스트 되는 재미라도 있는데 지금까지도 나는, 바카라가 왜 재밌는지 모르겠다.
내가 블랙잭이나 비디오 포커를 하고 있을 때 남자가 룰렛에서 땄다며 두 손 가득 한 뭉큼의 칩을 들고 와서 자랑하는 일이 많았다. 진짜로 남자는 최소 백만원 이상은 땄으며, 많이 딸 때는 하루 1200만원도 땄다. (1200만원의 칩이나 현금을 본 것은 아니고 딴 돈은 입금시켰다고 해서 진짜 그런 줄 알았다.)

그렇게 3-4개월을 알고 지낸 후, 어느 날 남자가 다른 때와는 달리 맥없이 계속 잃고 있다. 2백을 넣어도, 3백을 넣어도 안 된다. 중간에 백만원씩 올라온 기회가 몇 번은 있었다. 안 될 때는 중간에서 일단 백만원이라도 잘라 먹었으면 좋겠는데 막타까지 계속 치는 그 남자는.. 그날따라 막타가 한 번도 성공하지 못하고 계속 죽는다.

갖고 있던 3백만원을 다 잃었을 때, 남자가 내게 돈 좀 빌려달라고 한다. 어머님 생활비에, 카드값까지 다 결재되어서 통장에 마침 돈이 하나도 없고, 오늘은 3백만 원이 시드의 전부였는데.. 다 잃어버려서 돈 좀 빌릴 수 없냐고 한다.

난처했지만.. 그동안 이 남자가 내게 공짜로 준 게임비며, 많이 땄다고 몇 번이나 줬던 팁 5만원, 10만원들~ 이런 것들을 생각하면 도저히 거절할 수 없는 일이었다.

그때는 내가 아직 잃지 않고 있었기에 내 게임비중 100만원을 주었다. 내게 100만원은 3시간, 5시간이상 놀 수 있는 돈이지만 이 남자에게 100만원은 한 시간도 안 되는 껌값이었나보다. 100만원이 한 시간도 안돼 없어졌다.

"오늘은 날이 아닌가봐. 맨날 이기면 카지노 망하게, 잃는 날도 있으니까 오늘은 그만 접지."

이미 몇 백이 들어갔으니 곧 뽑어낼 때가 됐다며 남자는 게임을 더 하고 싶어 했고, 돈이 더 없냐고 묻는다. 난, 내게 남아있던 100만원을 더 주었다.

언젠가 한번은, 이 남자에게 내가 이런저런 이유로 도움 받는 것들을 뱉어낼 때가 있을 것이라는 막연한 걱정이 바로 오늘인가 싶었다.

"나도 오늘은 이것뿐이야. 이왕 이렇게 된 거 다 해버려~"

그럼에도 그 돈마저 몇 시간이 못가 다 죽고 말았다. 이제는 미련 버리고 포기할 줄 알았던 남자는 그러나, 흡연실에서 같이 담배를 피면서 말한다. 혹시, 내 차 좀 맡길 수 없냐고..

"어디에?"

"전당포에 하루만 맡기자. 200정도만 쓰고 내가 내일은 돈 되니까, 바로 찾아줄게."

아.. 전당포.. 정말 생각하고 싶지 않는 시나리오..

"나는 차 없으면 집에 못가, 그리고 차 없이 집에 갔다가는 남편한테 죽어. 차는 못 맡겨."

틀림없이, 확실하게, 100프로, 내일은 돈이 된다는 남자의 계속된 부탁에 나는 끝내 거절도 못하고 내차를 전당포에 맡기고 200만원을 빌렸다. 그리고 남자에게 주었다. 폐장 아침 6시가 되면 집으로 갈 것이라는 내 일정도, 전당포에 차를 맡기는 바람에 하루 더 연장되고야 말았다.

나는 카지노에서 숙박을 하면 잘 때나, 일어날 때 또는 아이들이 학교 갈 때와 집으로 돌아올 때 등 남편, 아이들과 영상통화를 자주 하기 때문에 그 남자와 친해진 뒤에도 방을 함께 쓰는 일은 없었다.

통장에 남은 돈이 20, 30만원은 있었지만 게임 할 만큼의 시드는 아니었기에 난 모텔방에서 잠을 더 잤고 옆방의 남자는 아침 10시가 되자, 카지노로 올라갔다. 돈이 들어오면, 내 차부터 찾아줄 줄 알고 5시간 넘게 운전하고 갈 생각으로 미리 잠이나 푹 자뒀다.

한 시간이나 흘렀을까.. 문자가 연속 몇 통씩 들어온다. 남자가 보낸 문자였다. 카지노에 들어와서 어제 잃었던 포커머신의 자리를 잡고 앉았는데 (어제 돈을 많이 처먹었으니 오늘은 좀 뱉어주겠지~ 해서 그 머신부터 잡아놓느라 일찍 올라왔다고 함) 게임할 돈이 없단다.

남자는 자기 자동차는 동생 명의여서 전당포에서 안 잡아주고, 카드 현금서비스는 며칠 후에나 한도가 생성되어서 안 되고, 오늘 돈 보내준다는 엄마는 저녁 늦게나 보낼 수 있다고 하고, 지금 당장 돈은 없는데 머신자리 뺏기니 게임은 해야 되고.. 얼마라도 돈이 되느냐고 묻는다.

그러면서 엄마가 이따 저녁에 500만원 입금시켜준다는 엄마와의 문자내용을 복사해서 내게 문자로 보내준다. 틀림없는 사실인 것처럼 확인시켜주기 위해서..

"그럼, 어제 잃은 건 포기하고 나중 저녁에 돈 들어오면 그때 해.

따는 날도 있으면 잃는 날도 있지 이렇게 무리하게 게임하는 건 아닌 것 같아. 그리고 지금 나도 돈이 하나도 없어."

그렇게 말을 해놓고 거절했지만 저녁때 해봤자 이미 오전에 돈을 다 빼먹으면 기계가 썩는다느니.. 지금이 찬스라느니.. 등등 수 십개의 애끓는 문자를 계속 보내는 남자의 부탁에 난 마음이 약해져 할 수없이 언니에게 쌩 거짓말을 쳐서 200만원을 빌렸다.
심지어 간편하게 돈을 통장으로 이체시켜주면 남자가 카지노 안에서 바로 출금하면 될 것을 자기 통장으로 돈이 입금되면 카드값으로 바로 빠져나가니 꼭 현금으로 찾아서 직접 갖다 달라고 한다.

휴.. 이건 뭐지..
어차피 잠자기도 틀렸고, 카지노도 들어갈 겸 현금을 찾아 포커머신에 앉아있는 남자에게 돈을 주었다.
게임도 안 할거면서, 잘하나 못하나 따나 못따나.. 옆에 서서 지켜보는 것도 게임하는 사람에게는 신경 쓰이고 거슬리는 일이라는 걸 잘 알기에, 나는 10만원으로 블랙잭 뒷전이나 해 볼래~ 하면서 자리를 비켜주었다.

블랙잭 뒷전은 개뿔~ 내 머리 속은 복잡해서 아무 게임도 안하고 싶어졌다. 어제 빌려준 돈 100만원, 또 100만원.. 그리고 전당포에 차 맡기고 빌린 돈 200만원, 또.. 언니에게 빌려서 준 돈 200만원..

모두 600만원이나 되는 돈이 그 남자에게 갔다.

　내가 카지노 갈 때마다 갖고 다니는 시드는 200-300만원. 열 뻔쳐 가족이나 지인에게 돈을 더 빌려 게임한다 쳐도 한번 출정에 500만원을 넘어선 적은 없다.

　그런데 내 게임도 아니고 남을 빌려주는데 하루만에 600만원이라니.. 미쳤지.. 나, 미친 거 맞지 ??

　그동안에 여러가지로 고마움을 줬던 사람이지만 이건 정말 무리인 듯 싶다. 그리고 이런 식의 거래가 앞으로도 더 생긴다면 내가 감당할 수 없다.

　우리가 뭐.. 수십 년을 알고 지낸 사이도 아니고, 몸을 섞고 마음을 나눈 연인사이도 아니고, 카지노에서 알고 지내면 맘 편한 좋은 친구.. 고작 그 정도인데.. 여기서 스톱~

　오늘 돈을 받으면 앞으론 좀 멀리해야지.. 카지노 바깥의 야외 산책로에서 길을 걸으며 그렇게 생각을 정리했다.

　그 남자의 게임은 계속되고 있었고, 엄마가 돈 부쳐준다는 저녁 7시까지는 아직도 5시간이나 넘게 남아있었다. 다행히 오늘은 어제처럼 완전 죽지는 않고 본전에서 조금 따거나 내리막이어도 다시 복구하거나 괜찮은 편이었다.

　그럼에도 게임 중인 사람에게 차부터 찾게 200만원을 먼저 주면 안되겠냐고 맘속에서는 몇 번이나 부르짖고 있었는데 차마 입 밖으로 꺼내지는 못했다. 게임중인 사람 석 죽을까봐..

 제발 잃지나 말아라.. 따면 더 좋지만 더 잃지만 않아도 나중 엄마에게 돈이 입금되면 내 돈 600만원은 갚을 수 있을테니까..! 이런 마음까지 생길 정도로, 간절하게 그 남자의 게임을 응원했다.

 "오늘은 느낌이 좋고 기계가 잘 뱉어주니까 500까지 만들 수 있을 것 같아~ 어제 그 모텔방 지금 전화로 예약할테니까, 방에 가서 좀 쉬고 있어. 돈 내지말고 그냥 들어가. 계산은 내가 지금 해 놓을께~"

 방에 가서 쉬라고 억지로 떠미는 것이.. 흐름을 놓치고 싶지 않아하는 것 같아 마지못해 객장에서 나왔다. 모텔로 다시 오니 주인이 계산 안 하셔도 돼요~ 하기에 청소가 벌써 다 된, 어제의 그 방에 다시 들어왔다.

 어떻게 시간을 흘러 보냈는지 싱숭생숭한 시간들을 지루하게 보낸 후 드디어 저녁 7시가 되었을 즈음.. 아무 연락도 없는 남자에게 내가 먼저 문자를 보냈다. 게임 중 일까봐 전화를 안 하고 문자부터 보낸 것이다.

 "엄마한테 돈 들어왔어? 나, 차 빨리 찾아야 하는데.."

답장이 없다. 게임하느라 문자를 못 봤을 수도 있지.. 30분정도 더 기다렸다. 그래도 답장이 없다. 이젠 전화를 했다. 전화를 안 받는다.

하.. 이상한데.. 전화를 몇 번 해도 안 받길래 문자를 또 여러 개 보냈다.

"어떻게 될거야? 되면 되는대로, 안되면 안되는대로 전화 좀 해줘~"

그래도 답장이 없다. 불안한 마음에 안 되겠다 싶어, 카지노로 올라가봐야겠다고 생각했다. 그때 남자에게서 전화가 아닌, 문자 한통이 왔다.

"아까 좀 잘되는가 싶더니 한번 내리막을 타면서 계속 내리 죽어서 결국 다 잃고 말았다. 엄마가 오늘 꼭 된다는 500만원은 갑자기 일이 생겨서 안된다고 해서 지금 친구 만나러 급하게 서울 가는 중이다. 친구에게 돈 빌리는 대로 바로 사북으로 다시 갈게. 늦어도 새벽에는 다시 도착하니까 기다려주라."

이런.. 전혀 예상치 못한 상황이었다. 엄마가 부쳐준다는 500만원이 오늘 안 된대~ 라는 상황까지는 짐작해 보았으나, 난데없이 친구에게 돈 빌리러 서울 가는 중이라고?? 지금?? 그것도 사전에 말 한마디 없이??

내가 빌려준 200만원에 아까 잘되던 분위기에서 200만 원 정도를 따고 있어서 400만원의 현금을 갖고 있는 걸 봤는데.. 그걸 서너 시간 만에 다 잃고 곧바로 서울로 가는 중이라고??

아.. 이거 믿어야하나 말아야 하나.. 자세한 내막을 알고 싶어서 전화를 걸었지만 안 받는다. 계속 안 받는다. 머리가 복잡해졌다.

이 남자가 올 때까지 나는 모텔방에서 하염없이 기다릴 수가 없다. 가야할 집이 너무 멀다. 물론 새벽에라도 100프로 온다는 보장만 있다면 기다리겠지만 왠지 느낌이 안 좋다.

이미 밤 10시가 넘었다. 남자와 통화라도 되면 앞으로 어떤 계획이라도 세울텐데 앞뒤 전후 사정을 통 모르니, 이러지도 저러지도 못하고 안절부절.. 아무것도 할 수가 없다.

그렇게 새벽까지 기다렸으나 남자는 오지도 않았고 전화통화도 되지 않았다. 그 기다림 속에 난, 내가 놓친 게 있다는 걸 알았다.

난, 이 남자의 이름과 전화번호만 알뿐 이 남자에 대해서 알고 있는 게 하나도 없다. 입장권을 끊을 때 봤던 주민등록증에서 나랑 동갑이라는 거 그리고 주민증의 주소가 서울이란거 빼고는 내가 주민등록번호를 외우고 있는 것도 아니고 주소를 적어둔 것도 없다. 만약 그놈이(이때부터는 본격적으로 그놈!) 잠수를 탄다면 내가 찾을 방법이 하나도 없다.

아.. 카지노 상황실에 신고하면 되나??

그건 나중 일이고 일단 오늘, 내일.. 내가 어떻게 해야 되나 싶다. 차를 전당포에서 찾아야 하는데..

결국, 다음날 아침이 되어서도 그놈은 오지 않았다. 문자의 답장도 없고, 전화도 없다. 아.. 사기라는 걸 이렇게 쉽게도 당하는구나!

결국 전당포에서 차를 찾는 건 남편의 도움을 받았다. 100만원을 갖고 놀러 왔는데 너무 열 받아서 전당포에 차 맡기고 돈을 빌려서 게임을 했는데 그것마저도 다 잃었다고 핑계를 댔다. 남편은 매번 그렇듯,

"제발 가지고 간 돈만 잃으라고!! 누가 따오래? 갖고 간 돈만 잃고 오면 되지 왜 빚을 지는데??"

남편의 잔소리 꾸벅~ 30분간 들어주고 미안..미안.. 몇 마디에 쿨해지는 남편이라 매번 미안함을 느끼지만 이번엔 진짜로 면목이 없을 정도다.
남편은 친구에게 곧바로 300만원을 빌려서 돈을 보내줬다. 무사히 전당포에서 차를 찾았지만 기가 막힐 노릇이었다.

아침, 모텔에서 체크아웃을 하고 나오는데 주인이 숙박비 계산은 하고 가셔야죠~ 한다.

"엥? 어제 계산 안 됐어요?"

안됐단다.

"어제 저보고 그냥 들어가라고 하셨잖아요?"

그 남자손님이 여기 단골인데.. 한번 오면 3일,4일 ..이렇게 있다가고 어떤 때는 선불로 2,3일치 먼저 주기도 하고 또 어떤 때는 외상으로 했다가 게임 끝나고 와서 아침에 한꺼번에 주기도 하고 그러는데.. 어제 그제 먼저 외상으로 해달라고 해서 그렇게 한 건데 이틀 동안 콧베기도 안뵈고 오지도 않으시네~ 그러니 나보고 계산 해 달란다. 진짜 쪽팔려서 정말..

"그 사람 여기 온지 오래됐어요?"

6개월 넘는 단골이란다.

"그 사람 차는 가지고 다녀요?"

"이상한 봉고차를 타고 다니던데.. 20년은 넘었을 완전 똥차야."

아.. 이런.. 개쉐끼 ~~~

그러고 보니, 그놈은 엄마는 그렇다 치고, 주변에 돈 빌릴 친구하나 없어서 내차를 전당포에 맡겨달라고 했었나? 엄마, 아빠, 동생 그리고 친구들.. 주변에 돈 빌릴 사람이 못해도 서너명은 있을껀데..

암튼, 그놈에게 빌려준 600만원은 게임 한번 제대로 못해보고 온전하게 내 빚이 되어버렸다.

나중, 카지노 상황실에 가서 신고할까.. 생각도 해봤는데 노름꾼이 카지노를 떠날 수는 없을 것 같고, 언제고 다시 오겠지 하는 마음에 일단 기다려보기로 했다.

나의 여러차례 전화나 문자에도 그놈은 연락이 아예 없다가 급기야는 일주일정도 지났었나.. 전화번호를 없앴는지, 없는 번호라고 발신음이 나온다. 전화번호를 바꿔버린 것이다.

확실히 사기 맞네.. 내가 사기 당한거 맞네.. 설마 설마하며 한 가닥 잡고 있었던 혹시나 하는 맘이 냉정하게 현실로 받아들여졌다.

그리고 나는 한달 후쯤 다시 카지노에 갔다.

비디오 포커 게임을 자주 하던.. 얼굴을 여러 번 봐왔던 사람들 몇몇에게 그놈이 왔었는지 어쨌는지 물어봤는데 남자는 그날 이후 오지 않았단다.

그러면서 듣게 된 말이 있다. 이미 여러 사람에게 30만원, 50만원, 70만원씩.. 빌린 게 많은데 모두 갚지 않았고 이제 연락조차 되지 않아 잠수를 탔다는 것.

그놈에게 70만원을 빌려줬다는 사람을 만나게 됐다. 그분은 나보다 더 영리해서 그놈의 신분증을 핸드폰으로 받아뒀다고 한다. 오~ 역시 그랬어야 하는데!

그러나 70만원을 빌려준 사람은 나보고 포기하란다. 그놈의 집이 자기와 같은 동네라, 그다지 멀지 않아서 주소지로 직접 찾아가봤는데 부모님이 기초생활수급자로 어렵게 사시고 있단다. 자기가 돈 받으러 갔다가 오히려 그놈 어머니한테 밥 사드시라고 만원까지 주고 왔다면서..

큰 아들놈이 노름에 미쳐서 몇 년째 집밖에서 생활하고 있으며, 어쩌다가 돈 몇푼 달라고 찾아오는 것 빼고는 가족들도 당체 얼굴을 볼 수가 없단다. 그 가족 중엔 부인도 있었다. 총각이란 말도 거짓말이었던 것이다.

그 놈이 총각인지 유부남인지는 중요하지 않았다. 문제는 자신에 대해 대부분을 속였다는 사실에 배신감이 들었다.

굳이 '사기꾼'이라는 이름을 붙이지 않아도, 처음부터 사기 칠 목적이 아니었다 해도, 자신에 대해 거짓 포장을 하고, 실제와 다른 모습을 이야기하는 것은 위선이고 사기다.

카지노에서 자신의 모습을 속이는 사람들이 의외로 많다. 드러내고 싶지 않아 말하지 않는 것과, 실제와 다르게 과대 포장하여 말하는 것은 분명 다른 일이다.

카지노에서 게임을 하다 돈을 잃으면 누군가에게 돈을 빌릴 목적으로 혹은 누군가에게 환심을 사기 위해 거짓말을 하는 사람들이 있다. 한번 시작된 거짓말은 또 다른 거짓말을 낳는다. 하지만 거짓말은 분명, 언제고 들통이 나기 마련이다.

그 놈과의 일도 벌써 7, 8년이 지났다. 나는 여전히 한 달에 한 두 번은 카지노에 놀러갔고, 갈 때마다 혹시나 그놈이 있는지 없는지 룰렛 테이블도 슬쩍 돌아다녀 본다.
그 이후, 단 한 번도 그놈을 본 적은 없다. 그리고 다른 분들이 그놈을 봤다는 목격담도 없다.
객장에서 만난 이사람 저사람에게 많은 돈을 빌린 터라 강원랜드 카지노에는 못 올 것이 뻔하다. 혹 어쩌면, 차비 10만원을 받고서 스스로 영구정지를 시켰을지도 모를 일이다.

어느 커플, 견우와 직녀

견우와 직녀는 부부다. 올해 50대 후반의 나이다. 두 사람은 대학 때 만나 사랑을 시작했으니 어연 30년 가까운 세월동안 사랑한 사이다. 둘의 사랑은 어떤 이유로 쉽게 맺어지지 못하고 헤어지게 된다.

직녀가 다른 사람과 결혼을 했다. 견우는 혼자가 되었다. 혼자가 된 견우는, 돈버는 일에만 몰두하며 산다. 다행이 견우는 많은 돈을 벌었고 돈버는 일에 익숙해져 부를 쌓았다.

견우를 버리고, 원치 않은 결혼을 한 직녀는 행복할 리 없었다. 돈 잘 버는 의사 남편과 전혀 행복하지 않았으며 무미건조한 결혼생활은 삶을 우울하게 만들었다.

다행히(?) 직녀의 남편이 바람을 피워줘서 쉽게 이혼을 할 수 있게 됐다. 여느 와이프같으면 한 번의 바람쯤은 용서해 줄 텐데 직녀는 그럴 수가 없었다. 견우가 기다리고 있기 때문이다.

직녀의 이혼 후, 둘은 다시 만난다. 그리고 새로 마련한 둘만의 신혼집에서 초대 손님 세 명을 모시고, 결혼식을 올린다. 신혼집에서 치룬 작고 조촐한 결혼식이었다.
 이 자리엔 부모님도 없고 일가친척도 없었다. 가족들에겐 일체 알리지 않았기 때문이다. 초대 손님 세 명은 모두 친구였다.

 견우와 직녀는 동대문 옷 장사, 악세사리 같은 보세장사를 시작으로 돈을 벌기 시작하더니 점차 브랜드 아웃도어 매장, 커피 프랜차이즈 등 사업규모도 커지고 재산도 늘어난다.
 30대를 지나 40대를 넘고 50대가 되니 이제 아파트는 세 채가 되었고 가게도 점점 평수가 크게 확장되고 있었다. 경제적으로도 매우 풍족해진 그들은 일 년에 한 번씩은 해외여행을 간다. 자녀가 없으므로, 둘이 맘만 먹으면 가게는 직원들에게 맡기고 언제, 어디라도 여행을 갈수가 있었다.

 두 사람은 해외 여행 중에도 종종 카지노를 가봤다고 한다. 잃어도 작은 돈이고, 혹 약간의 돈이라도 따는 날이면 대부분 맛있는 음식을 먹는데 썼다고 한다. 두 사람이 제일 좋아하는 코스는 온천욕과 마사지를 받는 것이다.
 1, 2년은 돈 한 푼 벌지 않아도 충분히 쓸 수 있는 통장의 여유와 자녀가 없음으로 해서, 같은 또래가 겪는 육아와 자녀교육에 대한 부담에서의 해방~ 이런 것들로 인해 견우와 직녀는 오랜 세월 같이 동고동락을 하면서도 권태기를 겪지 않았다고 한다. 삶이 따분하고 지루하다 싶으면 어딘가로 여행을 떠나 신나게 놀다 오곤 했으니깐.

그러던 행복이 강원랜드를 다니게 되면서 서서히 깨지기 시작한다. 30년간 쌓아 온, 어려운 사랑과 오랜 믿음이 카지노라는 성 앞에서 무참히 짓밟히고 만다.

견우와 직녀는 강원랜드 카지노를 같이 다녔다. 처음에는 슬롯을 하였고 룰렛도 했으며 다이사이, 바카라도 하였고 블랙잭도 했다.
시작은 한 달에 두 번 정도.. 그러다가 일주일에 한번.. 또 그러다가 일주일에 3-4번, 나중에는 매일 다닌다. 이렇게 일년을.. 이년을.. 삼년을.. 다니게 된다.
따는 날도 잃고 잃는 날도 있지만 생활이 풍족한 그들에게 하루 100만, 200만원 잃은 것은 그닥 큰 영향을 주지 않았다고 한다. 그러다가 문제의 블랙잭 30다이에 견우가 푹 빠지면서는 상황이 심각하게 흘러갔다.

견우는 매우 공격적인 스타일이고 사업을 해서인지 베짱과 패기가 있다. 좋은 슈에는 금방 몇 백을 따기도 하지만 악슈에는 그만큼 열뱃도 많이 하여 잃는 금액도 꽤 커진다. 하루 시드가 500만원은 물론이고 어떤 날은 천만원을 잃기도, 어떤 날은 이천만원까지 잃기도 한다.
심지어, 심심풀이 슬롯을 돌리고 있는 직녀를 불러 투핸드를 쏜다. 매우 많이 잃었을 때 하는 상황들이란다.
견우가 직녀와 투핸드를 쏘게 되면 매판 30만원씩 앞뒤로 60만원을 배팅하게 되므로 그들은, 천만원의 돈을 금새 따기도 하지만 반대로 천만원, 이천만원의 돈을 순식간에 잃기도 한다.

  하지만 우리가 늘상 겪었듯이 열 번중 따는 날은 고작 2-3번, 잃는 날이 두배 세배 더 많다. 또 딸때는 삼백, 오백이지만 잃을 때는 그의 곱절인 천만원, 이천만원 잃는 날이 허다하다. 매에 장사 없다지만, 도박에도 견뎌 낼 장사가 없다.

  그들이 일년이 지나고 이년이 지나고 삼년째가 되는 날은 잃는 돈이 5억원을 넘었다고 한다. 아파트 한 채 날렸다고 생각하고 직녀는 과감하게 카지노 출입정지를 생각한다. 이제까지 잃은 돈은 이미 돌이킬 수 없는 과거.. 하지만 남은 재산이라도 잘 지키고 싶어 출입정지와 단도를 결정했다.

  직녀가 출입정지를 생각할 수 밖에 없는 또 다른 이유는 하나 더, 있다. 돈은 아직 남아있어, 큰 걱정이 아니다. 문제는 견우가 매우 다른 사람으로 변해가고 있다는 것이다.

  카지노를 다니기 전의 견우는, 매우 활달하고 귀염성 있는 얼굴로 누구에게나 호감 가는 성격을 갖고 있었고 장난과 유머가 많아 주변 사람들과 잘 어울리는 사람이었다.

  왠만한 일에 화내는 법이 없고 특히 직녀에게는 험한 말과 짜증이라곤 거의 내는 법이 없었으며 항상, 자신을 존중하고 배려해주는 사람이었다.

그러던 사람이.. 그렇게 25년 이상을 보아왔던 사람이.. 카지노를 다니고 돈을 잃는 횟수가 많아지고 그 잃는 금액이 갈수록 깊어질수록.. 난폭해지고 다혈질이 되고 때론 다중인격자가 되어 하루에도 수십번씩 기분과 태도가 변한다. 모두 돈을 잃고 따는 것에 따라 좌우되었다.

직녀는 견우가 사나운 개가 되어 블랙잭 테이블의 사람들과 삿대질하며 싸우는 모습을 보는 게 싫다. 오늘은 저새끼 때문에 잃었고, 내일은 저 재수없는 년 때문에 잃었다는 매일매일의 핑계가 더 이상 듣기 싫다.

심지어는 카지노로 출발하기 전, 직녀가 작은 잔소리 한마디 했다고 그 재수 없는 잔소리 때문에 하루 종일 게임이 안 된다고 탓을 돌린다. 돈을 잃는 것이 모두 남 탓이다.

그렇게 돈을 잃고, 심지어 오링이라도 되어 돌아오는 날은 같이 살고 있는 반려견에게 까지 짜증을 내고 화를 낸다. 빈집에 홀로 이삼일을 놀고 있었던 죄 없는 어린 강아지한테까지 발길질을 한다. 성질은 점점 난폭해지고 통장은 또 점점 마이너스로 달리고 있다.

부지런해서, 직원들보다 먼저 출근해 항상 매장 문을 직접 열었던 그 성실한 사람이.. 이제는 손님이 오는지 가는지.. 신경조차 쓰지 않고 매사를 모두 직원들에게 미룬다.

둘 사이에 불화가 생긴다. 싸우는 일이 많아졌다. 이런 이유로, 과감하게 결정을 내렸던 '카지노 출입정지'. 견우는 펄쩍 뛰었다.

"카지노 정지를 시키면 이제까지 잃었던 돈은 어떻게 찾냐구??!!"

견우가 불같이 화를 낸다.

"이제까지 잃은 돈은 포기하자. 우리 그 돈 없어도 아직 남은 게 있잖아."

"할려면 너 혼자 해, 난 여기서 포기 못해!

견우는 절대 정지같은 건, 안할거라고 한다. 할 수 없이 직녀는 카지노 상황실에 혼자 들어간다. 영구정지, 3년정지, 1년정지가 있었다. 직녀는 3년정지를 하기로 한다.

"일단, 3년만 안다녀도 우리는 회복 될거야~"

직녀는 스스로 3년 정지에 싸인을 했고, 이제, 견우를 정지시켜 달라고 말한다. 상황실 직원이 어떤 관계냐고 묻는다. 가족이라고 대답했다. 가족관계 증명서를 떼 오라고 한다.

"가족관계 증명서에 들어있지 않으면 안 되나요?"

가족요청 출입제한은 직계존비속(조부모, 부모, 자녀)만 할 수 있단다. 직녀는.. 주저앉고 만다. 견우와 직녀는 법적으로 혼인 신고된 부부관계도 아니고 더구나 동성 커플이었기 때문에 법적으로 인정될 수 없는 관계이다. 그래서 견우의 출입정지를 시키지 못했다.

출입정지 이야기가 말로만 끝날 줄 알았는데 실제로 직녀가 상황실에 들어가서 카지노 3년 출입정지를 해버리자 견우는 화를 냈다.
 같이 객장에 못 들어가니 자리 잡는 것도 번거로워지고, 필요할 때 투핸드를 쏠 수 없기 때문에 불리해졌다고 왜 그런 어리석은 짓을 했냐며 야단을 치고 성질을 낸다. 직녀는 기가 막혔다.
 수십 년을 생활 공동체, 경제 공동체로 살아온 사랑하는 사이인데.. 견우의 그런 반응에 직녀는 그만 좌절하고 만다.
 내가 이제껏 알아왔던 사람이.. 세상 모든 것과 바꿀 수 없다던 내 유일한 사람이.. 과연 지금 내 앞에 있는 이 사람 맞나..?
 직녀는 자신의 출입정지로 인해 견우도 마지못해서라도 출입정지를 할거라 기대했다. 자신이 수십 년 살아오면서 보아왔던 견우는 충분히 그리 해줄 수 있는 사람이었으니까. 그런데 아니었다. 따라서 출입정지를 하기는 커녕 직녀 때문에 큰 손해를 입은 양 원통해하고 분통해 한다.

3년 동안 카지노를 다니면서 과연 우리는 행복했는가? 아니면, 행복과 맞바꿔도 될 만큼의 큰 돈이라도 땄는가? 둘 다 아니었다. 오히려 경제적 손실, 불화, 갈등, 불신 등.. 잃은 게 너무 많았다.

아직은 늦지 않았다는 직녀의 계속된 설득에도 견우의 잃어버린 이성은 되돌리지 못한다.

"그럼, 넌 어차피 카지노도 못가니까 가게 장사나 열심히 해. 나 혼자서라도 잘 다녀볼 께. 잃은 돈은 얼마라도 찾아야지?!!"

직녀에게 이 말은 곧 너는 너대로, 나는 나대로~ 라고 들렸다. 항상 무슨 일을 같이 고민하고 의논하고 결정했던 우리였는데.. 언제부터인가는 일방적인 통보만 있다. 이런 비참하고 처절한 상황에 직녀는 그저 암담하고 깜깜했다.

누구에게 하소연을 하여 도움을 받고 싶고, 누구에게 견우 좀 말려달라고 부탁도 하고 싶지만 누구에게, 어떻게 말해야할지 너무 막막하다. 도박중독센터를 찾아가볼까 생각도 했지만 동성커플이라는 게 밝혀질까 그 역시 두렵다. 직녀는 가슴에 병이 든다. 독한 술을 마시게 되고, 담배를 피우게 되었다.

견우는 언제 어떻게 융통한 자금인지 모를 돈으로 카지노는 카지노대로 다니면서, 카지노에서 잃은 돈을 또 주식으로 만회할 요량으로 주로 장기 투자에만 묻어두었던 주식까지 모두 처분하여 단기 단타로 직접 매매까지 한다. 이제 모든 것이 견우에겐 투자가 아닌, 투기가 되었다.

 돈의 손실이 커지니 그를 메꿀 방법으로 더 많은 방법을 동원해, 더 여러가지의 모략과 욕심을 부린다. 그럴수록 사정은 더 열악해지고, 더 많은 빚이 생겨나기 시작했다.

 직녀는 어느새 자포자기의 심정이 되어 버렸다. 하룻밤 마시는 술의 양도 점점 많아진다. 어느 사이, 하루도 술을 마시지 않고서는 잠을 잘 수가 없게 되었다. 그런 직녀의 변화가 걱정이라도 될 법 하지만 견우는 오히려 자기와 상관없는 일 인양 외면한다.

 "미쳤네, 미쳤어~~ 이제 술에다.. 담배까지.. 차라리, 카지노를 다니지~"

 견우가 비웃듯 던지는 말이다.

 "그래, 내가 미쳤다. 도박에 미친 널 보고 사는 내가, 어떻게 안 미치고 사니? 내가 지금.. 이 상황에.. 어떻게 안 미치고 살수 있냐구?"

 직녀의 울부짖음은 절망적인 절규였는데 견우에겐 그게 들리지 않는 모양이다.

 "아, 카지노 가는 길인데.. 재수없게.. 씨~"

견우가 나가면서 툭 뱉은 그 한마디.. 그 말은 안 들었어야 할 말이다. 이제 직녀는 견우에게 카지노 도박보다 못한 존재가 되어버렸다.

"그래..이젠 끝내자.. 너와 내가 더 이상 같이 살 이유가 없어."

직녀는 견우와 헤어짐을 생각한다. 직녀가 조금이라도 아플 때면 약국이든 응급실이든 어디든 달려가서 약봉지를 사들고 왔던 견우. 늦은 밤, 매운 떡볶이가 먹고 싶다 혼잣말로 중얼거리는 소리까지 듣고는 우리동네 남의동네까지 다 뒤져서 먹을 것을 사다 챙겨주던 견우. 사위가 없어 허전하다는 엄마의 하소연 한마디에 백만 원짜리 수표를 떡 하니 받치며

"어머니, 사위 대신 딸 하나 더 있는거죠~ "

라며 애교를 떨고 익살을 부리며 엄마의 마음을 사로잡았던 견우..
지방에 계약하러 가면서 자고 와야 할 때에, 하룻밤 떨어져 있는 게 싫어서 밤새 7시간을 밧데리가 방전될 때까지 전화통화하면서 곁의 빈자리를 채워줬던 견우.. 이제 그런 견우는 없다.
지난 시간을 되돌아보니 그저 눈물만 나온다. 직녀는 혼자 남은 집에서.. 밤새 대성통곡을 한다.

직녀는 옷가지만을 챙겨 엄마 집으로 들어왔다. 엄마는 어느새 팔순이 지난 노모가 되셨다. 한 번의 결혼 실패가 있었기에 쉽사리 직녀에게 다시 결혼하라는 말을 하지 않으신다. 그러나 언제든 딸이 좋은 남자를 다시 만나 재혼하여 새 가정을 꾸려서 자식보기를 원하신다. 엄마는 직녀가 그저 무슨 일로 견우와 심하게 다툰 후 집을 나온 것으로 안다.

"아니, 그렇게 이십년을 가까이 살면서 알거 다 알고 모르는 것 하나 없이 허물없이 지내면서 뭐가 서운타고 집을 나오니?"

차마 견우의 상태를 말할 수가 없었다.
세상에서 가장 나쁜 짓이라 믿고 있는 동성애와 도박~ 이 두 가지의 문제가 모두 내일이라고.. 엄마에게 어떻게 설명할 수 있을까? 돌아가시는 순간에도 차마 말할 수 없는 일이다. 엄마, 미안해...

직녀는 동성 파트너인 견우를 선택한 25년 전에 이미 엄마에게는 불효녀일 수밖에 없음을 깨달았다. 그 어떤 효도로도 채울 수 없는 막대한 불효.
동성커플에겐 애초부터 법적인 혼인관계가 존재하지 않으므로 직녀는 자신이 이별을 한 건지, 이혼을 한 건지 구분이 안갔다. 막상 헤어짐을 결정하고 모든 것을 정리하려고 하니 정리할 게 하나도 없다. 여느 부부처럼 이혼절차도 필요 없고 모든 명의가 견우에게 되어 있으니 재산분할도 필요 없고, 또 분할할 재산 이란 게 이제는 남아있는 게 없다. 모두 빚으로 담보설정이 되어 있는 상태다.

돈은 다시 벌면 된다. 돌봐야 할 자식이 있는 것도 아니고, 노모의 용돈 몇 푼 챙겨드리는 거 말고는 큰돈이 필요하지도 않았다. 그러나, 정작 정리되지 않는 건 25년간의 사랑과 믿음이다. 밉다고 생각해도 미워지지 않고, 지울려고 노력해도 지워지지 않는 게 사람과의 추억이고 인연인가 보다.

어느 날, 견우에게 전화가 왔다. 며칠 연락도 없이 뜸한 게 카지노에다 또 꼴아 박고 있나보다 생각해서 전화를 받지 않았다. 아직 맘의 정리도 되지 않았고, 더 많은 고민이 필요하다고 생각해서 연락을 피하고 있었다. 여러 번의 전화에도 전화를 받지 않자 어머니가 방을 두들기며 말한다.

"견우한테 뭐 급한 일이 생긴 모양인데? 니가 전화 안 받는다고 내게 전화 왔더라"

"엄마한테 뭐라고 하던데?"

"갑작스레 돈이 좀 필요하대. 나보고 500만원만 빌려달라는데? 왜 니한테 얘기를 안하고.."

엄마의 말이 끝나기가 무섭게 직녀는 억장이 무너져 소리를 친다.

"이 미친 인간이 ~ !!"

직녀는 화가 나서 견우에게 당장 전화를 했다.

"야, 너 정신 나갔어? 이제 하다하다 우리 엄마한테까지 돈 빌려달라 하니? 왜? 또 오링 돼서 게임할 돈이 없어? 그럼 관두고 나와. 이렇게 추잡스럽게까지 게임을 해야 돼??"

평소 태도와는 달리 이상하게 견우의 목소리가 떨렸다.

"일단 묻지 말고 돈 좀 부쳐줘. 딱 500만원이 필요해. 그거 있어야 비행기 탈수 있어."

견우는 한 번도 해외에 혼자 나간 적이 없다. 이젠 하다하다 해외 원정 도박까지.. 기가 막힐 노릇이다.

"혹시 지금, 해외 카지노에 있니?"

"그게.. 그게 있잖아.."

견우는 지금 필리핀 마닐라에 있단다. 가져간 돈은 다 잃고, 그것도 모자라 현지에서 빚까지 진 모양이다. 마지막까지 부여잡고 싶었던 한 가닥의 희망마저 싹둑 잘라져 나간 느낌이다.

"돈 없어. 수중에 가진 돈 한 푼 없어서 지금 엄마 집에서 얹혀 살고 있고 그나마 용돈마저도 엄마한테 타서 쓰는 중이야."

없다고, 없다고 아무리 말을 해도, 나중에 갚을테니, 집을 팔아서라도 갚을테니 무조건 돈 좀 부쳐달라고 애걸복걸이다.
이렇게까지 자존심이 없던 사람이었나..?

"거기서 죽던가 살던가 그건 니가 알아서 하고, 앞으론 절대, 내게 연락도 하지 마!"

매몰차게 전화를 끊었다. 직녀는 어쩌면 다행이라고 생각했다. 견우의 그런 추접한 행동이 직녀의 마음을 정리하는데 도움이 될 것이다. 직녀의 목소리가 너무 컸는지 엄마가 놀라서 방에 들어오셨다.

"아니야, 별일 아니야.. 엄마는 신경 안 써도 돼~"

엄마가 통장을 가지고 왔다. 돈이 천만원정도 들어있는데 견우에게 보내라고 한다. 견우가 엄마에게 재차 도와달라고 전화를 또 했단다.

"안 돼, 지금 걔한테 돈 주면 안 된다고~!"

"어차피 이 돈은 이제까지 다 견우가 준 용돈으로 모은거다. 견우가 이제까지 나한테 준 돈이 어디 한두푼인 줄 아니? 그래도 모아놓으니 꽤 되더라. 견우한테 보내줘라."

"안돼, 안된다고~ !"

"니는 내 딸이지만 참 매정하다. 견우가 해외 나가서 오도 가도 못한다는데 일단 우리나라에 들어오게 한 다음에 혼내도 혼내야지. 아예 돈이 없어서 못 주는 거면 모를까.. 시끄럽고~ 이거부터 얼릉 보내줘라~"

"됐어~ 엄마는 잘 알지도 못하면서.. 내가 알아서 할께!"

"견우가 도박을 했든 사기를 쳤든 뭔 잘못을 했든 일단 사람부터 구하고 나서 따져야지 생판 모르는 다른 나라 가서 그러고 있다는데.. 느그들이 어디 한 두해 살았니? 서로 정붙이고 그리 오랜 세월 살았으면 부부고 가족인거지. 실수안하고 잘못 없는 사람이 어딨대?"

엄마의 말에 직녀가 깜짝 놀란다. 엄마의 입에서 부부.. 가족..이란 단어가 나왔으니까. 엄마는 혹시.. 우리 관계를 알고 있었을까?

"내사.. 남사스러워서 티는 못 냈지만 어디가서 드러내놓고 함부로 말은 못해도.. 견우는 나한테.. 딸이고 사위랑 매 한가지다. 잔말말고 일단 돈부터 부쳐서 얼릉 들어오게 해"

"엄마~"

"얼릉 통장에 있는 돈 찾아서 부쳐주고 와. 사람이 우선 살고 봐야지!"

"그게 아니라.."

"시끄러~ 내 시키는대로 해. 난 견우가 얼마나 고마운지 모른다. 뭐 처음엔 맘도 불편하고 보기도 안좋더구만 벌써 이리 산지 십년도 넘고 이십년도 넘으니까 이제는 견우가 니 짝인가 싶다."

엄마가 견우를 그렇게 생각하고 있는 줄 몰랐다. 한 번도 직녀에게 해 본적이 없는 말이었다.
견우가 이런 사실을 알기나 할까.. 알고 나면.. 엄마의 맘을 헤아려서 진짜 이번엔 도박을 끊고, 다시는 카지노에 안 가게 될까?

직녀는 마지막으로, 진짜 마지막으로.. 견우에게 한번 더.. 기회를 주고 싶었다.

엄마의 성화에 못 이겨 직녀는 견우에게 돈을 보냈다. 견우가 부탁했던 500만원만 보낼까 하다가 통장에 들어있던 잔액 1000만원을 다 보냈다. 그리고 문자를 보낸다. 엄마의 마음이니 제발 신뢰를 깨지 말아달라고.. 직녀의 심정을 담은 긴 문자에도 불구하고 견우는 '고맙다'는 세 글자뿐인 답장만 보내왔다.

직녀는 궁금해졌다. 견우가 그 돈을 어떻게 쓸 것인지. 부탁했던 500만원보다 더 여유있게 보낸 그 천만 원이 마닐라 카지노에서 몽땅 도박으로 다 쓰이고 말 것인지 아니면 엄마의 마음을 헤아려 한국에 돌아와서 엄마와 함께 따뜻한 밥 한끼라도 같이 먹으면서 이젠 다시 도박 안할께요.. 라고 할런지..
직녀는 견우의 태도를 보고 자신이 줬던 그 마지막 기회가 마지막이 아닌.. 새로운 시작이 될 수 있기를 기대 해본다.

그러나, 도박이란 건 참으로 무서운 병인가 보다. 그 이후 며칠이 지나도 견우에게 연락이 없다. 흔한 말로 덕분에 잘 들어왔다.. 든가, 덕분에 일이 잘 해결됐다.. 든가, 이런저런 가타부타 말 한마디가 없다.
그 시간이 며칠이 지나고, 한 달이 넘었다. 직녀는 불행하게 예상했던 일이 현실이 되는 건 아닌지 불안했다. 두달이 되어갈 때쯤 견우에게 연락이 왔다. 돈이 필요하니 한번만 더 도와달라는 것이다. 직녀는 헛웃음이 나왔다.

"됐어.. 우리 인연은 이게 끝이야."

애걸복걸.. 구걸인지.. 협박인지 모를 견우의 다양한 울부짖음과 하소연을 뒤로 하고 직녀는 자리에서 일어났다. 이젠 그 어떤 얘기도 듣고 싶지 않았다.

세상에서 가장 무서운 건 암이 아니라.. 도박이구나. 암은 수술하고 치료해서 나을 수도 있지만 이놈의 도박이란 진짜로 죽을 때까지 끝낼 수 없는 모양이다.

그로부터 벌써 2년이 지났다. 견우가 어디서 어떻게 지내는지 연락은 없지만, 종종 다른 이들에게 소식은 들었다.

한때 같이 일했던 종업원에게도 돈 빌려 달라는 전화가 계속 온다 하고, 친구들에게 빌린 돈은 아예 감감무소식 갚지 않고 있다고 하며 이미 정리되어 하지도 않는 사업을 핑계로 동업 하자느니, 투자 하라느니.. 돈 이야기를 하고 다닌다는 소문도 있었다.

또 카지노에서 알게 되어 안부정도 묻고 지내는 사람의 말에 의하면 견우는 여전히 카지노를 다니지만 예전만큼의 씀씀이나 행색이 아니라고 한다.

직녀는 서울에서 작은 가게를 운영하고 있다. 몇 달 전, 어머니가 돌아가셨다. 그 자리에 꼭 있어 주리라 믿었던 견우는 끝내 나타나지 않았다.

직녀가 잃어버린 것은 돈뿐만이 아니라 평생 영원할 것 같았던.. 세상에서 인정해주지 않았기에 더 애틋하고, 더 소중했던 .. 그러기에 도박 따위로는 절대 무너지지 않을 거라고 굳건하게 믿었던 그 특별한 사랑마저도.. '카지노 도박'이라는 무서운 병으로 인해 잃고 말았다.

5부 ;

슬기로운 카지노의 생활.

스키와 카지노

　스키를 처음 배운 건 아마도 25년전쯤.. 내 나이 27, 28 살 때 였고 평창의 휘닉스파크에서 처음 스키를 타봤다. 모여 다니며 계절마다 여행을 다녔던 친구들 무리가 셋 있었는데 나만 빼고 두 명은 모두 스키광이었다. 내가 스키를 못타니 같이 스키장에 놀러가자는 소리를 할 수 없어서 어느 날은 야심차게 스키를 가르쳐 준다고 스키장에 데려갔다.

　스키를 처음 배우던 날.. 무거운 신발, 장갑, 스키장비들을 착용하는게 번거러웠지만 드넓은 스키장에 올라가 씽씽 타고 질주할 생각을 하니 설레고 기대가 되었다.
　그런데, 강사를 자칭하며 내게 스키를 가르쳐 주던 친구는.. 몇시간째 스키는 태우지 않고 걷는 법, 움직이는 법, 그리고 반나절 이상을 넘어지는 법을 가르쳐준다.
　벌써 몇 번이고 코스를 주행하고 있을 시간에 두 명이서 돌아가며 넘어지고 쓰러지고 주저앉는 법만 가르쳐주니 지루하고 짜증나고 배우기가 싫어졌다.
　벌써 해가 질 시간인데 싫증이 나서 안타겠다고 하니, 스키에서 젤 중요한 건 '안 다치고 잘 넘어지는 것'이라고 강조하며.. 잘 넘어지는 법을 알면 스키의 반 이상은 배운거라고.. 잘 넘어져야, 잘 달리고, 안 다치고 잘 타야, 스키가 진짜 재미 있을 거라고 한다.

그러면서 또 한참을, 걷다가 위험할 때 주저 앉는 법.. 앞사람과 부딪힐 뻔한 상황에서 일부러 옆으로 넘어지는 법.. 중심을 잃고 위험할 상황을 극복하고 바깥으로 넘어지는 법 등등 하여간.. 몇 시간을 또 넘어지고 쓰러지고 엎어지는 법만 배웠다.

겨우, 해질 무렵 되어서야 초급코스에서 한번 타보게 되었는데 그 상쾌함~ 시원함~ 질주본능에 대한 만족감을 느껴봤다. 너무 재미가 있어서 야간에 혼자 초급코스에서 두 시간을 더 탔다.

친구들의 친절하고 상세한 강습 덕에 그 후 몇 번이고 스키를 타러 갔지만, 한 번도 누구와 크게 부딪혀서 다치거나 작은 상처도 겪은 적 없이 안전하게 스키를 타게 되었다.

스키를 생각하니.. 카지노 게임 역시, 이기는 법보다는 지는 법을 먼저 알아야 한다는 걸 깨닫게 된다. 돈을 따서 즐거울 마음보다는 돈을 잃고도, 적당히 접고, 포기할 줄 아는 법을 먼저 배웠어야 했고 이기고.. 졌을 때.. 결과를 겸허하게 받아들이는 나의 컨트롤 등등~

누구나, 돈을 따고 싶어서 카지노에 간다. 그러나 현실은 열 번 중

한 두번을 빼고는 기대와 다르게 잃고 온다. 잃고 온 사람들 중에서도 그 결과를 받아들이는 방식도 천차만별이다.

성급함 때문에 이길 게임을 졌다, 실력이 부족해서 지고 말았다, 오늘은 무엇을 해도 운이 따르질 않는다.. 등 게임의 패배를 자신에게 찾는 사람이 있는가 하면, 어떤 핸디 때문에 짜증나서 게임을 못하겠다, 126 기계가 사기라서 이길 수가 없다, 슬롯머신의 조작 때문에 몇 백을 잃었다 등등.. 게임의 패배를 다른 사람 혹은 카지노 측으로 전가하는 사람도 있다.

운전면허 실습장이 있듯, 카지노 게임에 관한 실습장이나 학교가 있다면 아마도 스키 강습처럼 이기는 요령과 방법보다 게임에서 지는 것을 겸허하게 받아들이고 즐겨라, 놀아라, 욕심을 갖지 마라.. 라며 이것부터 가르치지 않을까 싶다.

나에게는 다음카페 "강원랜드 이기는 방법"(약칭, BK 다음카페)의 커뮤니티가 그런 카지노 스쿨의 역할을 해주었다. 선생님도 없고, 교과서도 없지만.. 회원들의 다양한 후기가.. 각각이 다른 삶이지만 겪어왔던 도박인생의 글들이.. 잡담 같기도 하고 일기 같기도 했던 자유게시판의 그 수많은 글들이.. 내게는 모두 교과서였고 참고서였다.

그렇게 여러 글들을 통해 많이 터득했다고 해도, 게임을 잘하고 있지는 못하다. 학교 잘 다니고 수업시간에 잘 들었다고 모두 공부를 잘 하는 건 아니듯이.

하지만 몇 가지 큰 변화가 있었다. 내가 상대하는 카지노의 시스템과 게임마다의 특징을 파악하게 됐고.. 내가 집중적으로 매달려 하는 게임에 대한 다양한 요령과 대응법을 구체적으로 알게 되었다.

또한, 가져간 시드를 하루만에 몽땅 올인하지 않는 것은 제일 두드러진 변화였다. 항상 이길 수 있다는 '비현실적인 기대'보다는 질 수 있다는 더 확률이 높은 '현실적인 결과'에 대해 모든 결과는 내 탓, 나의 잘못으로 인정한다. 그것은 헛된 욕심을 갖지 않고 마음을 비우게 되는 계기가 되었고, 작은 승리에도 만족하는 습관으로 이어졌다.

게임하는데 가장 지켜야 할 윈컷/로스컷의 자세는 10연승을 이기게 해준 열매가 되기도 했다.

이것만으로도 금전적으로 많은 손실을 줄였으며, 무엇보다 카지노 게임을 예전과 달리 즐겁게 놀이처럼 즐기게 되었다.

홀덤을 배우다

강원랜드 카지노에 홀덤이 오래전부터 운영하고 있다는 건 알았지만, 홀덤이란 게임이 어떤 요령으로, 어떻게 이기는 게임인지 전혀 알지 못했다.

몇 년만에 연락이 닿은 친구 한명이, 아직도 내가 20년 넘도록 카지노를 다니고 있다고 말하니, 차라리 홀덤을 배워보라고 말한다. 카지노 게임 중 유일하게 세계 챔피언이 있고 세계대회가 있는 게임이라서 도박이 아닌 스포츠 마인드로 카드 게임을 접근해보라고 말해주었다.

뉴스에서 간혹 세계 포커대회 같은 게 있으며 우리나라 차민수 선생님도 포커대회 우승자였다는 이야기는 얼핏 들은 바 있어서 관련 정보를 찾아보았다.

이미 우리나라 홀덤 인구도 꽤 많았으며 특히 젊은 20, 30대 층에서 좋아하는 게임이었다. 시중에는 홀덤펍 매장이 엄청나게 많아서 작고 작은 바닷가 마을의 소도시인 우리 동네에서도 홀덤펍이 있을 정도였다.

무료로 즐길 수 있는 홀덤 게임 사이트에 들어가 홀덤 게임을 해보았다. 세븐 포커와 같은 일종으로 공동의 커뮤니티 카드와 나만의 두장의 카드로 족보를 만들어 겨루는 게임이었다. 배팅 방식은 다소 복잡하고 용어가 생경스러워서 힘들었지만, 세븐포커와 같은 족보 게임이었다.

친구와 함께 한창 유행한다는 홀덤펍을 직접 가봤다. 음성적으로 돈내기 도박을 하는 사설 홀덤펍도 있다고 하지만 친구와 나는 시설도 세련되고 분위기도 건전하고 유튜브 생방송도 하는 곳을 찾았다. 이곳은 토너먼트 게임만 하는 곳이었는데 바이인 10만원으로 토너먼트에 참가할 수 있고 우승자에게는 특별한 경품과 시상이 있었다.

역시 초심자의 행운 탓인지 처음 해보는 홀덤 게임에서 나는 60명중에 8등 안에 들었다. 대단한 성적이라고 친구가 추켜 세워 줬지만 파이널 테이블에서 단 한판으로, 오링이 되고 말았다.
내 패만 좋다고 이기는 것이 아니고 상대방 패와 배팅, 그리고 토너먼트이기 때문에 다른 사람을 제치고 1위로 남기 위한 고도의 전략과 전술이 필요한 게임이었다.

내가 갔던 그 날은, 또 운 좋게도 어수홀덤 TV로 유명한 유튜버인 어수님이 우리 테이블에 오셔서 게임을 했기에 마치 유명인과 한 테이블에 앉아있는 기분이었다. 상큼한 외모에 세련된 게임 매너 그리고 역시 목소리가 참 좋으셨다.

카지노를 상대로 딜러와 승부를 겨루는 게임과는 다른, 색다른 스릴과 재미가 있는 게임이 홀덤이었다. 그 후, 한번 더 홀덤펍에 가서 토너먼트에 참여해 봤는데, 파이널 안에는 진출하지 못했다.

홀덤펍 게임이 좋았던 것은, 가까운 인근에서 부담없이 5-10만원의 토너먼트 참가비만 내고 수십 명의 사람들과 카드 게임을 즐길 수 있다는 점이고, 토너먼트라는 서바이벌 형식의 게임이라 1등을 향한 서로간의 치열한 승부가 재미있다.

하지만, 실제 돈을 내고 돈을 따 먹는 게임이 아니라서 그런지 카지노만큼 크게 매료 되지는 못했다.

그래서 강원랜드 카지노에서 홀덤을 해보았다. 홀덤은 5층 작은 박스 안에 두 개의 테이블에서 운영된다.

강원랜드 카지노는 배팅방식이 리밋(Fixed Limit 매 판 레이즈 액수가 정해져 있는 배팅) 게임이며, 한 판의 한도는 10만원이다.

홀덤 매니아와 고수들은 강원랜드 카지노가 리밋 게임이라서, 뻥카도 잘 먹히지 않고, 배팅싸움이 되질 않아 큰 재미가 없다고 하지만 나 같은 홀덤 초보자가 게임하기엔 배팅의 부담이 없고 큰돈을 잃지 않아서 좋았다.

노리밋(No Limit 자신이 갖고 있는 칩의 한도 내에서 무제한 걸 수 있는 배팅) 게임이었다면, 나 같은 애송이는 고수들의 뻥카나 전략적인 배팅 때문에 판의 레이스를 따라가지도 못 할 것이다.

그러나, 노리밋 테이블이 하나정도 있다면 강한 자들의 멋진 플레이를 뒤에서라도 구경해 볼 수 있을 뿐 아니라, 내노라 하는 챔피언급의 프로 선수들이 서로 겨루는 멋진 대결도 볼 수 있어 흥미로울 것 같다.

홀덤은 2028년 LA 올림픽에서 시범종목으로 채택될 가능성이 높다. 미국 ESPN 등 굴지의 스포츠채널이 홀덤 국제대회를 생방송으로 중계하는 등 홀덤이 도박이 아닌 스포츠로 인식이 전환되고 있다.

월드 시리즈 오브 포커 (WSOP) 시상식에서는 우승자의 국가를 틀어주는데, 포커의 본고장 라스베이가스에서 애국가가 울러 퍼지게 만든 장본인이 있었다. 2022년 7월, WSOP에서 우승한 홍진호씨.

WSOP는 1년마다 개최되는 세계에서 가장 권위있는 포커 대회로 축구스타 네이마르(브라질)도 이 대회에 참가하기도 했었다. 두 달 간 여러 대회가 치러지는데 홍진호씨가 우승한 대회에는 865명이 참가비 1970달러(258만원)씩 내고 게임해 3일간 겨루는 시합이었다.

파이널 게임에서 둘만 남는 헤즈업에서 홍진호씨가 태국의 푼낫 푼스리를 꺾었다. 스트레이트 플러쉬로 상대를 올인 시켜버렸다. 우승 팔찌 브레이슬릿과 함께 우승 상금 27만 6067달러(3억 6057만원)을 받았다.

앞서 3주전에는 라스베이거스에서 열린 "윈 서머 클래식"메인 이벤트에서 우승해 상금 69만 6011달러 (9억 900만원)을 받았으니 두 대회에서만 상금 12억 5000만원을 챙겼다. 가히 골프선수 부럽지 않은 상금이다.

포커 게임을 좋아하는 사람이라면, 홀덤으로 세계 대회의 우승에 한번 도전해보는 것도 멋진 일이 될 것이다.

카지노 주식회사와 동패

카페에서 알게 된 회원분 중에 '대두'님이 계신다. 이분은 60대 후반의 남자분이다. 오랫동안 카지노에서의 좋은 성적과 겸손함 그리고 항상 마인트 컨트롤과 수행 정진으로 여러 사람들에게 모범이 되고, 롤모델이 되고, 선배로서, 어른으로서 칭찬을 많이 받는 분이다.

또 기분좋은 대승과 잭팟을 잡게 되는 날이면 후배들에게 두둑한 뽀찌로 격려를 아끼지 않는 분이다. 이 분만큼 카지노에서 중박 잭팟 (300 - 1000만원사이의 잭팟)을 많이 잡은 분은 본적이 없다. 슬롯매니아이기도 하지만 블랙잭의 고수이기도 하다.

대두님이 흥미로웠던 것은, 카지노 주식회사를 차려 운영해보겠다고 카페의 공개 게시판에다 선언을 하고, 그 영업 실적을 낱낱이 공개해주었다는 점이다.

500만원의 자본금으로 시작해 따든 잃든 영업 실적을 쌓아서 일정한 목표치를 이뤄보자는 것인데, 본인 혼자서 운영하는 가상의 회사이지만 이 자체의 시도가 무척 흥미로운 프로젝트여서 관심있게 봤었다.

대두님은 30다이 블랙잭 게임을 하면서, 그 영업실적(게임 성적)을 공개했다.

1) 블랙잭에서 190만원 승하였으나 슬롯머신에서 165만원을 패하여 최종 25만원 승.
2) 슬롯은 이제 안하기로 하고, 블랙잭에서 400만원 승.
3) 블랙잭에서 300만원 승.
4) 블랙잭에서 300만원 승.
5) 블랙잭에서 310만원 승.

순조롭게 5연승을 하여 500만원이던 자본금이 1800만원까지 세 배 이상으로 불어났다. 회사에서도 경기가 좋을 때가 있다가 불경기를 겪듯이, 위기가 온다. 역시 딸 때보다 잃을 때 더 많이 잃는다.

6) 블랙잭에서 400만원 패
7) 블랙잭에서 700만원 패

대두님은 5연승으로 1300만원을 땄다가 2연패를 하면서 1100만원을 잃었다. 일곱 차례의 게임을 통해 경비승 정도의 성적을 거두었다. 2연패의 성적이 5연승의 금액과 맞먹으면서 초심과 멘탈이 무너졌다고 잠정적 회사 폐업을 선언하셨다.
그 상세한 내역과 과정을 카페 게시판에 글을 올려주었고 많은 이들의 관심과 응원이 있었다. 카지노에서 손실없이 블랙잭 게임을 운영하는 것에 대해, 역시 고수의 노력과 내공을 느꼈다는 격려의 글도 있었다.

2022년 초, 대두님은 다시한번 주식회사를 운영할거라면서 내게 직원으로 들어오라고 했다. 이른바 직원으로 스카웃 하는 거였다. 이는 둘만이 아는 비밀로 비공개로 논의되었다.

여기서 직원이라 함은, 사장님인 대두님이 자본금 500만원을 낼테니, 직원이 나는 영업을 직접 뛰라는 것이다. 즉 나보고 직접 게임을 하라는 것이다.

조건은 30다이 테이블에서 할 것, 500만원 자본금 안에서 게임할 것, 따면 딴대로 다 입금하고, 잃으면 잃은 대로 남은 잔액을 입금할 것, 그에 따른 페이는 따로 없으며 본전을 제외한 딴 돈의 수익금은 절반으로 나눈다는 것이다.

내가 돈을 잃어도 전혀 손해 볼 일은 없지만, 내게 왜 이런 제안을 했는지부터 의아스러웠다. 나는 블랙잭의 고수도 아니며, 겜블러도 아니었기 때문이었다. 또 촉망받는 새싹은 더더욱 아니지 않은가?

대두님이 나를 선택한 것은 두가지 이유에서 였다.

거짓말을 하지 않고 돈에 대해 투명한 사람이라는 것과 겜블러로서 자질을 향상시켜 보고 싶다는 이유에서였다.

고마운 일이지만 거절했다. 나는 누구보다 나의 실력을 잘 안다.

특히나 남의 돈으로 게임하는 것은 참 부담스러운 일이다. 하지만 대두님과의 협업, 동업은 한번쯤 해 볼만한 재미있는 시도라 생각해서 나는 직원으로의 스카웃 대신, 동업을 제안했다.

자본금을 반반씩 내고, 나 혼자만 게임하는 것이 아닌, 둘이 협동으로 게임을 풀어가자고 했다. 큰 판에서 배팅을 잘하는 대두님의 스타일과 악슈에 최저배팅으로 오랜시간 잘 버티는 나의 방어력이 합쳐지면 좋은 결과를 가져올 수 있지 않을까? 기대되는 부분이 있었다.

블랙잭이란 게임은 거대한 바다와 같아서, 잔잔한 풍랑이 일때도 있으며, 엄청난 파도를 일으키기도 했다가, 또 한없이 미동도 없는 고요함도 있다. 그 물결에 맞게 적재적소 같이 협업하면 좋겠다는 생각이 들었다.

풀게임을 전적으로 맡기고 싶어 했던 대두님은 나 혼자만 하는 게임에 내가, 지나친 부담을 갖고 있는 터라, 그 제안을 받아들이셨다.

첫 게임, 대두님과 나는 150만원씩 동패를 하여 300만원 시드로 출발하였다. 좋지 않는 분위기였다. 시작하는 내내 마이너스 게임이었다.

5시간, 6시간 게임을 진행하는 동안 300만원이 80만원밖에 남지 않았다. 대두님은 남들이 500만원, 700만원 잃고 있는 게임에서

220만원만 잃은 것은 나름 방어를 잘 한 것이라고 격려해주었다.

우리는 각각 100만원씩 더 증자를 하였다. 남은 80만원은 30테이블에서 너무 작은 금액이었기 때문이다. 우리의 시드가 총 500만원이 되었다.

남은 280만원에서 게임을 대두님께 바턴 터치하였다. 몇 시간 동안의 긴 악슈를 버텼으니 이제 서서히 판이 좋아질 기미가 보였고, 그럴 때는 풀뱃이 유효할 것 같았다.

역시 촉은 맞았다. 대두님은 과감한 풀뱃으로 한시간만에 내가 잃었던 220만원을 거뜬하게 복구해놓았다. 우리의 첫 번째 동업은 본전으로 마무리하였다. 첫 시도였기에 부담을 갖지 않기 위해서였다.

두 번째 게임, 또 150만원씩 자본금을 출자하였다. 300만원으로 게임을 시작한다. 첫 주자는 내가 시작하였다. 시작부터 따고 시작했으면 참 즐겁고 유쾌한 게임일텐데 왜 나는 항상 지고 시작하는 것인지.. 안좋아도 너무 안좋았고 무려 8시간이나 지났는데도 여전히 힘든 판이었다. 이미 다른 사람들은 800만원, 1000만원의 페이까지 하고 있었다. 나는 그때 30만원 테이블에서 3만원, 4만원을 배팅하고 있었다. 10만원 이상의 돈을 도저히 배팅할 수 없는 상황이었다. 그런 덕에 100만 원 정도만 잃고 있었는데 그건 참 다행스런 일이었다.

대두님을 호출하였다. 이제 바톤터치를 해야겠다고.. 대두님은 서너판 소액배팅으로 간을 보더니, 30만원 풀뱃으로 배팅을 한다. 하필 딜러 로우바닥에 3.3이 나왔고 여기서 또 3이 나와 세 구멍이 되었다. 더블이 두 개 되었다. 총 5개, 150만원이 한판에 걸린다.

이 판을 먹으면 이제껏 8시간째 잃고 있던 돈이 단박에 본전이 되는 상황. 거꾸러 지게 되면 거의 오링 상태. 딜러가 하필 21로 꽂히는 바람에 한판에 150만원이 딜러 칩박스통으로 끌려 들어갔다.

그날 돈을 딸 수 있는지, 아예 못 딸 판인지는.. 중요한 터닝포인트 그 한 판에 의해 좌우된다. 승부점이라고 하는 그 한판에 이기면 계속 승승장구요, 져 버리면 끝없는 내리막이라서 뒤를 볼 필요가 없다.

그 한판을 져버리고 150만원이 털린 후, 이제 남은 돈은 50만원뿐.. 오늘은 여기서 끝을 내기로 한다. 역전이나 반전의 상황을 기대할 판이 아니었다.

두 번째 동패는 각자 125만원을 잃은 것으로 끝.

그런데 나중에, 대두님이 참치 슬롯머신에서 900만원짜리 잭팟을 잡으셔서 100만원의 뽀찌를 주셨다. 125만원을 잃고 100만원의 보너스를 받았다.

세 번째 게임, 한국 사람들은 삼세번을 참 좋아한다. 가위바위보를 해도 삼세번을 하는 걸 보면.

대두님과 동패도 세 번까지는 해보자고 해서 세 번째 게임을 한다. 이번엔 각자가 100만원씩 증자해서 시드 200만원으로 출발한다. 이날은 다행스럽게 시작이 순조롭고 게임 두시간만에 80만원을 따고 있었다. 잘되는 분위기라 판단해 대두님께 일찌감치 바톤을 넘겼다. 대두님이 한 시간도 안 돼, 200만원을 더 땄다. 내가 따 놓았던 80만원까지 합쳐서 3시간 만에 최종 280만원으로 윈컷을 했다.

블랙잭 특성상 모두가 고르게 잘되고, 딜러가 버스트가 되어 전반적으로 테이블 전체가 다 잘되는 분위기면 500만원, 1000만원의 승리도 기대해 해 볼 수 있으나 우리 자리만 잘되는 분위기라면 어디선가 태클이 걸어지고, 훼방 놓는 사람이 생기기 마련인데 그날의 그 분위기가 그랬다.

우리 자리만 불슈가 나서 차츰 핸디들이 안하는 액션들이 생겨난다. 그럴 때는 작은 금액이라도 이기는 것에 만족하고 컷을 해야 한다. 안 그러면 땄던 돈이 다 나가는 것은 시간문제다.

최종 280만원을 이겨 140만원씩 나눴다. 두 번째 게임에서 잃은 것을 다 찾았으니 세 번째 게임동안 크게 잃거나 손해 본 것이 없는 게임이었다.

아무도 모르게 비공개로 진행하였던 우리의 동업, 동패는 세 번으로 끝냈다. 두 사람이 게임하러 오는 시간대가 맞지 않는 다는 것이 첫째 이유였고, 두 번째는 서로 게임하는 스타일과 지향점이 달라서 동패, 협업을 하기엔 맞지 않았다.

나의 경우, 소소하게 게임을 즐기면서 핸디들과 이야기하고 웃고 떠들며 블랙잭의 재미를 즐기는 걸 좋아하는 스타일이고, 대두님의 경우는 큰 배팅으로 짧게 이기고 치고 빠지는 갬블 스타일이다.

내가 대두님과의 동패를 통해 30다이 테이블에서의 겜블의 필요성과 요령을 터득하게 됐지만, 역시나 남의 돈이 섞인 게임이라, 게임 운영이 온전하게 맘 편할 수가 없어서 계속하기엔 부담스러웠다.
　하지만, 대두님이 아니라면 누구와도 같이 할 수 없는 게임이었고 서로 믿음과 신뢰가 있었기에 가능했던 좋은 경험이었다. 대두님은 여전히, 나의 카지노 라이프에서 가장 큰 스승이자 멘토이시다.

여행, 눈이 부시게

BK 다음카페를 알고 나서 사람들과 친해지면서 좋았던 것은 카지노에 다니면서 못해 본 여행을 다녔던 것이다. 영광에서, 여주에서, 삼천포, 동해와 삼척, 그리고 통영, 부산, 여수에서 등등..

일 년 동안 참 많이 다녔고 그 여행만큼 카지노에 가는 시간은 줄어 들었다. 모두 '강원랜드 이기는 방법'이란 BK 다음카페에서 알게 된 회원들과의 여행이었기에 카지노 이야기는 필수, 개인사는 선택으로 대화를 나누고 정담을 나누었다.

20년간 오롯이 혼자서만 다녔던 카지노는 외로웠고 쓸쓸했으며 고독하기까지 했는데 누군가 아는 사람이 있고, 같이 커피 한잔 마실 수 있어서 카지노 객장 안에 있는 시간이 예전처럼 외롭지 않았다.

누군가 카지노에서는 친구를 만들지 말라고 했지만 그건 지나치게 관여하고 간섭할 수 있는 사이가 되었을 때 말하는 뜻일 것이다.

카지노를 다니는 사람들은 외롭다. 가족에게 비밀로 하고 주변 지인들에겐 모르는 일로 숨겨둔 채 다니는 카지노이기 때문에 누군가에게는 털어놓고 싶고, 누군가에게는 고민을 이야기하고 싶어 한다.
　누구에게도 말할 수 없는 혼자만의 고민과 사연을 나눌 수 있다는 것은, 굳이 상대방이 그 문제를 해결해주거나 방법을 가르쳐 주지 않는다 해도, 털어놓고 이야기할 수 있는 상대가 있는 것만으로 외로움과 소외감이 해소가 된다.

　카지노에 다니는 동안, 주변의 경치 한번 제대로 구경하는 일이 없었다. 늘 혼자 다녔기 때문에, 혼자서 생뚱맞게 산책이나 여행을 할 엄두조차 갖지 못했다. 오링되어 게임을 하지 못한 채 모텔방에 처박혀 시름시름 앓을 지언정 바깥 경치를 구경하는 일 따위는 없었다.
　카지노가 아닌 곳의 풍경을 보면서 사람들과 어울리는 일은 비록, 돈을 따는 일은 없어도 돈을 잃을 염려는 안 해도 되는 여가였으며, 휴식이었다.

　꽃 이름이며 꽃말에 관심도 없었던 내가 상사화라는 꽃을 직접 보게 된 것도 영광 여행이었으며, 낚시라는 것을 해보기 위해 멀미약을 먹고 배를 타본 것도 카페회원들과 함께 한 내 인생의 첫 낚시였다. 비록 문어는 한 마리밖에 못 잡았지만 남편은 카지노 대신 낚시하러 가는 내 모습에 오래살고 볼 일이라고 놀라워했다. 곁에 같이 할 사람들이 있기 때문에 할 수 있는 일이었다.

여자 넷이 함께 했던 여주에서의 여행은 코로나 시국이라 밖으로 나가서 놀지 못하고 방구석 놀이만 하게 되었지만 서로 딜러를 번갈 아가며 블랙잭을 해보았다. 핸디가 먼저 패를 받고 죽기 때문에, 누가 딜러를 하든 누가 핸디가 되든.. 하우스가 유리할 수 밖에 없는 환경을 직접 시현해보니 생생하게 알 수 있었다. 그나마 블랙잭 게임에서 딸 수 있는 방법은 배팅 조절에 있다는 것도 일깨워 준 재미난 놀이 시간이자 수업이었다.

추석 명절이 지난 후, 열 명에 가까운 사람들이 떼로 몰려다닌 동해와 삼척 여행은 복층 룸을 얻어 3박의 시간을 함께 지냈는데, 사람들의 십시일반과 후원 때문에 정말 풍성하고 다양하게 놀면서 지냈던 특별한 추억이었다. 내가 어딘가에 소속되어 있고 누군가의 관심 속에 있다는 것은, 살아가는 힘이자 용기가 되기도 한다.

회원들이 전국에 살고 있기 때문에 부산가면 부산 사람을, 여수가면 여수사람을, 광주가면 광주사람을, 경기도에 가면 경기도 사람을 만나 그 지역의 맛집에 가서 특별한 음식을 먹어보는 것도 즐거운 일이었다.
그러나 뭐니뭐니해도 여행이 즐거운 것은, 성별과 나이, 직업이 모두 다르듯 서로 다른 인생을 살아 온 각자의 인생사와 카지노 경험담을 듣게 되는 것이다.
내가 살아오지 않았던 타인의 인생과 경험을 통해, 현재의 나를 돌아보고, 앞으로의 나에 대한 고민을 한다. 비록 서로에게 큰 도움은 되어 주지 못해도, 서로가 더 나빠지지 않도록 서로를 위한 바리게이트가 되어 준다.

나의 아저씨, 우리들의 블루스, 눈이 부시게.. 같은 인생드라마가 몇 년전부터 대세, 핫 트랜드가 되었다. 인생드라마가 세대를 넘어 많은 이들이 좋아하는 이유는 상처받고 힘든 시대를 살아가고 있는 사람들에게 "위로"가 필요하기 때문이고, 그 드라마들은 위로를 선물한다. 그리고 격려와 응원을 담는다.

2022년의 연말, 55회 백상예술대상에서 김혜자씨가 JTBC 드라마 '눈이 부시게'의 혜자 역을 열연하여 대상을 수상하였다. 눈이 부시게라는 드라마는 한순간에 늙어 버린 혜자를 통해 지나가는 순간의 소중함을 일깨워주며 세대의 깊은 감동과 울림을 주었던 드라마이다.

드라마 끝의 마지막 혜자의 나레이션은, 시상식 자리에서도 다시 회자되어 유명해졌다. 그 나레이션은 카지노를 다니고 있는 우리에게도 들려주고 싶은 노래와 같다.

내 삶은 때로는 불행했고 때로는 행복했습니다.
삶이 한낱 꿈에 불과하다지만 그래도 살아서 좋았습니다.
새벽에 쨍한 차가운 공기, 꽃이 피기 전 부는 달큰한 바람,

해질 무렵 우러나오는 노을의 냄새..
어느 한 가지 눈부시지 않은 날이 없었습니다.
지금 삶이 힘든 당신, 이 세상에 태어난 이상,
당신은 이 모든 걸 매일 누릴 자격이 있습니다.
대단하지 않은 하루가 지나고
또 별거 아닌 하루가 온 다 해도
인생은 살 가치가 있습니다.
후회만 가득한 과거와 불안하기만 한 미래 때문에
지금을 망치지 마세요.
오늘을 살아가세요, 눈이 부시게 ~

　카지노를 다녀 본 사람들만이 아는 이야기, 수천만 원, 수억 원을 잃고 카지노에서 겪고 있는 고통을 서로 공감하는 사람들, 말로 다 하지 않아도 충분히 짐작되고 이해되는 상처들..

　그래서 나는, 카지노를 다니는 사람들에게 더 애틋한 연민을 느낀다. 어디에서고 누구에게나 말할 수 없는 사연들을 각자가 품고 있기에 그렇고, 그들의 상처는 바로 나의 상처였고 그들이 겪고 있는 고통은 바로 내가 겪었던 그 고통이었기에 얼만큼 아픈지, 얼마나 힘든지 내가 너무나 잘 알기 때문이다.

도박장의 약속도 약속 (뽀찌 뒷담화)

코로나 이전에 있었던 일이다. 당시에도 비디오 포커 게임을 하고 있었다.

아침 10시부터 시작한 게임이 5시간, 6시간이나 지나 오후가 되어서도 먹통인 기계가 좀처럼 풀리지 않는다. 다른 자리는 제법 나올 때가 되면 나와 주고, 뱉어줄 때가 되었을 땐 뱉어주곤 했는데 나와 내 옆자리는 마냥 집어 처먹기만 할 뿐 도통 점수가 나오지 않는다. 그때 처음 본 옆자리의 중년 남자분이 내게 하는 말이,

"우리 서로 너무 안 되는데, 기계 한번 바꿔서 해볼래요? 혹시 알아요? 손을 바꿔서 하면 좀 나을지.."

해도 너무 안된다 싶어, 그러기로 했다. 이거나 저거나 도찐개찐이었다.

"서로 바꿔서 하다가 혹시 로얄 스티플(200만원짜리) 나오면 우리 5만원씩 주기로 해요. 잃던 따든 상관없이."

내가 먼저 제안했다. 간혹 자리를 바꿔 앉았더니 잭팟이 나오거나 큰 점수가 와르르 쏟아져 나올 때가 있는데 서로에 대한 약간의 위로금..을 주자고 지나가듯 한마디 했다.

"5만원이 뭐요? 난 10만원 줄께요!"

남자의 흔쾌한 응답에 나 역시도

"그럼, 나도 10만원 드려야죠. 전 배팅을 작게 해서 200만원이 안돼도 무조건 10만원 드립니다. 오케이?"

"콜~ !"

나는 그때 시드가 줄어들어 남자는 풀배팅(2,500원), 나는 1,500원을 배팅하고 있었으니 로얄이 나와도 남자는 200만원, 나는 60, 70 밖에 안되는 금액이지만, 기분문제이지 않은가? 거래는 공평하게.. 처음 본 아저씨와 그렇게 약속하고 게임을 시작했다.

10여분이 지난 뒤, 내가 했던 기계 즉, 그 남자가 하고 있는 기계는 서서히 알이 좀 나오고, 점수를 뱉어낸다. 그 남자가 하던 기계 즉, 내가 하고 있는 이 기계는 여전히 먹통이다. 속으로는 괜히 바꿨나.. 후회가 됐다.

하지만 그 남자가 하는 기계가 알이 좀 나오는 걸 보니, 내 기계도 좀 나와주겠지.. 하며 씁쓸한 마음을 달래며 계속 하고 있는데~ 그 남자의 기계에서 200만원짜리 로얄 스티플이 나왔다!

순간, 어이쿠 이거 진짜 잘못 바꿨구나.. 가슴이 철렁, 후회 + 자책 + 멍함을 느꼈지만 내색은 못하고 애써 웃어가며 축하를 해줬다.

그리고 기대를 했다. 약속대로 그 남자분이 10만원을 줄 것이라고.

10분이 지나고 20분이 지나고 30분이 지나도 남자는 10만원을 줄 생각을 안한다. 남자가 잠시 화장실을 다녀온 사이, 내 다른 쪽에 있던 할아버지가

"아니, 왜 로얄 나오면 10만원씩 주기로 했잖아. 나도 옆에서 다 들었는데. 근데 왜 안 주는거야?"

"그러게요, 안 주네요."

씁쓸한 웃음을 지었다. 뭐 이런 경우가 다 있나.. 싶기도 하고.

"달라고 해야지, 서로 약속한건데."

"어떻게 달라고 해요, 자기가 알아서 줘야 되는거지."

"달라고 해, 이 바보야~"

로얄 스티플이 나온 후, 그 머신은 마구 쏟아내듯 점수가 계속 나온다. 10만원도 못 받아서 기분이 나빴지만, 이제 잘 풀려서 점수가 막 나오는 게 더 화가 났다. 이런 바보, 왜 바꿔갖고 이런 낭패를..

곁에서 답답하게 보고 있던 할아버지는 더 참지 못하고 내 대신 그 남자에게 말을 한다.

"어이, 사장님~ 아까 이 아주머니랑 로얄 나오면 10만원씩 주기로 했잖아요. 왜 안주세요? 나도 다 들었는데."

남자는 할아버지를 사납게 한번 쏘아보고는,

"에이. 돈도 잃었는데, 재수없게! 나도 딴 거 하나도 없어요, 잃었다고요!"

역정을 내며 왠 참견이냐는 듯, 자칫하면 한 대 때릴 기세다. 그 말에 참으로 어이가 없었다. 분명 그 기계로 옮겨간 후 남자는 200만원 로얄 스티플은 물론이고 잔잔한 점수까지 족히 270 이상은 땄을 터.. 그리고, 얼마를 잃든 따든, 주기로 한 약속은 분명 약속 아닌가?

남자는 나와 할아버지의 눈총이 따가웠던지.. 캥긴 마음에 불편했던지 혹은 이제 이 기계에서 뽑을 만큼 다 뽑아먹었다고 생각했는지 5분 후 바우처를 뽑고 냉큼 어디론가 가버린다.

황당했다. 뭐 저런 양아치같은 놈이 있지? 싶었다. 나라면, 그간에 얼마를 잃었든 약속은 약속이니 분명 10만원을 주었을 것인데, 아무리 카지노 도박장에서 뱉은 말이라도, 약속은 약속이다.

그리고 본인이 절대 손해 보는 장사도 아니었는데 더 어이가 없었다. 저런 사람이 총각이라면, 절대 만나서도 결혼해서도 안 될 인간이다.

대부분의 사람들은 카지노 객장에서 처음 본 얼굴이라 해도, 서로에게 한 약속을 지키는 편이다. 정말로 일어날 일인가 싶을 정도로 뜻하는 않게 운 좋은 잭팟을 잡았을 경우에도 마찬가지다.

내가 그랬다. 블랙잭에서 100만원을 잃었지만 다음날 다시 게임을 하기 위해 일찍 게임을 접고 호텔방에서 한숨을 자고, 심심하던 차에 객장에 내려가 쓰리카드 알바를 하게 됐다.

자리에 앉자마자 첫 판에 로티를 잡았는데 금액이 760만원이었다, 진짜 알바 첫판에 덥석 잡은 것이라 어안이 벙벙했고 실감이 나지 않을 만큼 뜻밖의 사건이었다.

나는 객장에 들어오기 전, 아는 동생과 전화통화를 하면서 혹시라도 로티 잡으면 너한테 50만원 줄게~ 말했었고, 알바를 하기 전 자리에 앉으면서 게임 한판 해보라고 자꾸 권했던 또 아는 동생에게 내가 저거(760짜리 로티) 잡으면 너 200만원 줄게~ 라고도 말했다.

또 저거 잡으면 한턱 쏠게~ 라고 말했던 사람도 있었다. 진짜 잡을 거라고는 상상도 못했지만.. 그런데, 내가 잡았다. 그리고 칩박스 한 가득 찰 만큼의 칩을 받았다.

사람인지라 솔직히 고민되었다. 진짜 잡으리라 생각도 못했지만, 잡아버려서 받게 된 760만원이나 되는 돈. 그리고 약속한 말들.
별 고생없이 잡은 행운이라 기분 좋게 약속대로 나눠줘야지.. 했지만, 오늘 블랙잭에서 잃은 것을 생각하니 로티금액의 절반이나 되는 돈을 뽀찌로 나눠주는 게 아깝다는 생각도 들었다. 내게는 작은 돈이 아니었기 때문이다.

200만원, 50만원, 또 50만원, 또 50만원.. 그리고 평소 잭팟 잡을 때마다 뽀찌라고 용돈을 잘 챙겨주었던 어르신께도 당연히 사례한번 해야 하고.. 스치듯 계산해 봐도 얼추 400만원 넘는 돈이 뽀찌로 나갈 판이었다.
하지만 약속대로 다 줬다. 그중 200만원을 줬던 아는 동생은 뽀찌로 나가는 돈이 너무 많다며 100만원만 받겠다고 나머지 100만원은 다시 내 주머니에 넣어주었다.

또 기분좋게 많이 받게 된 뽀찌라고 뒷풀이로 거하게 먹었던 고깃집에서는 그 뽀찌 받은 사람 중 한사람이 밥값 20만원을 대신 계산하기도 했다.

또 전화통화 한마디로 뽀찌 준다는 말은 들었지만, 뜻하지 않게 로티를 잡고 자기한테도 진짜 줄줄은 몰랐다며 기뻐했던 그 친구는, 내 생일이나 아이들을 위해 때때로 고마운 선물을 집으로 보내온다.

카지노 객장 안에서 말한 뽀찌는 모두가 행운의 당첨으로 이뤄지는 약속이기에, 그 금액이 얼마이든 말한 대로 약속을 지키는 것이 옳다. 어차피 예상치 못한 기적 같은 행운으로 받게 된 돈이 아닌가?

나뿐 아니라, 카지노에서는 이런 훈훈한 미담은 많다.

9억원이란 엄청난 금액을 잡았던 남자분도 세금공제 후 받은 6억 원 중 같이 간 친한 형에게 무려 3억 원을 나눠주었다. 그것도 5천만원이란 양도세까지 내면서..

그 분은 같이 간 형님이 아니었다면 자기가 그날 카지노에 가지 않았을지도 모를 일이라 그 절반의 행운은 당연히, 그 형의 몫이라 생각해서 아무런 망설임 없이 3억 원을 나눠 줬다고 한다.

또, 쓰리카드 로티가 2천만 원이 넘었을 때 카페회원의 한분은 양 옆의 사람들과 누가 잡든, 잡은 사람이 200만원씩 주기로 했단다.

내가 잡을 확률보다 옆의 두 사람이 잡을 확률이 더 많기에 손해

볼 장사는 아닌 데다, 말대로 잡기만 한다면 2천만 원중 400만원 주는 게 대수랴~ 싶다.

주는 것보다 받을 수 있는 기대치가 더 높은 일이다. 실제로 말처럼 회원분이 로티를 잡으셨고 그분은 약속대로 두 사람에게 200만 원씩을 주었다.

내 형편이 어렵다고, 당장 갚을 빚이 있다고.. 이런저런 이유로 서로에게 약속한 것을 지키지 않는다면, 설사 그 일로 형사, 민사적 소송을 당할 일은 없겠지만, 기분 좋은 당첨에 기분 좋은 약속이행은 내 살아갈 앞날에 복이 될 것이다.

약속을 지키는 사람과 지키지 않는 사람은 카지노안의 정밀한 CCTV처럼, 오래도록 사람들의 입담과 소문으로 퍼진다. 향기가 나는 사람과 악취가 나는 사람의 차이는 분명히 있다.

사촌이 땅 사면 박수를!

사촌이 땅을 사면 배가 아프다~ 는 옛 속담은 이제 구시대적인, 이기적인 개인주의자들의 영혼이다. 남이 잘되는 것을 시샘하고 배 아파하는 벤뎅이 속을 가진 쫄보들의 가치관이다.

나 어렸을 적 부터 어머니가 늘 말씀하셨다. 사촌이 땅 사면 배 아파 하지 말고 박수쳐주고 기뻐해주라고~

우리 집도 나름 객관적으로 보면 못사는 집이 아니었는데도, 외갓집이 더 잘 살았던 탓에.. 엄마네 가족 중에 우리 집이 어찌하여 젤 못사는 집이 되고 말았는데.. 우리는 외가댁 사촌들이 땅 사고 집사고 승진하고 부자 되는 것을 많이 보고 자라왔고 그럴 때마다 엄마는 너무나 기뻐하셨고 그 기뻐하는 만큼 우리 집엔 과일이며 소고기며 해산물들이 들어왔다.

동창, 동기들이 잘되어 쑥쑥 고액 연봉에, 좋은 자리에 성공하고 잘되는 것을 보면서도 내가 그들과 곁들여 같이 성공하지는 못했지만 그들을 진심으로 축하해주고 좋아해주니 밥도 사주고, 술도 사주고.. 간혹 알바 자리도 생기고 좋기만 했다. 즉, 사촌이 땅 사면 내게 좋은 것이 있으면 있었지 나쁠 일은 하나도 없다.

그런데도, 사촌이 땅을 사면 배 아파서 시기를 하고 샘을 내는 사람들이 많다. 난 이것을 결혼해서 시어머니와 함께 살면서 많이 겪었다.

작은 집에서 땅을 사고, 이웃 사촌의 아들이 장학생으로 대학을 가고.. 외삼촌이 결혼한 아들 내외에게 아파트를 통 크게 사주고.. 보통 이럴 때는 서로 축하해주고 기뻐해주는 것이 인지상정. 그런데 나의 시어머니는, 밤새 배가 아파 끙끙 앓아 누우시고 심지어 동도 뜨기 전에 우리를 깨워서는..

"땅을 사면 뭐하노? 죽고 나면 자식새끼들 재산싸움밖에 더하나?"

"공부 잘하면 뭐하노? 지 잘난 맛에 부모 무시할텐데?"

"아파트가 머가 좋노? 닭장같은 시멘트집에??"

이렇게 배 아파하고 벨이 꼬여 상대방의 없는 흠짓까지 내기 일쑤다. 자신의 열등과 가난에 대해 반성, 회한보다는 남을 위한 공격, 비하로 인용하니 그런 사람에겐 가까운 친구가 있을 리 없고 또 시어머니가 잘 되기를 바래주는 사람도 없다.

주는 대로 오고, 오는 대로 가는 것은 아니나 말부터, 오는 말이 고와야 가는 말이 곱고, 세치 혀로 천냥 빚을 갚는다고도 했으니 세상사 어찌 보면 굳이 돈이 아니더라도 친구를 얻고 잃고, 돈을 얻고 잃고, 인심을 얻고 잃는 게 마음에서 우러나온다고 본다.

며칠 전 오전에, 블랙잭 30다이에 앉아 피비린내 나는 싸움과 욕설 그리고 이게 말만 30다이이지 10다이보다 못한 배팅으로 (한판에 7구멍 다 합쳐 20만원도 안됨) 서로 죽이네 살리네.. 생채기를 내는 분위기에서 테이블 자리를 버려야하나 말아야하나 고민이 됐다.

하필 그날따라, 핸디들 누구 하나 바른 인성을 가진 사람을 볼 수가 없어서 이미 100만원을 넘게 잃었지만, 이대로 가다가는 300만원도 넘게 잃을 분위기라 과감히 아웃해 버렸다.

그리고 10다이 테이블에서, 핸디가 식사를 가서 잠깐 비어있는 말구자리에 우연히 앉아 게임을 하게 됐다.

내 옆자리 7구 아저씨가 내가 앉은 이후부터 무려 13연승을 한 것을 목격한다. 내 자리는 한판 먹고 한판 죽는 그럭저럭 본전 유지.

그 아저씨 블랙잭 나오면 축하해주고, 더블 성공하면 또 축하해주고, 불량 더블인데 죽을까봐 걱정하면 버스트로 넘어 갈거니 걱정하지 말라 응원해주었고, 또 진짜 버스트가 되어 이기면 주먹 쥔 손으로 하이파이브하며 축하해주고~ (우리가 언제 봤다고?? ㅎ)

그 사이 오른쪽 옆자리 6구 남자는, 자기 자리가 안 좋기도 했지만 옆 사람의 불슈에 심사가 안 좋은지.. 안하던 액션들을 한다.

장바닥에 14 스테이~ 계속 안 받던 16을 갑자기 힛~
그런 액션에도 7구 아저씨는, 옆 사람이 받아서 죽을 것을 살고, 또 옆 사람이 안 받아서 못 먹을 것을 먹고~ 희한하게 옆 사람이 방해 짓을 해도 계속 먹고 먹고.. 13연승!

옆 사람이 너무 잘돼서 심기가 불편하면 잠깐 자리를 비우던지, 아니면 본인의 배팅을 최저 뱃으로 낮추던지.. 그랬으면 좋았을 걸 계속 앉아있으면서 나름 방해라고 고의적인 훼방을 놓는 게 눈에 띄게 보였다.
그런데 어찌하여 다 그게 옆 사람이 죽을 걸 살리고, 못 먹을 걸 먹게 해 주는 꼴이 되고 있으니.. 자기 무덤을 스스로 판다고 더 벨이 꼬여서 울그락 불그락~

그러던가 말던가 7구 아저씨의 연승은 계속되고 있는 사이 아무도 축하해주지 않던 자신의 불슈를 나만이 오롯이 축하해주고 기뻐해 준 게 고마운지 슬그머니 연탄칩 하나를 내 자리로 밀어준다.
이게 뭐에요? 했더니 기뻐해줘서 주는 거라고~
아, 나도 기쁘게 받았다. 잠시 후 또, 블랙잭을 받아서 축하해주니 또 연탄칩 하나를 슬그머니 밀어준다.

"자꾸 주시면 제가 버릇돼서 안 됩니다. 이제 고만 주세요~"

했다. 다음 판에 딜러 9바닥에 7구 아저씨는 11 더블 패~

이번에도 과감하게 더블~! 하며 미리 응원해줬더니 이젠 꺽일 때가 됐다고 그냥 받겠다고 하여서 그 7구 아저씨에게 더블 10만원은 내가 갈께요~ 더불가요~ 하면서 테이블 밑으로 슬쩍 10만원 칩 하나를 찔러줬더니 내 돈을 받아서 더블을 치신다.

역시나 될 사람은 되고~ 물들어 올때 노 저어야 한다고~ 시원하게 K장이 나와 일레븐 더블 성공!!

딜러는 19 메이드여서 내 돈 5만원은 죽었지만 7구 아저씨의 더불알바 10만원이 성공했으니 내 패가 죽어도 이리 신난다~.

더불 알바를 가서 먹은 10만원 중 수고료로 2만원의 뽀찌를 살포시 밀어주고 8만원은 챙기고~ 그렇게 옆 사람과 옹기종기 재미나게 게임을 했는데.. 아쉽게도 그만.. 자리 주인이 왔다.

우리는 핸디들끼리 승부를 겨루는 게 아니라, 카지노 하우스와 게임을 하며 돈을 따고 잃는 다는 것을 잘 알면서도 남이 돈 따면 시기하고, 남이 돈을 잃으면 고소해하는 사람들이 있다.

나도 잃고 있는데 남이 잘되는 꼴은 보기 싫다는 심보이다. 죽어도 같이 죽어야 덜 억울하다는 것이다. 옆 사람이 따는 돈은 내 돈을 뺏아 가는 일이 아니지 않은가?

사촌이 땅을 사도 내 손해는 전혀 없으니, 테이블의 분위기상 함께 축하해주고 기뻐해주는 것이 기분 업, 치얼 업 되어 내게도 좋은 기운으로 영향을 미칠 것이다.

카지노 밥을 20년이나 먹은 탓인지, 구력으로 터득하고 깨달은 게 하나 있다면.. 아주 오래 전 내 엄마가 하셨던 말씀처럼 노름판에서 보이는 그 사람의 모습이 진짜 본 모습이라고.. 테이블 게임에서도 마찬가지다.

돈 잃은 것을 딜러에게 마구 화풀이하는 사람, 얼마 잃었네를 5분 단위로 징징대는 사람, 블랙잭 한번 안 온다며 투덜대다가 막상 잭이 나오면 배팅 적게 갔을 때 나왔다고 더 화내는 사람, 잃지 않았으면서도 남이 더 잘되는 것을 못 보는 사람, 남 때문에 잃고, 자기 때문에 이기는 것처럼 으시대는 사람 등등..

게임을 하면서 보이는 사람의 태도는, 곧 그 사람의 성격이었고 인성이었다. 20년간 봐왔던 변함없는 사실은 그것이 대부분 일치한다는 것이다.

때문에 나는, 테이블에서 아주 매너없고 상식적인 경우를 넘어 서는 무개념의 사람과는 친해지고 싶지 않다.

또한 나 역시, 너무 많은 돈을 잃어 이성을 잃고 감정 컨트롤이 안된다 해도.. 적어도 다른 이들에게, 되먹지 못한 사람이라거나 같이 게임하면 짜증나는 사람으로 보이지 않기 위해 테이블에서의 게임 매너와 행동에 항상 신경을 쓰는 편이다.

경비만 무려 2억

작년에 무려 15년 만에 고속버스를 타 봤다. 늘 자가운전을 했기 때문에 버스나 기차를 탈 일이 없었다. 요새는 고속도로 휴게소에 여성 흡연실이 따로 있기도 했다.

또 고속버스 안은 예전과 달리 왜 그리 넓고 편안한지.. 집에서 사북고한의 카지노 쪽으로 한 번에 갈수 있는 직행버스가 있으면 얼마나 좋을까? 대도시의 교통편이 참 부러웠었다.

이제 나이 50대 중반이 넘으니 5시간 운전하고 가야하는 카지노 길도 체력적으로 벅차다. 오고가며 버스 안에서 잠잘 수 있다는 게 젤 큰 장점이지만 차비도 크게 아낄 듯 하다.

자가운전이기에 경비가 많이 든다. 왕복 톨비만 3만원이다.

문득, 버스 안에서 그동안 카지노를 다니며 썼던 경비들을 대략적으로 계산해 본다.

게임해서 따고 잃은 돈이야 잃은 돈이 수십 배 많아서 계산도 안 되고, 일년치 카지노에 다니는 경비, 입장권. 왕복 기름값. 톨비. 숙박비. 식사비 등을 계산해 본다.

* 한번 게임하러 갈 때마다 쓰는 경비 (2박3일 기준)

왕복톨비 30,000원 + 왕복 기름값 120,000원 + 숙박 2일 100,000원 + 3일 카지노 입장권 27,000원 + 2일 4끼 식사비 평균 50,000원 = 327,000원 * 월 3회 출정 = 월 981,000원

한 달에 카지노를 9, 10일 다니다보면 월 평균 100만원의 경비를 쓰는 셈인데.. 일 년이면 무려 1,200만원어치가 된다. 또 나는 이렇게 결혼 후에만 16년을 다녔으니
192,000,000원! 무려 2억원에 가까운 돈이다!!

지난 일 년 동안 내가 카지노 가계부상 잃은 돈이 1700만 원이다. 그중 무려 1200만 원이 경비였던 것이다. 주유소. 도로공사. 사북시내의 식당과 모텔에 쓴 돈들이다.
실력이 매번 경비승을 하면서 돈을 잘 따기는 힘드니 카지노 가는 횟수를 줄여야 돈을 아끼는 방법이 아닌가 싶다.

내가 만약 카지노를 안 다녔다면 과연 저 2억이란 돈은, 모두 저축되고 아껴졌을까?? 문득, 궁금해졌다.

내가 처음 카지노에 다닐 때는 출입일수 제한이라는 게 없었다. 한달 30일이면 30일 내내 입장할 수 있었다. 그러다가, 도박중독

예방차원에서 만든 정책으로 한달 15일 출입제한이 생겼다. 분기별로는 45일을 초과할 수 없게 하였다.
 그 정책으로 웃지 못할 해프닝도 있었는데 15일의 날자가 다 차버리자, 몇몇 사람들은 편법을 쓰기도 했다.

 성별과 연령이 같은 비슷한 인상의 남의 주민등록증을 도용해 입장하다가 들킨 사람도 있었고, 쌍둥이 형제가 동생의 주민등록증을 차용하여 입장해서 처음에는 발각되지 않고 입장했다가 빈번한 출입을 의심한 보안요원에 의해 지문감식을 하게 되어 적발된 사례도 있었다.

 돈을 잃고 한창 카지노 출입에 열을 올렸던 사람들에게는 한달 15일도 모자랄 판이었고, 며칠간의 휴식도 못 참고 오늘 입장하는 게 아니면 당장 카지노가 없어질 것처럼 안달을 한다. 그러나 카지노는 어제도 오늘도 내일도 변함없이 운영하고 있으니, 굳이 15일 날자에 목숨 걸 필요가 없다.

 몇 년 전부터 시행하고 있는 '자발적 출입일수 제한'으로 인한 지원금 혜택은 벌써 많은 사람들이 이용하고 있다.
 일년 출입일이 60일이 경과한 사람에 한해 (한달평균 5회이상 출입자) 본인의 카지노 출입일수를 5회로 제한, 4회로 제한, 2일로 제한.. 식으로 조정하여 신청하면 10-50만원의 지원금을 강원랜드 중독관리센터(KLACC) 에서 지급한다.

  하지만 지원금을 받아 출입일수를 조정한 사람들은 영구적으로 적용되는 만큼, 추후 변경은 일체 안 된다.

  BK 다음카페에서 알고 지내는 사람 10명중 5명은 출입일수를 제한했다. 카지노에 많이 가는 것이 더 많이 잃을 뿐이고, 그나마 적게 가야 손실도 적다는 경험 때문이다.

  출입일수를 제한해놓고 보면, 당장 하루 이틀 더 게임하지 못한 것이 아쉽고 후회될 때도 있지만, 그것이 한달 두달 습관이 되어 익숙해지니 오히려 출입일수를 줄인 게 금전적, 정신적으로 많은 안정감을 준다고 한다.

  스스로 제어하기 힘들 때는, 중독관리센터의 강제적인 출입일수 제한 장치가 큰 도움이 될 수 있다. 강원랜드 중독관리센터가 시행하고 있는 여러 정책 중 가장 잘한 일이라고 생각한다.

온라인 도박을 할 바에
차라리 카지노를!

블랙잭 30만 테이블에서 나란히 앉아 같이 게임하던 사람 중 한 젊은 친구를 알게 됐다. 매너가 좋아 자연스레 대화를 나누며 친해졌는데, 다음날에도 우연히 비슷한 번호가 되어 30 테이블에 또 같이 앉게 되었다.

그날 테이블 분위기는 오후까지 너무 안 좋아 나는 소액배팅으로도 200만원 넘게 잃고 있었으며, 그 친구는 500만원 넘게 잃고 있었다.

그러다가 저녁때쯤 슈가 좋아졌지만 테이블 전체 불슈는 아니었고 일부 한두명의 핸디에게만 오는 불슈였다. 나머지 핸디들은 여전히 어둡고 캄캄한 기나긴 터널속이었다.

나는 그 터널속에서 길을 찾지 못했으나 다행히 그 친구는 불슈가 시작되었다.

메이드 카드 19, 20, 21 카드가 자주 왔고 더블은 성공, 스프릿도 성공.. 금새 잃었던 500을 찾고도 본전이상의 금액으로 치고 올라간다. 나는 여전히 200 - 300을 잃고 있었다.

자기 패만 잘돼서 미안했는지, 여전히 좋아질 기미가 없는 내 패가 안쓰러웠는지.. 한번은, 내가 배팅한 칩 위에 3만원을 올려놓으면서 이번 판 이겨서 6만원 뽀찌~ 라고 말한다. 즉, 내 배팅에다 뽀찌로 자기 돈 3만원을 더 얹어서 뱃을 해주었고 이판은 꼭 이겨서 6만원으로 뻥튀기해서 가지라는 것이다.

그 판을 먹었으면 좋았건만 죽고 말았다. 다시한번 원머 타임~ 하더니 그 다음 판에도 3만원을 올려놓는다. 운좋게 블랙잭이 나와 4만 5천원의 칩을 더 받았으니 그 친구가 올려준 원금 3만원까지 합치면 75,000원의 뽀찌가 생긴 셈이다.

자기만 유독 잘 돼서 옆 사람에게 괜시리 미안할 때는, 딜러에게 팁을 주기 보다 옆 핸디의 사기를 올려주는 게임 매너가 호감이 갔다. 나보다 한참 열 살 아래의 나이차가 있음에도 그 친구와 종종 카톡이나 문자를 주고 받으며 카지노의 객장 현황이나 상황 등을 대화 나누게 되었다.

나는 이틀간의 게임을 마치고 집으로 갔는데, 그 친구는 다음날에도 30테이블 게임을 또 하면서 기분좋게 800만원을 땄다고 한다.
어제는 크게 잃다가 본전하고도 100을 땄고, 오늘은 또 800만원을 땄으니.. 내 기준으로는 어머어마하게 많이 딴 것이라 이제 그만 원컷하고 집으로 가라고 카톡을 보냈더니, 이 친구 말이..
오늘 아침 객장에 입장하기 전에, 한두시간 온라인 바카라를 해서

1500만원을 잃은 탓에 800, 900만원 갖고는 택도 없다면서 더 따야 한다고 말한다.

이 무슨 잠꼬대도 아니고.. 무료로 하는 사이버 머니도 아니고.. 1500만원이란 큰 돈을 온라인 도박에? 진짜?? 사실 ???

직장생활을 하는 이 친구는 자주 강원랜드 카지노를 올수 없는 환경이라 집에서는 PC로, 바깥 일을 볼때는 틈틈이 폰으로 온라인 도박을 하는데 실시간 바카라, 아바타 바카라를 종종 한다고 한다.

한판에 백만 원, 3백만 원, 5백만 원짜리 배팅도 할 수 있단다. 그러다보니 한 시간 게임을 해도 천만 원, 2천만 원, 3천만 원 게임은 놀랄 일이 아니란다.

왜 합법적인 카지노도 있는데, 불안하고 사기도 많다는 온라인 도박을 왜? 굳이? 하는지 궁금했다.

가장 큰 이유는 강원도까지 오지 않아도 되는 접근성, 편리함 때문이고 많은 사람들이 선호하는 주된 이유는 맥심한도 30만원이 최고인 카지노와 달리 최대 천만 원까지도 배팅할 수 있기 때문이란다.

아니, 그런 거액의 큰 판이면 판이 큰 만큼, 순식간에 큰돈을 잃을 수 있다는 생각은 안하는 걸까? 더구나 불법적인 도박 게임에..

코로나 시국으로 인해, 국내는 물론 해외의 카지노까지도 전부 휴장 사태를 겪을 때 우후죽순처럼 온라인 도박이 기승을 부리고 대박 맞은 것처럼 성행을 하였다. 하지만 불법적인 운영에 그 운영주체도 누가 누군지도 모르는 불투명한 환경에 그저 큰 판돈을 먹을 수 있다는 환상으로 게임을 한다는 것은 어리석은 것을 넘어 아주 무모한 행동이다.

  온라인 도박으로 큰돈을 따겠다는 욕심은.. 입장바꿔 생각해보면, 게임 사이트의 운영자들 역시, 떼돈을 벌고 싶어 하는 욕망을 갖고 사업한다는 것을 왜 간과하는지..
  몇 년전에 너무나 유명했던 김제의 마늘밭 사건. 불법 도박사이트를 운영하는 사람이 110억 원의 이익금을 그것도 모조리 현금으로 마늘밭 밑에 감췄던 그 뉴스를 모르는 이는 없을 것이다.
  실제로 오프라인의 합법적인 카지노와는 달리 온라인 도박은 조작과 먹튀, 충전 이벤트 사기 등이 너무 만연해 있다.

  얼마전에, BK 다음카페의 자유게시판에는 온라인 도박의 사기 사건 피해사례가 글로 올려졌다.
  온라인 도박 사이트와 제휴중인 카페의 운영자가 10배 이상 성공시 3000만원 지급, 또는 고액 입금시 40% 입금 보너스 등 회원들을 혹하게 만들어 그 돈을 가로채고 현재 잠적중이다.
  한 분의 고발로 알려진 이 사건은 뒤이어 나도 사기 당했다, 저도 당했어요.. 라며 피해자들이 더 드러났고 이들은 신고했을 경우, 불법 도박죄로 처벌받는다는 것을 알고 있지만 이 사안이 너무 괘씸하여 처벌을 감수하고서라도 고소하겠다는 입장이다.

하지만 대다수의 사람들은 처벌이 두려워 고소를 하지 않는 사람이 많을 것이며 이 점을 악용해 그런 온라인 도박 사기꾼들은 여전히 활동하고 있다는 점을 잊지 말아야 한다.

한편, 온라인 카지노를 무려 7년간이나 해 왔다는 어떤 분은, 자기가 운이 안 좋거나 실력이 부족해 돈을 따지 못해서 출금할 일이 거의 없었다고 한다. 물론 10만, 20만원은 출금을 해보니 출금이 잘 되었다고..

그러다가 하루는 미니멈 3만, 맥스 1000만 테이블에서 두 구멍을 선택해 한판에 500만원, 500만원을 찬스 배팅했단다. 운 좋게 딜러가 로우바닥이었고 그 판이 딜러 버스트가 되어 한판에 1000만원의 돈을 따게 되었다. 고진감래라고.. 내게도 이런 날이 오는구나, 너무 좋아했단다.

그러나, 10분이 지나도 이긴 금액은 커녕 베팅한 시드머니까지 들어오지 않더란다. 크레임을 걸었지만 운영사는 게임사를 핑계되고 게임사에서는 한 달이 지나도 회신도 없다. 말로만 듣던 먹튀를 당한 것 같아 몇날며칠 잠을 못자고 있다고 한다.

오현지씨가 쓴 자전소설 '이 죽일놈의 바카라'에서는 실시간 아바타 게임과 온라인 바카라 게임에 대한 실상이 너무 적나라하게 잘

쓰여져 있다.

  몇만 원, 몇십만 원은 출금이 척척 잘 되었지만 무려 천만원, 또는 억 단위의 큰돈들은 온갖 핑계를 대며 출금을 해주지 않고 먹튀를 해 버린다는 사실을 상세하게 서술하였다. 소설속의 상황이 아니라 작가 본인이 실제로 겪었던 일이라고 한다.

  유튜브 동영상들이 이제, 일상생활에 가장 밀접한 미디어가 된 오늘날, 실시간 영상을 통해 큰 돈을 왕창 따거나, 거액의 흥미진진한 바카라 게임 등을 방송하며 온라인 도박을 유도, 유혹하는 일이 많다.

  100% 돈 따는 법, 하루 백만 원 버는 바카라 등등의 현란한 멘트가 계속 쏟아져 나온다. 각별히 유념해서 피해보는 일이 없기를 바란다.

  바카라 게임을 하고 싶어서, 게임을 통해 돈을 벌고 싶어서 온라인 도박을 하는 사람이라면, 차로 이동해야 하는 수고스러움도 있고, 멕시멈의 디퍼런스 한계가 있는 단점이 있긴 하여도.. 합법적인 공간의 카지노에 가서 게임하시기를 권한다. 강원랜드 카지노가 이기는 것은 힘들지만, 최소 먹튀하는 불안이나 걱정은 없지 않은가?

  또 하나 주의해야 할 것은, 카지노 객장의 사람들을 노리는 불법 도박단의 접근이다.

  환전을 하고 객장을 나서는데, 같이 식사나 하자.. 그냥 한두시간

잠만 잘 건데 방값이나 아끼자며 같이 숙박을 하자.. 혼자 외로워서 그러는데 함께 술이나 한잔 하자.. 등등의 이유로 접근해오는 이들이 있다.

먼 타지에서 외로운 마음에, 또 허전한 마음에, 또 딱히 할 일도 없던 참에 잘됐다.. 는 마음으로 같이 어울렸다가 큰 낭패를 겪은 사람들이 있었다.

그들은 함께 식사를 하다가 자연스레 밥값내기 포커 한판, 홀라 한판, 고스톱 한판.. 하자고 꼬시거나, 은밀하게 사설 도박장으로 유인하여 더 큰돈을 잃게 만든다.

어떤 사람에게는 졸음이 오는 약을 타서 먹였는지, 합석한 이후 정신을 잃은 사람도 있었고 깨어나 보니 지갑은 다 털린 후 였단다.

정선 경찰서에 신고 된 피해사례가 많아서 오죽했으면 카지노 측에서는 폐장 20분 전, 안내방송을 통해 '낯선 사람이 호의를 베풀며 접근하여 선심을 쓸 경우, 각별히 주의하시고..'라는 멘트까지 매일 방송하고 있다.

겜블을 시작하는 이에게 (리메이저님)

* 카지노 겜블 경력 30년이 넘으신 리메이저님의 연재글 중, 겜블을 시작하는 이들에게 띄우는 좋은 참고의 글이 있어 본인의 동의하에 글을 싣습니다. 리메이저님에게 이 지면을 빌어 감사 드립니다 *

카지노 게임에 처음 입문하는 사람들과는 대화가 힘들다. 그저 게임에만 빠져있어서 무슨 말을 한들 들으려 하지 않고, 자신감에 충만되어 있어서 어떤 충고도 귀담아 듣지 않는다.

그러다가 어느 위험한 수준에 들어서서야 뭔가를 찾아보려고 하고, 우리 카페까지 오는 경우가 일반적이며 이런 사람들은 또, 진지하게 배우려는 것보다 어떻게 하면 복구할 수 있을까 하는 급급함에 진지한 대화가 어렵다.

최선의 방법은 자신이 스스로 눈을 뜨고 깨우치는 것이지만 그 수준까지 도달하기 전에 이미 피해가 커진 상태가 많다.

카지노에서의 머신게임은 초보자들이 손쉽게 할 수 있는 게임이고 말 그대로 재미로 즐기는 수준이라면, 테이블 게임은 수준을 좀 더 높여서 난이도를 갖춘 게임이라 할 수 있다.

어려운 게임이고 연구를 많이 하여야 할 수 있는 게임 종목이며, 색다른 즐거움을 느끼게 하는 반면에 중독성도 깊고 그 피해로 인한 금전적 손실도 크다는 위험성이 있다.

그래도 먼저 출발한 입장에서 몇 가지 조언을 한다면, 재미로 다니던 카지노의 생활과 겜블러로서의 카지노 생활은 근본적으로 다르다는 것을 인식해야한다.
겜블러로서 살아가려고 한다면 겜블러로서의 마음가짐을 먼저 공고히 해야 한다. 재미로 즐기는 카지노 생활이 평탄한 길을 걸으며 주변을 즐기는 것이라면 겜블러로서의 생활은 마치 낭떠러지의 위험하고 좁은 길을 곡예하면서 걷듯 살얼음판이다.

겜블러는 매순간을 긴장해야하고 자신을 지키고 단속하는데 조금도 빈틈을 주어서는 안 된다. 그런 기본을 다지지 않고 섣불리 겜블에 들어서서 게임을 하다보면 어느 순간, 큰 위험에 봉착하게 된다.

자신을 통제할 수준이 됐다면, 다음은 겜블러로서의 기본기를 확실히 익혀 나가야한다. 각 게임마다 룰과 기본기는 다르게 적용되는 것이며 한 종목만 선택하여 집중하는 것이 바람직하지 않나 생각한다. 자신의 적성과 호기심에 부합되는 자기만의 전공을 만들어야 할 것이며 이는 여러 가지 경험 속에서 자신이 선택한다.

게임에는 카지노에서 정한 룰이 있다. 이는 상식적이며 무조건 받아 들여야 한다. 이는 강원랜드 홈페이지에 잘 소개되어 있다.
그리고 각 게임마다 게임에 임하는 노하우가 있다. 즉 게임에 대한 이론적인 기준이 있는 것이다.
블랙잭 게임에서는 수학적으로 인정되는 베이직이라는 기준이 있다. 물론 기계 셔플을 진행하는 강원랜드에서는 정확한 기준을 선택하기는 어려움이 있지만 어쨌든 베이직이라는 확률에 근거한 기준은 분명히 숙지해야 한다.

베이직은 진행되어지는 판의 상황 속에서 어떠한 선택을 할 것인가를 규정해놓은 규범이다. 강원랜드 카지노에서의 게임은 기계셔플의 모호한 셔틀이 이뤄지는 관계와 강원랜드에 상주하는 사람들이 맹신하는 강랜룰이 존재하는 이유로 기본 베이직에 근거한, 또 자신만의 베이직을 구사하여야 한다는 애로점이 있다.

그래도 블랙잭 게임에서는 매판마다 핸디인 내가 해야 할 행위를 분명하게 미리 정한다. 단지 베팅을 얼마를 할 것인가는 그때마다 선택할 수 있으며 게임에서 베팅한 금액의 8배까지는 추가 배팅할 경우가 생기므로(스플릿, 더블) 당연히 베팅한 금액의 7배의 금액은 준비하고 베팅해야 한다. 이렇게 한판, 한판 진행하다 보면 내가 베팅한 금액이 불어나는 기쁨을 맛볼 수도 있고, 어쩌면 나의 시드가 구멍 난 풍선에서 바람이 빠지듯이 줄줄 새어나갈 수도 있다.

내가 오늘 쓸 수 있는 시드를 미리 정하고 또한 어느 정도 이기면 일어날 것이라는 예상을 미리 해두어서 게임에 임해야 하고, 그 범주 안에서 그날의 게임을 잘 운영한다면 재미있는 게임을 해볼 수 있다. 다만 어떤 결과가 나오든, 어떤 상황에 부딪히든, 모든 것이 나의 선택이고 결과라는 것을 겸허히 받아들일 자세가 되어 있다면, 겜블러로서의 출발은 가능하다.

강원랜드 카지노에서 게임한다는 것은 많은 리스크과 악조건이 있다. 그래서 가급적이면 멀리하고 충분한 여건이 마련되었을 때, 그저 자신을 일탈해본다는 의미와 현실에서 잠깐 벗어나고 싶은 마음으로 가끔 찾는다.

내가 게임에 임하는 관점은 언제 얼마를 베팅을 할것인가 기회주의적 사고이다. 나만의 베이직을 설정하고 변함없는 행동으로 일관되게 유지한다면 다른 이와의 부딪침도 헤쳐 나갈수 있을 것이고 내 자신의 멘탈을 지키는데 크게 도움이 된다.

내가 즐기는 다이는 20다이이다. 10다이는 미니멈이 너무 낮다보니 게임을 즐기려는 것보다 한풀이에 지나지 않는 태도로 게임을 하는 강랜룰의 신봉자가 많아 트러블이 많이 발생한다.

30다이는 뒷전이 없어서 좋은 분위기이나 나같은 기회주의자들에게는 미니멈으로 일관하기에 카지노의 눈치가 보인다.

그리고 게임이 안 풀리는 핸드가 자리를 느닷없이 이탈하는 경우가 발생하여 게임의 흐름을 따라가기에는 변화가 많이 발생한다. 또한 그저 돈질을 하는 우매한 핸디들이 판을 흔들면 거기에 따라가지 않는 입장에서는 부딪힘을 제어하기가 힘들다.

그런 이유로 적절한 승부욕을 가진 핸디들로 구성된다고 볼 수 있는 20다이가 내게는 가장 적합하다. 그리고 뒷전이 허용되는 다이라 흐름이 좋을 때는 뒷전을 이용하여 배팅을 추가하면 밸런스 40다이의 효과를 볼 수도 있다.

게임에 들어갈 때는 당첨번호로 입장하지 않는다. 새벽부터 준비하고 줄서서 들어가면 심신이 피곤하거니와 그렇게 오픈 시간부터 시달리면 게임시간만 길어질 뿐 평안한 게임을 하기가 어렵다.

대기 순번을 넣고 기다리면서 머신 주변도 얼쩡거리고, 다른 게임의 분위기도 보면서 카지노 관광을 즐기다보면 내 차례가 돌아오게 되고, 그렇게 자리에 들어가 보면 어느새 핸디들 간의 조율이 이뤄져 편안히 내 게임만 하면 되는 자연스런 자리가 마련되기 십상이다.

예전에는 이틀 밤을 새면서 게임도 해보았지만 나이 관계로 체력의 한계도 느끼게 되고 피로감이 급습하는 터라, 오랜 시간 게임에 임한다고해서 좋은 성과가 나온다고 볼 수도 없기에 자신만의 적절한 게임시간 조절이 필요하다고 본다.

시드는 최소 2백은 있어야한다. 풀 베팅을 할 경우 7배의 여유를 가지고 있어야 하기 때문이다. 그래서 2백의 여유금과 그날의 게임 한도액을 미리 환전하고 출발한다. 이는 블랙잭 게임의 기본이며 가끔 이런 기본을 모르고 게임에 임하여 스플릿, 더블의 상황에서 옆자리에 빌리려 하는 사람이 있는 것을 보는데 나는 절대 동정하거나 빌려주지 않는다.

만약의 경우를 대비하여 은행의 잔고는 충분히 준비한다. 게임을 하루만 할 것이 아니기 때문도 있지만, 총알이 두둑하지 않으면 속칭 추위를 탈수도 있기 때문이다.
사람에 따라서는 카드도 두고 간다는 사람도 있지만 이는 게임 도중에 멘탈이 무너져 통제가 안 되면 미리 설정한 시드머니를 못 지킬까봐 그러는 것인데 시드머니를 못 지킬 멘탈이라면 이미 지고 있는 겜블이다.

베팅은 미니멈과 맥시멈의 절반을 유지한다. 맥시멈 즉 풀 베팅은 그야말로 좋은 상황에서나 가끔 도전해 볼 금액이지만 맥시멈에서 실패할 경우, 이를 복구하려면 몇 판의 승을 하여야 하기 때문에 가급적 자제한다.

관망할 때는 미니멈을 유지한다. 그렇게 몇 판이고 관망을 계속하는 인내가 필요하다.

자신이 있을 때는 맥시멈의 절반 즉, 10만원을 베팅한다. 개인에 따라서는 엎어친다 또는 움추린다.. 여러가지 의견이 있을 수 있으나 베팅의 결과에 따라 다음 판의 베팅은 현재 판의 흐름을 보고 결정한다.

나는 절대적으로 카드의 배출을 관찰한 결과로 결정한다. 이는 극히 주관적인 방법이지만 현재 강원랜드의 기계셔플은 몇 가지 패턴을 유지한다고 본다. 그러한 카드배출의 형태를 보고 판단한다.

즉, 초구, 2구의 카드와 딜러의 카드비교, 말구, 말말구의 카드와 딜러 카드의 비교로 카드배출의 흐름에 따라 변화되는 상황을 관찰한다. 또한 게임을 하다보면 무자비한 딜러의 강세에도 이기거나 살아남는 자리가 꼭 있기 마련이다. 그런 자리의 변화 그리고 어떤 판에서도 이기는 불슈 자리가 있기 마련인데 그러한 자리의유지 상태를 유심히 관찰하여 참고한다.

사람들은 자신이 불슈라는 것을 못 느끼고 베팅을 못 올리다가 뒤늦게 베팅을 하다가 많은 패를 하는 경우가 있고, 자신의 자리가 구멍임에도 전체 불슈로 착각하고 베팅을 낮추지 않는 경우도 자주 목격한다.

 따라서 판 전체의 흐름과 내 자리의 상태를 잘 관찰하여야 한다. 각자가 게임에 임하면서 자신만의 노하우를 만들어야 한다.

 기회를 보다가 베팅을 올렸는데 적중하지 않는 경우가 있다. 이런 경우가 최소한 3번 이상 반복된다면 마음이 조급했거나 판의 흐름이 잘못 인식 되었을 경우이다. 이런 경우가 반복되어 계속되면 손실이 누적된다.

 나 같은 경우는 연속해서 3회의 실패가 생기면 과감히 자리를 일어난다. 많이 따는 것이 중요한 것이 아니라 잃을 때 적게 잃는 것이 중요한 것이다. 그런고로 절대 올인이라는 경험을 하여서도 안되고 그런 상황에 까지 빠진다는 것은 갬블러가 아니다.

 강원랜드에서는 자리 잡기가 힘이 드니, 다른 다이의 자리를 들어가기 힘들면 그 날의 게임을 종료한다. 그리고는 내일을 기약하며 주변을 여행하거나 좋은 사람을 만나 술 한잔 하면서 피로도 풀고 그날의 미련을 떨쳐 버린다.

 피해가 크게 발생하는 것은, 안되는 게임을 무리해서 끌고 가려고 하기 때문이다. 자신이 정한 시드 그리고 게임이 안 풀리는 것을 빨리 발견하고 일어서는 것이 자신을 지키고 피해를 크게 하지 않는 최선의 방법이다.

말이 쉽지 이것을 실제 행동으로 옮긴다는 것은 정말 어려운 일이다. 그러나 겜블러라면 당연히, 그렇게 행동해야 한다. 그렇게 하다 보면 좋은 구간을 만날 수 있다.

 나는 앉자마자 더블을 연속 10판을 이긴 적도 있었다. 자주 오지는 않지만 자신을 절제하면서 기다린 댓가는 반드시 오기 마련이다. 대다수 이런 기회를 기다리지 못하고 무너져 버린다는 것이 안타깝다.

 얼마를 승하였다가 다시 패했다느니.. 이긴 것을 다시 토해 냈다느니 .. 하는 말을 자주 듣는다. 이 또한 중요한 일이다. 이겼을 때 자만하지 말고 조심스레 약하게 접근해야 한다. 물론 계속적인 승의 누적이 될 수도 있지만 그렇더라도 이겨가는 상황을 잘 관리해야 한다.

 게임에서 이겨본 경험이 더 무서운 적이 된다. 즉 어느 정도 지고 있어도 이 정도는 이길 수 있지 하는 자만을 갖게 하기 때문이다. 따라서 항상 초심에서 자기 관리를 하는 것이 중요하다.

 지나간 것은 그저 추억으로만 가져야지 그것이 다시 현실로 나타난다는 착각은 나를 패하게 하는 가장 무서운 요소가 된다. 질 때 덜 지고, 이길 때 잘 관리해야만 지지 않는 게임을 유지할 수가 있다.

카지노를 즐기되 손해를 입지 않고, 이기는 방법을 몸에 베이게 해야 한다. 지는 것도 습관이 되지만, 이기는 것도 습관이 될 수 있다.

슬롯을 이기는 전략 (대두님)

* 카지노 겜블 경력 30년이 넘으신 대두님의 게임후기 중, 슬롯머신을 즐겨하는 이들에게 좋은 참고의 글이 있어 본인의 동의하에 글을 싣습니다. 대두님에게 이 지면을 빌어 감사 드립니다 *

    승자와 패자 모두가 최선을 다해 열심히 게임을 한다. 하지만 승자의 머리 속엔 냉정함, 절제력, 확고한 Plan이 존재 하고, 패자의 머리 속엔 흥분과 속상함, 탐욕과 미련만 존재한다.

    승자는, 카지노의 모든 게임이 플레이어에게 불리하며 나에게만 그 운이 계속 주어지지 않는다는 걸 알고 나의 장점과 단점을 간파하고 나에게 맞는 게임이 무엇인지를 경험으로 통해서 인지한다. 어느 시점에서 컷을 해야 하는지 본능적으로 알고 실행한다.
    쉬운 것 같지만 카지노의 원칙이라 할 수 있는 윈, 로스컷을 철저하게 지킨다. 그리고 내 의지대로 컷을 하고 밖으로 나오면, 그게 패든 승이든 그렇게 머리가 맑고 기분이 좋으며 다음을 또 기약한다. 패자는 그게 안 된다. 스스로에게 자책하고 분노하면서도 그게 안

된다. 악마의 속삭임이 아니라 본인 자신의 무능함이다.

변하지 않는 것은, 악마의 그 카지노가 패자에게도 가끔은 크고 작은 승을 주고 있으며, 승자에게도 열 번의 키스뒤에 한 번의 독약처럼 쓴 패배를 준다는 것이다.

슬롯은 슬롯대로, 테이블 게임은 테이블 게임대로, 각각의 게임의 종류에 따른 특성과 특징이 있다. 특성이란, 눈에 보여지는 볼륨감이다. 어떤 기계는 금액의 보상이 커 보인다. 하지만 보상이 크면 그만큼 골도 깊다. 보상이 작은 게임들은 반대로 크게 패하지 않는다.

특징은 각 기기, 각 게임의 나름의 세부기술이다. 슬롯의 종류별 특징.. 테이블 게임의 각 게임별 특징... 그런 것들 중에 어느 것이 나에게 맞는 것인가가 중요하다. 오랜 경험과 아픔들을 통해 나와 맞는 게임들을 선택하고 집중을 한다. 선택과 집중이다.

난 슬롯기기는 메가나 자동차 준메가(5천, 1억 등등)등은 쳐다 보지도 않는다. 그 높은 확률이 내게까지 오지 않는다는 확실한 믿음이다. 언젠가는 오겠지 하는 미련으로 무한정 쏟아 붓지 않는다.
그래서 대부분 잭팟 금액이 천만 원 이하인 기기들 중 많은 사람들이 찾고 좋아하는 기기들 중에 몇몇 기기를 택해서 집중하고 게임을 한다. 때로는 2백이하의 잭팟이 자주 나오는 기기를 선택하기도 한다. 여기서 그 기계가 무엇인가는 생략한다. 오로지 내 주관이기 때문에 의견을 달리할 수 있는 사람들이 있을 수 있기 때문이다.

다음 테이블 게임은 블랙잭 하나만 했는데 이놈의 요술방망이 126기계에 대한 불신 때문에 작년 10월부터는 바카라와 룰렛을 한다. 룰렛은 전자 룰렛만 한다. 테이블은 시간이 많이 소요되고, 또 내가 원하는 시간에 할 수 없기 때문이다.

바카라는 카드가 어떻게 세팅 되었든 딜러가 밑장 빼기를 자유자재로 하지 않는 이상 플레이어, 뱅커에서 승부가 나며 버스트가 없고 내 스스로 확신이 안가면 기다리면 된다. 중국점, 삼매.. 다 집어치우고 오로지 내감으로 하며 연속으로 틀리면 기다린다. 목표도 100만원 미만이고 100만원을 넘어서면, 따고 있는 100만원은 주머니에 미리 챙겨 놓는다. 그 외 나머지 금액으로 추가 게임을 한다.

룰렛은 전자 룰렛만 한다. 기다리고 있으면 언젠가 소 구간, 1-6구간, ㅇ,ㅇㅇ구간의 타임이 온다. 그 반대로 대의 타임도 온다. 그때 승부를 건다. 그 외의 시간엔 아웃사이더 배팅을 소액으로 한다. 지루 하니까.
2-3번 잃어도 한번만 맞추면 원한다. 그러면 또 원한 금액 중, 100만원은 주머니에 미리 챙겨 놓고 나머지 금액으로 게임을 한다. 최고 900만원까지 원을 몇 번 했고, 몇 백은 어떨 땐 쉽게 한 시

간 내외에 성취했다. 항상 80만원을 페이하며 바카라는 200 페이를 한다. 오늘은 아니다 싶으면 100만원 내외를 잃고 아웃한다.

밤샘은 하지 않는다. 게임시간은 짧을수록 좋다고 생각한다. 오래 가면 집중력이 떨어진다.

전자 룰렛이나 바카라로 승리하면 딴 돈을 가지고, 기계를 어슬렁거린다. 아까 위에서 말한 기계 위주로.
내가 잘 아는 기계만 노린다. 이미 자리가 꽉 차 있어도 뒤에서 기다린다. 그리고 언젠가는 자리가 난다.
카지노는, 어떤 게임이든 기다림이 80%를 차지한다고 본다. 힘들지만 기다린 보람은 온다. 하지만 사람들은 그 기다림의 필요성을 못 느끼거나, 기다림에 지쳐 잘 알지도 못하는 게임에 돈을 넣거나, 잘 알지도 못하는 흐름 속에 배팅을 쉽게 해 버린다.

내가 아는 어떤 분 중에 내가 항상 '고수님'이라고 존칭하는 분이 계신다. 그분은 카지노를 좋아한다. 그러나, 절대 카지노를 사랑하진 않는다. 고양이가 쥐를 좋아하지 사랑하지는 않듯이.
좋아하는 사람은 놀이가 된다. 사랑하는 사람은 갬블이 된다. 좋아하는 사람은 카지노 말고도 좋아하는 것들이 많다. 여러 좋아하는 것 중에 하나 일 뿐이다. 사랑하는 사람은 카지노 외엔 다른 어느 것도 사랑하지 않는다. 지독한 짝사랑이다. 원망하고 기대하고 본인이 더 이상 못 버틸 때까지. 그러나, 그 짝사랑의 대상(카지노)에게 우리는 그저 잡아먹기 좋은 먹이일 뿐이다.

내가 존경하는 그 고수 분은 좋아하는 곳에 와서 잠시 즐긴다. 그리고 승패를 떠나 놀다 간다. 사람들을 만나고 맛있는 식사를 하며 여유 있게 놀다가 간다.

겜블은 여유이다. 카지노 안에서 여유를 부릴 줄 아는 겜블러는 절대 망가지지 않는다. 자기 컨트롤이 없이는 여유를 가질 수 없기 때문에 카지노의 겜블은 여유이다.
카지노 안에서 진정한 여유를 찾을 때 비로소 길이 보이고 더 이상 망가진 모습은 볼 수 없다. 가짜 미소가 아닌 카지노 안에서 여유를 가진 자는 서로 만나면 진정한 미소와 반가움으로 대화한다. 여유가 없는 겜블러는 금방 표시가 난다. 오래 감출 수 없다.

카지노를 짝사랑 하지 말고 좋아하자. 내가 즐길 대상, 내가 요리할 수 있는 대상, 내가 싫으면 미련 없이 버릴 수 있는 대상! 그리고 여유가 보이면 그때부터 카지노는 즐거움의 대상이 된다.

슬롯머신을 이기기란 정말 톰 크루즈가 나오는 영화 '미션 임파시블'만큼 어렵다. 객장에 들어서면 여기저기 서비스가 출몰하는 음악소리, 잭팟 터져 내지르는 함성소리, 심지어는 서비스 회전수가

1,000번을 넘기도 한다.

그리고 메가 기기엔 항상 몇억!!이 적힌 현황판이 번쩍이고, 개별 잭팟 기기나 스몰 잭팟기기에도 몇천만 원의 금액이 유혹한다.

게임을 하는 사람이면 누구나, 나도 될 수 있다는 착각 아닌 착각에 빠질 수 밖에 없는 구조다. 모든 것이 우리가 쏟아 부은 돈으로 제일 큰 금액은 카지노가 가져가고 나머지를 모아서 특정 개인에게 당첨되게 하고 대다수는 잃을 수 밖에 없는 구조로 만들어 진 것이 카지노이다.

그렇다면, 그 와중에 가장 효과적으로 게임을 하고 또 즐기면서 덜, 잃는 방법은 없을까??

수많은 시행착오를 거친 끝에 다음과 같은 방법만이 최선이다 라고 생각했다. 슬롯을 하게 된다면, 다음 내용을 주의해서 살펴보면 좋겠다.

1) 메가 잭팟기기나 개별 릴 잭팟기기, 스몰 잭팟기기는 잠시 시간 때우기용이나 아님 복권에 투자하듯이 5, 10만원씩 이렇게 금액을 정하고 잠깐 돌려본다. (맞으면 대박!, 아니면 복권처럼 편하게 생각..)

2) 그 밖의 기기들은 각 기기의 특성을 카페 글이나 후기 경험담, 또는 현장에 있는 사람들에게 확인 등을 통하여 자기 취향에 맞는 특정기기를 집중 연구하고 게임에 임한다.

3) 나름대로 금액을 정하고(시드) 그 안에 나오지 않으면 미련 없이 버린다.

4) 절대 하루 종일, 기기에 앉아 게임을 하지 않는다. (시간 컷)

5) 보너스 구간에는 계속 나올 것 같은 착각에 빠지는데 윈, 로스 컷에 관계없이 서비스 인터벌이 길어지면 미련 없이 버린다.

6) 버리면 할 기계가 없다?? 없으면 그냥 객장 안을 구경하거나 자기가 좋아하는 기기를 뒤에서 관찰하라. (언젠가 자리에 앉을 기회가 온다)

7) 소액이 아닌 일정 금액을 윈 했다면 (20만원 이상) 미련없이 컷!!하라. 아니면 딴 금액으로 즐기다가 컷 하라.

8) 게임을 즐기고 시간을 보내려면 배팅 줄을 정확히 세팅하고 소액으로 (맥심 2000기기에서 100. 500. 1000 등) 즐겨라.

9) 절대 멘탈을(평정심) 유지하라. 멘탈이 무너지는 순간, 돈도 같이 무너진다.

10) 가끔식 돈을 투입하기 전에 잔여금액을 0으로 만들고 1분정

도 쉬고, 다시 금액을 투입 후, 게임을 시작해보아라. (수십 번 해봤는데 분명 차이가 있다, 가능하다면 콤프도 뺐다가 다시 넣는다. 나의 경우는 유효했으나, 모두가 다 그렇다고 자신할 수는 없으니 강력추천! 사항은 아니다)

 카지노가 너무 좋아서, 꼭 가서 놀아야 직성이 풀리고 여한이 없겠다는 사람에게는 슬롯은 심심풀이용으로 잠시 하는 것이라고 신신당부한다.
 슬롯보다는 하우스 에지가 비교적 낮은 테이블 게임을 주 종목으로 정해서, 그에 따른 공부와 노력을 하여 윈, 로스컷을 잘 지키는 게임을 하다보면 오랫동안 즐기면서 다닐 수 있는 카지노 생활이 될 수도 있다.

강원랜드 카지노의 20년, 나의 바램

　나는 카지노 게임을 너무 좋아하지만, 아직 해외로 카지노 여행을 떠나본 적은 없다. 낯선 이국땅으로 카지노 여행을 다닐 만큼 경제적 여유도 없거니와, 무엇보다 겁이 많아서 도박을 하기 위해 내국인 출입 카지노를 벗어나 다른 곳에서 게임을 한다는 것에 아직 두려움이 있다.

　그럼에도 강원랜드 카지노가 갖고 있는 여러 불편함과 한계 때문에, 진짜 국내에 내국인 출입 카지노가 한 두개는 더 생겨났으면 하는 간절한 바램이다. 그러나 이마저도 특폐법 때문에 2045년까지 독점 운영이 연장되있으니 내 나이 70이 넘어서야, 국내에서 강원랜드 외 다른 카지노를 구경할 수 있을 것이다.

　강원랜드는 강원도에 위치해 있어서 맘만 먹으면 언제든 5시간 이내에 갈 수 있다는 접근성이 좋고, 여러 운영 방식이나 절차가 까다롭긴 해도 CCTV를 통한 보안이나 안전은 국내 최고라 할 만큼 신뢰할 수 있는 곳이라 만족한다.

그러나, 익히 많은 사람들이 경험하고 있듯이 슬롯머신 환급률은 공지된 대로 강원랜드 카지노가 75% 인데, 이는 매우 낮은 수준이다.

마카오 80%, 필리핀 75%, 싱가포르 90%, 북미와 호주가 82-95% 인데, 환급률이 세계 카지노에서 최저라는 뜻이다. 심지어 슬롯머신 매니아들은 강원랜드 카지노가 동네 오락실보다 환급률이 더 낮다며 불만을 토로한다.

카지노 게임중에 가장 큰 매출액을 기록하고 있는 슬롯머신이지만, 그만큼 고객들이 적은 환급률로 인해 잃게 되는 금액은 어마어마하다. 현재보다는 확연하게 슬롯머신의 환급률을 더 상향시킬 필요가 있다.

딜러들은 손님과 가장 직접적으로 만나는 사람들인데, 이들이 핸디들보다 룰을 더 모르는 경우도 있으며 소수 몇몇 친절한 딜러들을 제외하고는 대부분이 사무적이고 기계적이며 서비스 태도가 불만족스럽다.

이는 또 손님들이 하우스에 주는 팁이 딜러 개인의 몫이 아니라, 강원랜드 전체 직원에게 분배되므로서, 딜러 개개인에게 딜링은 고된 노동일 뿐 고객에게 즐거움과 재미를 선사하는 서비스 직업이 되지 못하는 데도 원인이 있다.

팁은 고객이 게임을 하며 즐거운 마음으로 딜러에게 주는 것이지, 강원랜드 전체 직원에게 주는 감사의 표시는 절대 아니다. 테이블 분위기가 고조되고 웃음이 있는 테이블 분위기가 되려면 팁은 딜러 개인의 수입으로 해야 하는 것이 옳다. 그래야 딜러들 간의 서비스 경쟁과 고객만족에 대한 노하우들이 쌓여갈 것이다.

뭐니 뭐니해도 강원랜드 카지노에 갖는 가장 큰 불만은 모든 테이블이 아침 10시에 오픈하지 않는다는 것이다. 코로나 이후 인력부족, 운영의 어려움을 핑계로 10테이블의 경우 절반이 오후에 오픈하고, 카드게임(홀덤, 캐러비안 포커, 쓰리카드)의 경우는 모든 게임이 다 오후 5시20분에 오픈이다.

정작 자리예약을 하기 위해서는 어쨌든 객장에 10시에 입장해야 하는데, 7시간이나 넘는 이 빈 시간을 슬롯게임을 하게 만들거나 테이블 게임의 뒷전을 하게 만든다.

딜러가 부족하면 더 채용하면 될 것이다. 손님의 이용 만족에 운영의 포커스를 맞춰야지 카지노 실정에 맞게 고객의 이용시간을 바꾸는 것은 납득이 되지 않는다.

강원랜드 카지노는 해외 카지노에서처럼 레저를 위한 토너먼트 시합이나 즉석 행운권 추첨, 홀덤 세계대회 개최 등 카지노 객장 안, 밖으로 게임과 관련된 이벤트가 전무하다. 도박은 노, 게임은 예스~라는 카지노의 캐치프레이즈가 무색할 정도다.

이는, 강원랜드의 어머어마한 수익금이 폐특법, 지방, 국가 세금으로 대부분이 배당되므로서 실제 카지노 수익이 고객 서비스와 직원 복지에 쓰이지 못하고 있다는 불만으로 이어진다.

2020년부터 시작된 강원도와 강원랜드의 수천억 원대의 소송이 그렇다.

강원랜드는 폐광지역의 경제회생을 위해 탄생됐다. 그래서 버는 돈의 1/4을 폐광지역 개발기금으로 내놓는다. 전체 매출액에서 1/4을 내놔야 한다는 강원도와 당기 순이익에서 1/4을 내야 한다는 강원랜드 입장이 갈등을 빚어 결국은 소송까지 번졌다. 이 돈은 매년 1,200-1,600억원에 이르는 돈이라고 한다.

지방자치 단체와 공기업간의 이 고래 싸움에서 정작 매일 수백만 원씩을 잃으며 카지노 매출에 기여했던 고객들은 그저 안중에도 없는 새우에 불과하다.

수익금의 일부가 고객의 서비스로 환원되어 다양한 혜택이나 이벤트에 쓰이기보다 국비, 지방세, 여러 배당금으로 갹출되다보니 정작, 고객에게 베풀 혜택과 서비스는 인색하다.

강원랜드가 공기업이라는 태생적 한계라 불가피한 일이라는 분석이지만 어느덧 개장 20년이 지난 현재는, 대대적인 구조적 혁신과 변화가 필요한 시점이다.

정권마다 바뀌는 낙하산 식의 사장 선임도 문제일 것이다. 카지노 문화와 관광, 지속가능한 엔터데이먼트로서의 카지노 마인드를 갖고 있는 사람이 경영진이 되어야 한다.

　오락과 재미, 여가와 레저, 스릴과 환희, 꿈과 희망의 키워드로 카지노를 경영할 수 있는 마인드는 정권의 권력에서 나오는 게 아니다.

　카지노 분야의 오랜 전문성이 있어야 하며, 시대에 따라 변하는 트랜드의 흐름을 알아야 하고, 무엇보다 카지노 고객을 '호구'가 아닌 '손님'으로 존중하는 비즈니스 감각을 지닌 사람이 사장이 되었을 때, 강원랜드 카지노는 진정 변화가 가능할 것이다.

　국내에 내국인 출입 카지노가 있음에도 많은 사람들이 중국의 마카오, 필리핀의 마닐라, 싱가포르, 베트남 등등의 해외 카지노를 즐겨 찾는 이유는 무엇인지 강원랜드 카지노 측에서는 심각하게 인식하여야 한다.

　이제 곧 가까운 일본에서도 카지노가 개장을 한다. 독점적 운영으로 경쟁사가 없다는 이유로 고객들의 만족과 서비스의 향상에 태만한다면, 그 손해는 고스란히 강원랜드 카지노가 안게 될 것이다.

글을 마치면서

처음으로 책 한권 분량의 글쓰기를 했다. 길고 긴 마라톤처럼 써도 써도 끝날 것 같지 않는 긴 시간이었다. 문장을 다듬기 위해, 맞춤법을 고치기 위해 썼던 글을 읽고 또 읽어야 하는 일은, 전혀 즐겁지 않았다. 반복적으로 읽어야 하는 글 속에서, 나의 지난 행적과 못난 과거들이 계속 상기되어 고통스러웠다.

글쓰기는 괴로운 일이었지만 한편으론, 적지 않는 나이가 되어버린 중년의 나에게, 이제라도 늦지 않았으니 좀 반성하고 살자는 '쉼'을 주는 시간이었다.

그리고, 떠오르는 사람들이 있었다. 오늘도 카지노를 입장하기 위해 빠른 번호를 기대하며 ARS 번호를 누르고 있는 사람들, 아침 10시에 맞춰 카지노를 입장하기 위해 로비에 줄을 서 있을 수천 명의 사람들..

그들이 제발, 내가 걸어왔던 길을 똑같이 걷지 않았으면 좋겠고 내가 카지노 게임을 하며 치러야 했던 소외와 고독, 외로움과 금전적인 큰 손해를 겪지 않았으면 좋겠다. 하루하루가 즐거워도 모자랄

값진 우리네 인생, 카지노의 즐거운 게임이 '도박'으로 인해 망가지지 않았으면 좋겠다.

'철도원' '카지노 세계문화기행'을 썼던 일본작가, 이시다 지로는 카지노를 도박이란 어두운 얼굴이 아니라 즐거운 취미, 게임이라는 밝은 얼굴로 대하라고 했다. 내 인생의 카지노 라이프도 그렇게 되고 싶다.

나는 여전히 카지노를 다닐 것이고 입장을 하기 위해, 때때로 ARS 번호를 누를 것이다. 그리고, 즐길 것이고 즐겁게 놀 것이다. 도박은 안녕, 레저로 평생 즐기며 살고 싶다.

책을 마치면서 도움 받은 이들이 있다. BK 다음카페의 카페지기님과 운영자의 격려가 힘이 되었으며 리메이저님과 대두님의 조언과 칭찬이 있었기에 이 책을 마칠 수 있었다.

또 원고를 마감했다고 하니 가족들이 제일 기뻐했다. 사랑하는 사람이 곁에 있다는 것은, 내가 망가질 수 없는 방지턱이며 사람이 주는 관심은 내가 살아 갈 에너지이자 힘이다.

카지노에서 칩을 배팅하며 게임하는 나의 모습보다, 컴퓨터 앞에 앉아 글을 쓰는 모습이 더 어울릴 것이라며, 글을 쓰도록 종용하고, 재촉하고, 격려해 준 친구들이 있었다. 그들의 관심 속에서 부족한 글 솜씨지만, 무사히 책을 낼 수 있었음에 고맙다. (끝)